ADAC Reiseführer

Baltikum

Estland Lettland Litauen

von Christine Hamel

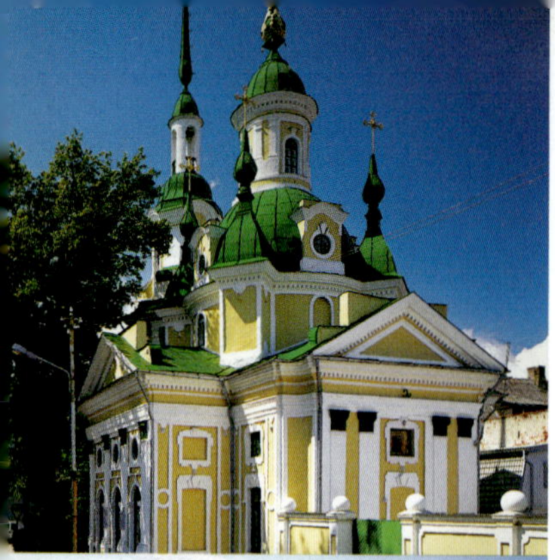

Intro

Unterwegs

Karten und Pläne

☐ Service

Leserforum

Die Meinung unserer Leserinnen und Leser ist wichtig, daher freuen wir uns von Ihnen zu hören. Wenn Ihnen dieser Reiseführer gefällt, wenn Sie Hinweise zu den Inhalten haben – Ergänzungs- und Verbesserungsvorschläge, Tipps und Korrekturen – dann kontaktieren Sie uns bitte:

Redaktion ADAC Reiseführer
ADAC Verlag GmbH
Am Westpark 8, 81365 München
Tel. 089/76 76 41 59
reisefuehrer@adac.de
www.adac.de/reisefuehrer

Baltikum Impressionen

Harmonischer Dreiklang

Das Baltikum – das sind **Estland, Lettland** und **Litauen**, die drei Länder im Nordosten des *mare balticum*, zwischen der Ostsee und den Nachbarstaaten Russland, Weißrussland und Polen. Das Baltikum fasziniert mit einer weitgehend unberührten Natur und den munteren Hauptstädten **Tallinn, Rīga** und **Vilnius**. Die Fülle historischer und kultureller Sehenswürdigkeiten sowie die vielfältigen Möglichkeiten für sportliche Aktivitäten und Erholung machen das Baltikum zu einem beliebten Reiseziel. Esten, Letten und Litauer, die zwischen dem Zweiten Weltkrieg und ihrer Unabhängigkeit von der Sowjetunion 1990/91 abgeschottet hinter dem *Eisernen Vorhang* lebten, empfangen Reisende mit freundlicher Neugier. Seit dem EU-Beitritt 2004 heißt das Trio jedes Jahr mehr Urlauber willkommen.

Schatzkammern der Natur

Die über 4400 km lange Ostseeküste säumen **Stein-, Kiesel-** und **Sandstrände** – zwischen dem Finnischen Meerbusen im Norden und der Inselwelt im Westen Estlands über die *Lettische Riviera* an der Rigaer Bucht und das Kap Kolka bis zur Kurischen Nehrung, die sich Litauen mit der südlich angrenzenden russischen Oblast *Kaliningrad* teilt. Das von **Flüssen** und **Mooren** durchzogene Landesinnere dominieren ausgedehnte **Wälder**, zu denen sich zwischen dem Peipussee im Nordosten Estlands und dem Dzūkija-Nationalpark im Südosten Litauens wunderschöne **Seenketten** und liebliche **Hügel** gesellen.

Die drei Länder sind mit insgesamt 175 120 km^2 nicht einmal halb so groß wie Deutschland, aber mit 41 Einw./km^2 vergleichsweise dünn besiedelt, sodass alles nah beieinander liegt und zugleich das Gefühl der Weite vorherrscht. Große Teile der Natur stehen als **Nationalparks** unter Schutz. In den undurchdringlichen Wäldern des Lahemaa-Nationalparks im Norden Estlands leben z.B. Luchse, Nerze und Wölfe. Im Slītere-Nationalpark am Kap Kolka in Nordwestlettland nisten die seltenen Schwarzen Störche. Und wer hätte gedacht, dass auf Saaremaa, der größten estnischen Insel, 35 verschiedene Orchideenarten blühen.

Überwältigend ist das Farbenspiel der Natur, wenn das Licht im Mai allmählich intensiver und die Nächte immer heller – weißer – werden, bis im Juni die blaue Stunde gar nicht mehr zu enden scheint und schließlich der mitternächtliche Him-

Oben: *Märkte spielen eine große Rolle im Leben der Letten – das Angebot ist groß*
Rechts oben: *Rathausplatz im litauischen Kaunas mit der Peter-und-Paul-Kathedrale*
Mitte: *Schönheit in Lettlands Hauptstadt Rīga – Metropole des Jugendstils*
Rechts: *Meer und Weite – vor Saaremaa , der größten von etwa 1500 estnischen Inseln*

mel rot in Flammen steht. Die **Mittsommernacht** wird überall im Baltikum mit Johannisfeuern, Tanz und Musik gefeiert.

Aktive Erholung

Die Monate Juni bis August, die im Allgemeinen angenehm warm und eher trocken sind, eignen sich bestens für einen **Badeurlaub** an der Ostsee. Herrlich ausspannen kann man an den traumhaften goldgelben Sandstränden entlang der *Kurischen Nehrung* im litauischen Süden des Baltikums. Genauso erholsam sind Ferien auf den estnischen Inseln *Saare-*

maa und *Hiiumaa* im hohen Norden. Hier locken verschwiegene Badebuchten mit feinem Sand, hellen Steinen oder Kieseln. Als besonders familienfreundlich gilt der breite weiße Sandstrand von *Jūrmala* nahe der lettischen Metropole, der sanft in die Rigaer Bucht ausläuft. Wer lieber die Nächte durchtanzen und sich bei Beachvolleyball sowie beim Kitesurfen austoben möchte, trifft Gleichgesinnte in Estlands Sommerhauptstadt *Pärnu* sowie im litauischen *Palanga*.

Das nordische Klima garantiert zwar keine Sonne, aber eine frische Brise. **Wassersportler** finden an der Ostsee reichlich Abwechslung. **Segler** schätzen das

ruhige *Kurische Haff* und das spannende Revier zwischen über 1500 estnischen Eilanden. **Windsurfer** bevorzugen *Liepāja* an der offenen lettischen Westküste. Wahre Paradiese für **Kanuten** sind die naturbelassenen Flüsse und ungezählten Seen im Landesinnern etwa im Nordosten Lettlands und Litauens im *Gauja-* und *Aukštaitija-Nationalpark*.

Reiter haben ihren Spaß bei Ausritten im *Gauja-Nationalpark* und an den Küsten der estnischen Insel *Muhu*. **Wanderer**

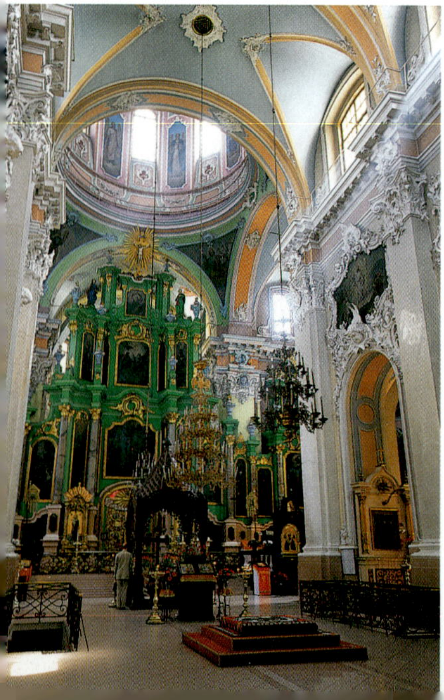

Oben: *Die idyllisch gelegene Wasserburg von Trakai – mittelalterliche Residenz der Litauer*
Mitte: *Modebewusste und kommunikationsfreudige Estinnen*
Links: *Heiliggeistkirche in Vilnius – Sitz des russisch-orthodoxen Erzbischofs*
Rechts oben: *Heiliger Mauritius – Schutzpatron der Schwarzhäupter*
Rechts Mitte: *Radtour auf der Promenade am Kurischen Haff*
Rechts unten: *Sonnenuntergang über der Kurischen Nehrung*

sind begeistert von geführten Exkursionen zur Tierbeobachtung und ausgezeichneten Wanderwegen in den Nationalparks, Bretterpfade leiten über das stille Hochmoor *Viru raba* im *Lahemaa-Nationalpark* und über die Wanderdünen der *Kurischen Nehrung*, die zu den höchsten Europas zählen. **Radfahrer** genießen den Schutz schattiger Kiefernwälder auf der Nehrung. Radwege verbinden die malerischen Fischerdörfer zwischen *Smiltynė* und *Nida*. Anspruchsvollere Strecken für **Mountainbiker** sind z.B. im *Gauja-Nationalpark* sowie zwischen *Otepää* und *Elva* im Südosten Estlands ausgewiesen. Diese Region erfreut auch **Angler** mit fischreichen Gewässern und **Skilangläufer** im Winter mit wunderbaren Loipen.

Pulsierende Städte

Das Baltikum wartet nicht nur mit Attraktionen für Naturfreunde und Aktivurlauber auf. Tallinn, Rīga und Vilnius bieten mit hübsch restaurierten **Altstädten**, die zu Recht zum UNESCO-Weltkulturerbe zählen, interessanten **Museen** und modernen **Einkaufszentren** ein reizvolles Programm für Kulturliebhaber.

In der estnischen Kapitale **Tallinn** können Reisende auf dem Domberg und in der Unterstadt dem *Mittelalter* nachspüren. Zudem steht im Villenvorort *Kadriorg* der aufregende Neubau des Estnischen Kunstmuseums. Auch **Rīga**, die lettische und größte Metropole des Baltikums, überzeugt durch Vielfalt, besonders aber durch das *Jugendstilviertel*, das in Europa seinesgleichen sucht. Litauens Hauptstadt **Vilnius** hingegen ist wegen ihrer prächtigen Klöster und Kirchen als Perle des *Barock* bekannt.

Seit dem EU-Beitritt boomen die Hauptstädte. Die Aufbruchstimmung gerade der jungen Leute, die sich gerne auf Englisch mit den Gästen aus aller Welt unterhalten, ist in den Bars, Cafés sowie Ge-

schäftszentren hinter spiegelnden Wolkenkratzerfassaden gegenwärtig. Längst prägen internationale Konzerne auch im Baltikum das Straßenbild.

Kulturelle Vielfalt

Eine Baltikumreise bietet außerdem die Chance, auf engem Raum drei eigenständige Länder und verschiedene Völker kennenzulernen. Estland, Lettland und Litauen haben eigene **Sprachen**. Während das Estnische eine finno-ugrische Sprache ist, sind Lettisch und Litauisch baltische, also indoeuropäische Sprachen. Daher fühlen sich die Esten den Finnen oft näher als ihren südlichen Nachbarn Lettland und Litauen.

Auch die **Geschichte** ist nicht einheitlich. Es gibt aber einige Überschneidungen, hauptsächlich zwischen Estland und Lettland. Steinerne Zeugen ihrer **Christianisierung** und Unterwerfung durch deutsche **Ordensritter** im 13. Jh. sind trutzige Burgen, die noch heute die Landschaft dominieren z.B. in *Cēsis* und *Sigulda* im Nordosten Lettlands sowie in *Kuressaare* auf der estnischen Insel Saaremaa. Als Museen gewähren sie heute Einblick in die mittelalterliche Wohnkultur. Am Kampf gegen die *Ostseeheiden* beteiligten sich deutsche Adelige, die im Baltikum mit Land entlohnt wurden. Aus ihren Gutshöfen gingen die oft schlossähnlichen deutschbaltischen **Herrensitze** hervor, die vielfach restauriert und zu gemütlichen Hotels umgebaut wurden, etwa *Palmse* direkt im Lahemaa-Nationalpark und *Pädaste* auf Muhu in Estland. Im Schutz der Burgen ließen sich auch deutsche Kaufleute und Handwerker nieder. In Rīga, Tallinn oder *Tartu* florierte der Handel und die Städte traten der **Hanse** bei. Dass mit dem Wohlstand das Repräsentationsbedürfnis wuchs, belegen stattliche öffentliche Gebäude wie das *Rathaus* und die *Gildehäuser* in Tallinn.

Litauen dagegen entwickelte sich seit dem 13. Jh. als **Großfürstentum** zu einer Großmacht. Im 15. Jh. reichte das Herrschaftsgebiet bis zum Schwarzen Meer. Die imposante mittelalterliche Residenz in *Trakai* gilt den Litauern bis heute als Symbol ihrer Eigenständigkeit.

Im 16. Jh. führte die **Reformation** im Baltikum zur Auflösung des Deutschen Ordens und die Verlagerung des Handels nach Übersee zum Niedergang der Han-

se. Schweden besetzte die heute estnischen und lettischen Gebiete, die seither protestantisch sind. Gleichzeitig riss Polen die Macht in Litauen an sich, das dem **Katholizismus** treu blieb.

Ende des 18. Jh. geriet das gesamte Baltikum unter **russische Herrschaft**. Die Zaren hinterließen massive Festungen wie in *Daugavpils* in Südostlettland und bei *Kaunas* im Südwesten Litauens, aber auch schöne Kuranlagen in Ostseeorten wie *Haapsalu, Pärnu* und *Palanga*, die im 19. Jh. zu bevorzugten Sommerfrischen des russischen Adels avancierten. Verzierte Holzbauten erstrahlen heute in neuem Glanz, z.B. der charmante Kursaal in *Haapsalu* und das nostalgische *Schlammheilbad Mudaravila* in Pärnu.

Singender Widerstand

Im 19. Jh. formierten sich die Nationalbewegungen der Esten, Letten und Litauer gegen die russische Unterdrückung. Auf den **Sängerfesten** – das erste wurde 1869 von Studenten in Tartu organisiert – sangen sie Volkslieder in ihren eigenen Sprachen, die z.T. verboten waren. Es dauerte eine Weile bis sie das Recht auf Selbstbestimmung durchsetzten konnten, aber seither singen die baltischen Völker mit überwältigender Inbrunst. Der vorübergehenden Souveränität aller drei baltischen Staaten zwischen den Weltkriegen folgte die Besatzung durch die Sowjetunion. 1989 stimmten Esten, Letten und Litauer dann den Abgesang auf die Kommunisten an, als sie eine 600 km lange Menschenkette zwischen Tallinn, Rīga und Vilnius bildeten. Schließlich brachte die **Singende Revolution** Litauen, Estland und Lettland 1990/91 die Unabhängigkeit und 2004 die EU-Mitgliedschaft.

Oben: *Die Dünen auf der Kurischen Nehrung zählen zu den höchsten Europas*
Mitte: *Vom Tallinner Domberg blickt man weit über den Finnischen Meerbusen*
Unten: *Baltisches Gold – künstlerische Feinheiten der Bernsteinbearbeitung*
Links: *Damals und heute beliebt – Jūrmala an der Lettischen Riviera*

Geschichte, Kunst, Kultur im Überblick

Bischöfe, Ritter, Kaufleute und Könige – Dänen, Deutsche, Schweden, Polen und Russen

4000 v. Chr. Erste Besiedlungen im heutigen Estland durch finno-ugrische Stämme. Im heutigen Litauen leben indoeuropäische Stämme, die u.a. Schmuck aus Bernstein herstellen.

ab 1300 v. Chr. Bernsteinschmuck ist sehr gefragt. Die baltischen Stämme liefern Bernstein, das ›Baltische Gold‹, bald nicht nur an die benachbarten Slawenstämme und Wikinger, sondern über den Mittelmeerraum bis nach Arabien.

um 100 v. Chr. Die Stämme im Baltikum besitzen klar voneinander abgegrenzte Territorien. Die finno-ugrischen Esten siedeln im heutigen Estland, die mit ihnen verwandten Liven um die Rigaer Bucht. Den Rest des Baltikums bewohnen indo-europäische Stämme: Lettgallen und Selen leben im Osten und Südosten, Semgallen im Zentrum des heutigen Lettland, Kuren im Westen an der heute lettischen und litauischen Ostseeküste. Auf dem Gebiet des heutigen Litauen siedeln außerdem Schemaiten im Westen und Aukštaiten im Osten. Südwestlich Litauens liegt ferner das Stammesgebiet der Pruzzen. Die Menschen betreiben Ackerbau, Viehzucht und Waldwirtschaft. Die Küstenbewohner fahren zur See und handeln mit Bernstein sowie Pelzen, Honig, Wachs und Getreide.

600 n. Chr. Der Reichtum, den der florierende Bernsteinhandel den Balten beschert hat, weckt die Begehrlichkeiten der Nachbarn. Die baltischen Stämme müssen sich gegen Überfälle der Wikinger und Slawen behaupten.

1030 Der russische Fürst Jaroslaw der Weise (ca. 986–1054) erobert Tartu. Estlands Nordosten bleibt 30 Jahre lang russisch.

um 1180 Deutsche Kaufleute interessieren sich für die im östlichen Ostseeraum angebotenen Waren wie Wachs, Pelze und Häute sowie neue Absatzmärkte für Salz, Edelmetal oder Tuche, fürchten aber Seeräuber und die nicht christianisierte Bevölkerung. Das Bremer Erzbistum schickt den Augustinermönch Meinhard von Segeberg (?–1196) zur Missionierung der heidnischen Stämme. Er geht nördlich der Daugavamündung im heutigen Lettland an Land, das er nach den hier lebenden Liven ›Livland‹ nennt. Diese halten jedoch an ihrer Naturreligion, in der Sonne und Mond verehrt werden, fest. Daraufhin erklärt der Papst Livland zum Kreuzzugsgebiet.

1200 Mit päpstlichem Segen unternimmt der Bremer Bischof Albert von Buxhoeveden (ca. 1165–1229) einen Kreuzzug nach Livland. Die Kurie verspricht den Kreuzfahrern für die Christianisierung der Bevölkerung Land im unterworfenen Gebiet. Viele der Kreuzfahrer sind Adelige, deren heimische Besitztümer keine ausreichende Existenzgrundlage bieten. Unter dem Schutz der bewaffneten Kreuzfahrer erreichen auch deutsche Kaufleute Livland.

1201 An der Daugavamündung in die Ostsee gründet Bischof Albert die Stadt Rīga, die das Zentrum deutscher Missionierung und deutscher Herrschaft im Baltikum sowie ein wichtiger Handelshafen wird.

1202 Bischof Albert gründet mit Kreuzfahrern, vor allem aus Westfalen und Sachsen, den Orden der Schwertbrüder zum Kampf gegen die ›Ostseeheiden‹.

1208 Deutsche und Dänen stoßen nach Estland vor.

1219 Der dänische König Waldemar II. errichtet an der Ostsee in Nordestland eine Burg, um die die Stadt Tallinn (Reval) entsteht.

1236 Mindaugas (ca. 1203–1263) schafft das Großfürstentum Litauen, indem er die litauischen Stämme eint und sie in der Schlacht von Šiauliai zum Sieg über die Schwertbrüder führt.

1237 Der Schwertbrüderorden wird als Livländischer Orden dem Deutschen Orden eingegliedert, den der polnische Herzog Konrad I. von Masowien 1226 gegen die heidnischen Pruzzen zur Hilfe gerufen hatte. Für die Unterwerfung der Pruzzen erhält der Orden deren Territorium südlich der Ostsee.

1253 Mindaugas bekennt sich zum Christentum und lässt sich vom Papst zum litauischen König krönen, damit der Deutsche Orden Litauen nicht angreift. Weil sein Volk nicht der christlichen Lehre folgt, fühlen sich die Ordensritter aber zu Eroberungsfeldzügen legitimiert. Mindaugas legt 1261 den christlichen Glauben und die Krone wieder ab.

13. Jh./14. Jh. In Nordestland regieren die Dänen. Den Rest des heutigen Estland und Lettland beherrschen die Deutschen. Dazu gehören die vier Diözesen Rīga (seit 1253 Erzbistum), Tartu (Dorpat), Saaremaa (Ösel-Wiek) und Kurzeme (Kurland) sowie das Gebiet des Livländischen Ordens.

Zwischen den bischöflichen Landesherren und dem Orden kommt es wiederholt zu Konflikten, da der Orden einen immer höheren Anteil an den von ihm im Dienste der Kirche eroberten Gebieten beansprucht. Gesichert werden die Ländereien durch zahlreiche Burgen. Die einheimischen Bauern müssen an die zugewanderten deutschen adeligen und geistlichen Gutsherren Abgaben zahlen. Die sogenannten Deutschbalten können ihre Machtposition festigen und ihren Einfluss bis ins 20. Jh. wahren. Handelsprivilegien locken deutsche Kaufleute in die Städte, wo sie die Oberschicht bilden und Deutsch die vorherrschende Sprache wird. Aus den Reihen der Kaufleute, die wie die Handwerker in Gilden organisiert sind, werden Stadträte gewählt, die u.a. über die Gerichtshoheit und das Münzrecht verfügen. Die Städte entwickeln sich Dank der ihnen verliehenen Stadtrechte zu weitgehend unabhängigen und blühenden Handelsmetropolen, die mehrheitlich der Hanse beitreten.

1323 Der litauische Großfürst Gediminas gründet am Zusammenfluss von Vilnia und Neris Vilnius, das er zu seiner Residenz ausbaut. Er lädt deutsche Kaufleute und Handwerker ein, sich in der Stadt, die an den Handelswegen von der Ostsee zum Schwarzen Meer liegt, niederzulassen.

1346 Die Deutschen herrschen über das ganze Gebiet des heutigen Lettland und Estland – sie nennen es insgesamt Livland.

1386 Der litauische Großfürst Jogailas (1348–1434) tritt mit seinem Volk zum Christentum über und wird durch die Heirat mit der polnischen Thronerbin Jadwiga als Władisław II. Jagiełło polnischer König. Litauen regiert sein Cousin Vytautas (1350–1430).

1410 In der Schlacht bei Tannenberg schlägt ein polnisch-litauisches Heer den Deutschen Orden.

1430 Litauen erreicht unter Vytautas seine größte Ausdehnung – von der Ostsee und über Weißrussland bis zum Schwarzen Meer. Westeuropäische Handwerker kommen nach Vilnius, das sich neben Krakau und Warschau zu einem Zentrum polnischer Kultur entwickelt. Viele Juden siedeln sich im Großfürstentum an, da ihnen Vytautas die gleichen Rechte wie den Christen zusichert.

1522/23 Die Reformation setzt sich im Herrschaftsgebiet der Deutschen durch. Bischöfe und Ordensmeister folgen Luthers Lehre und säkularisieren die Besitztümer der katholischen Kirche. Predigttexte und Bibelauszüge werden in Estnisch und Lettisch veröffentlicht und tragen damit zu ihrer Verbreitung als Schriftsprachen bei.

1525 Der Hochmeister des Deutschen Ordens Albrecht von Brandenburg verwandelt das preußische Ordensland in ein Herzogtum, das er dem polnischen König unterstellt. Der Herzog von Preußen residiert in Königsberg.

1558–82 Der Livländische Krieg, der mit einem Angriff Zar Iwan IV. dem Schrecklichen beginnt, besiegelt das Ende der alten Ordnung. Tallinn und Nordestland gehen an Schweden, während Kurland und Livland bei Polen Schutz suchen. 1582 müssen die russischen Truppen wieder abziehen.

1569 Nachdem Russland sich weite Teile im Osten von Litauen einverleibt hat, kann das Großfürstentum seine Souveränität gegenüber Polen nicht länger behaupten. Nach der ›Union von Lublin‹ ist Litauen dem polnischen König untertan. Polnisch wird zur Sprache der Verwaltung und Oberschicht, die der katholischen Kirche die Treue hält.

1573 Im litauischen Vilnius wird die erste Synagoge errichtet. Die Stadt entwickelt sich zum Zentrum des osteuropäischen Judentums.

1579 Gründung der Universität Vilnius.

1600–29 Estland, Livland und weite Teile des heutigen Lettland fallen im pol-

Tallinn auf einem Stich von Matthias Merian 1646

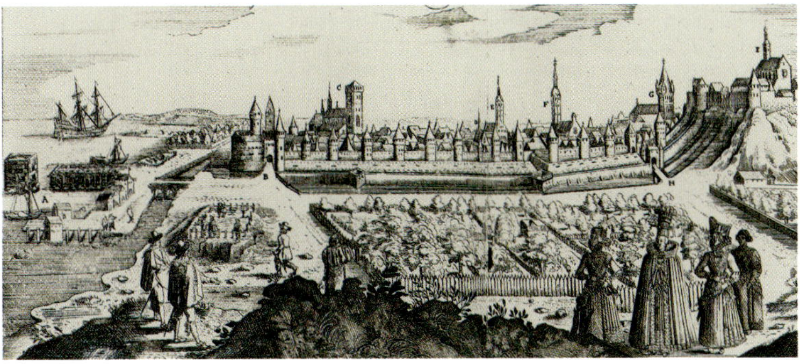

1939 besiegeln Deutsche und Russen das Ende der souveränen baltischen Staaten...

nisch-schwedischen Krieg um die Vorherrschaft im Ostseeraum an das protestantische Schweden.

1632 Der Schwedenkönig Gustav Adolf II. gründet die Universität Tartu (Dorpat), die auch der finno-ugrischen und baltischen Bevölkerung offen steht, die bisher von einem Studium ausgeschlossen war.

1710 Russische Truppen erobern Estland und Livland. Für das Baltikum beginnt die 200-jährige Zarenzeit. Infolge des Nordischen Kriegs (1700–21) löst Russland Schweden als führende Macht im Ostseeraum ab.

1772/93/95 Nach den drei Polnischen Teilungen gehören Litauen, die heute lettischen Gebiete Lettgallen und Kurland zu Russland. Kleinlitauen (Memelgebiet) kommt zu Preußen.

1811 Vilnius ist mit 56 000 Einwohnern nach Moskau und St. Petersburg die drittgrößte Stadt des Zarenreichs.

1816–19 Aufhebung der Leibeigenschaft in Estland, Kurland und Livland. Aus dem nun freien Bauernstand entwickelt sich allmählich eine wirtschaftlich und zahlenmäßig starke bäuerliche Mittelschicht.

1831 Die Russen schlagen einen Aufstand der Polen und der Litauer nieder und schließen die Universität von Vilnius, die als Zentrum des Widerstands gegen die russischen Herrscher gilt.

1863 Nach einem erneuten Aufstand der Litauer verbieten die Russen die litauische Sprache.

1869 Auf dem ersten Sängerfest in Tartu werden estnische Volkslieder vorgetragen. Damit demonstrieren die Esten ihre nationale Eigenständigkeit.

1873 In Rīga findet das erste gesamtlettische Sängerfest statt. Die Studentenverbindung ›Lettonia‹ kämpft für die kulturelle, politische und wirtschaftliche Gleichberechtigung der Letten.

1883 Der Arzt und Gelehrte Jonas Basanavičius gibt die erste litauische Zeitung ›Aušra‹ (Morgenröte) heraus. Geheime Büchergesellschaften verbreiten die litauische Sprache und halten das litauische Kulturleben lebendig. Die restriktive Russifizierungspolitik des Zaren bringt der Nationalbewegung immer mehr Zulauf.

1901 In Vilnius eröffnet die größte jüdische Bibliothek der Welt.

1904 In Rīga und Kurland kommt es zu Unruhen – ausgelöst durch die Einberufung von Letten, Esten und Litauern in die russische Armee für den Krieg gegen Japan (1903–06).

1905 Die erste russische Revolution findet auch im Baltikum viele Anhänger. Die Ideen von der Befreiung der Arbeiter und Bauern verbindet man hier mit dem Streben nach Unabhängigkeit von Russland. Zar Nikolaus II. beantwortet die Autonomiebestrebungen mit brutaler Waffengewalt.

1914 Zu Beginn des Ersten Weltkrieges erleidet die russische Armee eine schwere Niederlage gegen die deutschen Truppen, die Litauen und Kurland, 1917 auch Rīga, besetzen.

1918 Nach der Oktoberrevolution und dem Zusammenbruch des russischen sowie des deutschen Kaiserreiches nutzen die Balten ihre Chance: Estland, Lettland und Litauen erklären ihre Unabhängigkeit.

1919 Weil polnische Truppen die litauische Hauptstadt Vilnius besetzen, verlegen die Litauer die Hauptstadt nach Kaunas.

1920/21 Die baltischen Staaten schließen Frieden mit Sowjetrussland und werden in den ›Völkerbund‹ aufgenommen. In den unabhängigen Ländern entwickelt sich ein reges Kulturleben. Durch Agrarreformen erhalten einheimische Bauern Ländereien von deutschen, polnischen oder russischen Großgrundbesitzer.

1923 Litauen annektiert das 1919 vom Deutschen Reich abgetrennte Memelgebiet.

1926–34 In den baltischen Staaten gelangen rechtsnationale autoritäre Regime an die Regierung – 1926 in Litauen, 1933 in Estland, 1934 in Lettland.

1939 Der Hitler-Stalin-Pakt besiegelt das Ende der Souveränität der drei baltischen Staaten. Ein geheimes Zusatzprotokoll spricht sie der Sowjetunion zu. Sogenannte Beistandspakte zwingen die Balten, in ihren Ländern sowjetische Stützpunkte zuzulassen. Während die Rote Armee ihre Truppen stationiert, evakuiert das Deutsche Reich die Deutschbal-

... 50 Jahre später gehen Esten, Letten und Litauer für ihre Freiheit auf die Straße

ten – 1939 über 60 000 aus Lettland und etwa 15 000 aus Estland, 1941 nochmals ca. 18 000.

1940 Die Sowjets deportieren nach ihrem Einmarsch Tausende ehemalige Regierungsangehörige, Oppositionelle, Intellektuelle, Theologen und Fabrikanten nach Sibirien, wo die meisten von ihnen umkommen.

1941 Truppen der Deutschen Wehrmacht besetzen sechs Wochen nach ihrem Überfall auf die Sowjetunion das Baltikum. Die Mehrheit der Bevölkerung begrüßt die Deutschen als Befreier vom verhassten Sowjetregime. Die SS rekrutiert in Lettland und Estland Zehntausende Freiwillige. Auch bei der Judenvernichtung helfen baltische Kollaborateure bereitwillig. Rund 275 000 litauische und lettische Juden werden ermordet, nicht einmal 10 000 überleben.

1944 Die Sowjetunion erobert das Baltikum zurück. Über eine viertel Million Balten fliehen nach Westeuropa oder Nordamerika. Zehntausende Männer gehen in die Wälder (Waldbrüder) und bilden Partisaneneinheiten, die noch bis Mitte der 1950er-Jahre Widerstand gegen die Sowjets leisten.

1949 Deportationen nach Sibirien (über 100 000 Menschen) und Ansiedlung von Russen verändern die Gesellschaft. Literatur und Malerei werden auf den ›Sozialistischen Realismus‹ verpflichtet.

1964 Mit dem Amtsantritt Breschnjews beginnt die Periode der ›Großen Stagnation‹. Das Baltikum wird aufgerüstet und der KGB kontrolliert die Bevölkerung.

1987 ›Perestroika‹ und ›Glasnost‹ sorgen für eine Belebung des gesellschaftlichen, kulturellen und politischen Lebens. Es formieren sich neue Unabhängigkeitsbewegungen.

1989 Am 23. August, dem 50. Jahrestag des Hitler-Stalin-Paktes, bilden 1,7 Mio. Balten eine 600 km lange Menschenkette von Tallinn über Rīga nach Vilnius.

1990 Am 11. März ruft Vytautas Landsbergis als Vorsitzender eines am 24. Februar frei gewählten Parlaments, in Litauen die Unabhängigkeit aus. Die Sowjetunion antwortet mit einer Wirtschaftsblockade.

1991 Sowjetische Truppen versuchen die Autonomiebestrebungen in Vilnius und Rīga gewaltsam zu stoppen. Im August nutzen Estland (20.8.) und Lettland (21.8.) den Putsch in Moskau zur Erklärung ihrer Unabhängigkeit. Das Staatseigentum im Baltikum wird privatisiert. Schließlich erkennt die Sowjetunion die baltischen Staaten an, die im gleichen Jahr in die UNO aufgenommen werden.

1992–99 Die Russen ziehen ihre Truppen aus dem Baltikum ab.

2004 Estland, Lettland und Litauen treten NATO und EU bei.

2006 Ende November findet in Lettlands Hauptstadt Rīga der NATO-Gipfel statt.

2011 Am 1. Januar wird in Estland als erstem der drei baltischen Länder der Euro als Währung eingeführt. – Estlands Hauptstadt Tallinn ist zusammen mit dem finnischen Turku Kulturhauptstadt Europas.

Gruppenbild mit Damen: NATO-Gipfeltreffen in Rīga 2006

Kurische Nehrung – buntes
Holzhäuschen-Idyll in Nida

Unterwegs

Estland – Eesti

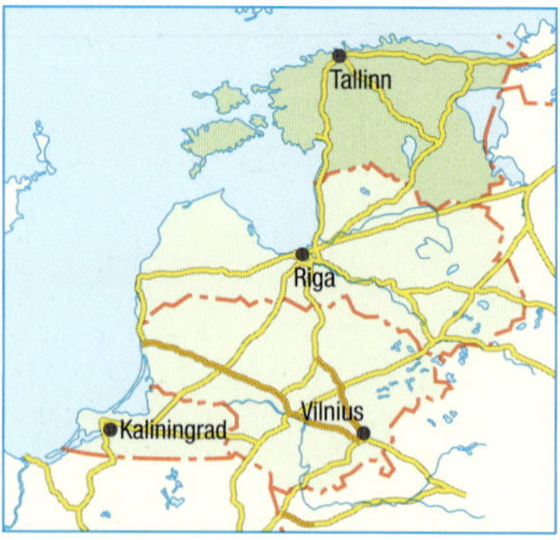

Zu Estland gehören etwa 3800 km **Ostseeküste** und 1520 **Inseln** mit stillen Sandbuchten, weißen Kieselstränden, spektakulären Steilufern und riesigen Findlingsfeldern sowie über 1400 tiefblaue **Seen** inmitten lichter Birken- und Kiefernwälder, die das Landesinnere prägen. Die nördlichste und mit einer Fläche von 45 227 km² kleinste der drei baltischen Republiken ist ein abwechslungsreiches, weitgehend unberührtes Naturparadies. Estland zählt pro Quadratkilometer nur 31 Einwohner – da sind Ruhe und Beschaulichkeit garantiert. Und ohne zu rasen, kann man das Land in 4–5 Stunden durchqueren. Estland grenzt im Süden an Lettland, im Osten an Russland, im Westen und Norden bildet die Ostsee die natürliche Grenze. »Estland ist so klein« heißt es, »dass man es in Gänze lieben und in Gänze als Zuhause betrachten kann.«

Herrenhäuser z.B. *Palmse* oder *Pädaste* wurden zu Hotels umgebaut und verwöhnen ihre Gäste mit Sauna und Elchcarpaccio. Wanderwege erschließen die nahen **Nationalparks** wie *Lahemaa* an der estnischen Nordküste, durch dessen Wälder **Luchse** und **Bären** streifen. Auf *Vilsandi* an der Westküste Saaremaas kann man hingegen **Kegelrobben** beobachten. Sonnenhungrige und Wasserratten wissen die schönen **Stein- und Sandstrände** an der Ostsee zu schätzen.

Das *mare balticum* bietet um die Inseln *Saaremaa, Muhu* und *Hiiumaa* aber auch **Seglern** ein interessantes Revier. Die nordischen Sommer sind angenehm warm und trocken. Die Sonne steht bis zu 19 Stunden hoch am Himmel und taucht die Nacht in die lodernden Farben der Dämmerung. Am 23. Juni wird die **Mittsommernacht** mit Tanz und Gesang um die *Johannisfeuer* herum ausgelassen gefeiert. Die Esten strömen ins Freie und lassen einen vergessen, was man über Zurückhaltung und Einsilbigkeit dieses Volkes jemals gehört hat.

Auch in **Tallinn** pulsiert das Leben. Fast ein Drittel der 1,34 Mio. Esten wohnen in der Hauptstadt am *Finnischen Meerbusen*, die anderen verteilen sich auf 15 kleinere Städte wie die estnisch-russische *Grenzstadt Narva*, die *Universitätsstadt Tartu* (Dorpat) oder die *Sommerhauptstadt Pärnu* (Pernau), und das Land. In die mittelalterlichen Gemäuer der Tallinner Unterstadt hat mit der Unabhängigkeit 1991 die kreative Freiheit Einzug gehalten. Bei den jungen Designern, Barbesitzern, Hoteliers und ihren Kunden – die ökonomische und politische Elite ist im Schnitt 30 Jahre alt – gehören WLAN-Anschlüsse zum modernen Ambiente. So surft man nach dem **Einkaufsbummel** bei einer Café Latte in einer schicken Bar durchs Internet, chattet und verabredet sich mit Freunden. Auf Kulturliebhaber warten eine hervorragende **Oper** und einige interessante **Museen**, etwa das *Estnische Kunstmuseum Kumu* im Villenviertel *Kadriorg*. Glitzernde Wolkenkratzer internationaler Banken und Unternehmen bereichern Tallinns Silhouette. Die estnische Wirtschaft profitiert vom EU-Beitritt und von den engen Beziehungen zu den Finnen, die wie die Esten zur finno-ugrischen Völkerfamilie gehören. Neue Kommunikationstechnologien gewinnen gegenüber den traditionellen Wirtschaftszweigen der Holz- und Möbelindustrie an Bedeutung. Im Norden des Landes werden zudem Phosphor und Ölschiefer abgebaut.

Tallinn so nah und doch so fern – milder Sommerabend auf der Halbinsel Viimsi

Tallinn und Umgebung – Fenster zu Skandinavien und zur Welt

Tallinn zählt zu den schönsten Städten Nordeuropas. Die UNESCO erklärte die von mächtigen Mauern umschlossene **Altstadt,** zu der der Domberg und die Unterstadt gehören, 1997 zum Weltkulturerbe. Nirgendwo sonst scheint das Mittelalter so lebendig. In der **Unterstadt** zeugen Rathaus, Gildehäuser und Kirchen vom Einfluss der Hansekaufleute und Wohlstand der Bürger. Heute locken hier Cafés, Restaurants und Nachtklubs. Auf dem **Domberg** verewigten sich hingegen die jeweiligen Landesherren mit dem Bau der Domkirche, der Alexander-Nevskij-Kathedrale und dem Schloss, in dem seit Estlands Unabhängigkeit 1991 Regierung und Parlament residieren. Von dort oben hat man einen atemberaubend schönen Blick über die Ostsee.

Östlich der Altstadt führt eine von Parks gesäumte Uferpromenade entlang der Tallinner Bucht ins vornehme Stadtviertel **Kadriorg** (Katharinental), wo Peter der Große seiner Frau im 18. Jh. ein Schloss errichten ließ. Auch das Estnische Kunstmuseum Kumu liegt in diesem Stadtteil. Vorbei geht es am 1960 errichteten Sängerstadion bis zum Jachthafen in **Pirita**. Auf der Halbinsel Kakumäe im Westen Tallinns liefert das Freilichtmuseum **Rocca al Mare** einen Überblick über die bäuerlichen estnischen Lebens- und Bauweisen vergangener Zeiten.

1 Tallinn

TOP TIPP *Die charmante mittelalterliche Hansestadt ist im Internetzeitalter angekommen.*

Estlands Hauptstadt Tallinn, zu Deutsch Reval, liegt am Finnischen Meerbusen und ist mit 398 000 Einwohnern das ökonomische und kulturelle Herz der baltischen Republik. Tallinn leitet sich ab von ›Taani linn‹, was ›dänische Stadt‹ bedeutet und daran erinnert, dass Dänen die ersten Eroberer dieser Gegend waren.

Geschichte Der Gründungskern Tallinns liegt auf dem 50 m hohen Kalkberg, dem heutigen Domberg, der den jeweiligen Landesherren als Regierungssitz und natürlicher Kontrollposten über die Ostsee diente. Anfang des 13. Jh. eroberten **Dänen** die hier gelegene estnische Siedlung. 1219 ließ der dänische König Waldemar II. eine Festung errichten und grün-

Schöne Aussicht über das alte Tallinn mit Unterstadt und Domberg

dete damit Tallinn. Bei den Dänen hieß die Stadt allerdings *Revele*, woraus sich der deutsche Name *Reval* ableitete.

Unterhalb der Burg ließen sich, nachdem die Stadt 1227 von den **deutschen Schwertbrüdern** eingenommen worden war, neben dänischen und schwedischen Siedlern auch 200 deutsche Kaufleute nieder. Dank der Lage am *mare balticum* entwickelte sich Tallinn schnell zu einer florierenden **Hafen- und Handelsstadt**. Zu den wichtigsten Waren zählten Bernstein und Salz sowie Pelze, Wachs, Flachsgarn, Teer und Honig. Der wirtschaftliche Erfolg führte zum schnellen Ausbau der Stadt. Die *Unterstadt* erhielt 1248 ein *Stadtrecht* nach dem Vorbild Lübecks mit Zollfreiheit, Gerichtshoheit und Münzrecht. Die in *Gilden* zusammengeschlossenen Kaufleute und Handwerker wählten einen Rat, der die Interessen der Bürger vertrat. Dadurch erlangte man Unabhängigkeit und Rechtssicherheit gegenüber den wechselnden Herrschaftsverhältnissen im Land. Den Deutschen folgten 1248 wieder die Dänen, die bis zum erneuten Einzug der Deutschen 1346 vom Domberg aus den Norden Estlands regierten. Die **Zweiteilung** in eine Ober- und Unterstadt, die bis heute für Tallinn charakteristisch ist, gibt die gesellschaftlichen Zustände im Mittelalter wieder: Landesherren, Adel und Geistlichkeit residierten auf dem Berg, unten lebte die vornehmlich aus Kaufleuten und Handwerkern bestehende Bürgerschaft. Dass das Verhältnis zwischen ihnen zuweilen frostig war, belegt die noch erhaltene Mauer mit Toren und Wehrtürmen am Fuß des Domberges. Nachts verriegelte man die Zugänge. Mit dem Beitritt zur **Hanse** 1280 erlebte Tallinn als Umschlagplatz von Waren aus Ost und West einen weiteren Aufschwung. Im 14. und 15. Jh. entstanden einige repräsentative Bauten, darunter das Rathaus. Erst mit dem Niedergang der Hanse und des Ordens im 16. Jh. ebbte Tallinns Bedeutung ab. 1558 meinte Zar Iwan IV. daher, die Stadt wäre für das erstarkende Russland eine leichte Beute. Doch Tallinn war gut befestigt und hielt der russischen Belagerung 37 Wochen stand. Im Livländischen Krieg unterwarf sich Tallinn 1561 den **Schweden**. Was Iwan dem Schrecklichen nicht gelang, schaffte **Peter der Große** 1710: Tallinn wurde russisch. Obwohl der Zar sein Augenmerk auf den Ausbau von St. Petersburg legte, entstanden außerhalb der Altstadt interessante Barockbauten, wie das Schloss für Katharina, die Ehefrau des Zaren, in Kadriorg. Die **Industrialisierung** brachte neue Impulse: 1870 wurde die Bahnverbindung nach St. Petersburg er-

öffnet und alsbald der Hafen erweitert. Die im 19. Jh. entstandene **Nationalbewegung** der Esten führte erst nach dem Ersten Weltkrieg zum Erfolg. Tallinn war die Hauptstadt der unabhängigen **Republik** Estland, bis 1940 sowjetische Truppen das Land besetzen. Nach dem Zweiten Weltkrieg bauten die **Sowjets** Tallinn zur Industriestadt aus. An die jüngere Geschichte erinnern Plattenbausiedlungen, die für Hunderttausende Arbeitskräfte aus dem Boden gestampft wurden und heute zu den sozialen Brennpunkten der Stadt zählen. Dem wirtschaftlichen Aufschwung nach der erneuten Unabhängigkeit verdankt Tallinn hingegen einige glitzernde Hochhausfassaden.

Besichtigung Seit 1991 hat man die **Altstadt** (Vanalinn) bestehend aus Unterstadt und Domberg herausgeputzt und sich auf den Tourismus eingestellt. 2011 ist Tallinn (mit Turku in Finnland) sogar Europäische Kulturhauptstadt. Die Stadt bietet eine Fülle von Sehenswürdigkeiten, die man am besten bei einem Spaziergang über die kopfsteingepflasterten, meist verkehrsfreien Gassen erkundet.

Die Unterstadt (All-Linn)

Das Zentrum der Unterstadt bildet der **Rathausplatz** ❶ (Raekoja plats), der sich im mittelalterlichen Gassengewirr mit erstaunlicher Weite öffnet. Spätgotische, spitzgiebelige, bunt gestrichene Bürgerhäuser umgeben den schönen Platz. Er bildet den gesellschaftlichen Dreh- und Angelpunkt der Altstadt. Von einem der umliegenden Cafés und Restaurants, die schon bei den ersten Sonnenstrahlen Tische und Stühle ins Freie rücken, lässt sich das lebendige Treiben beobachten. Dominiert wird der Platz vom **Rathaus** ❷ (Raekoda, Raekoja plats 1, *Ratssaal* tgl. 11–

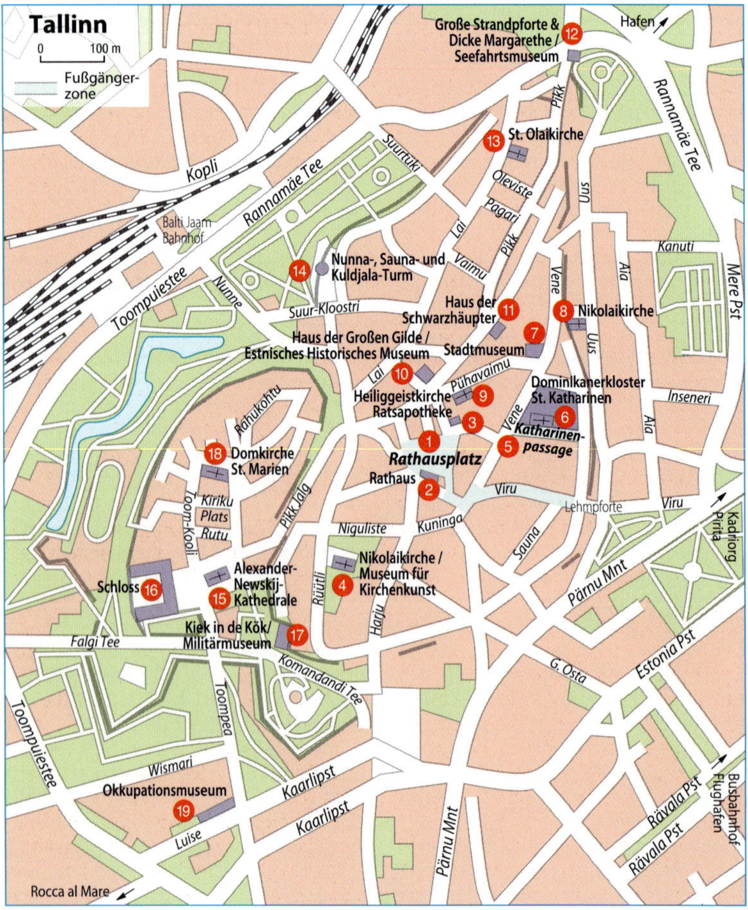

Einen Platz an der Sonne bieten die zahlreichen Cafés rund um das gotische Rathaus

18 Uhr), das sein heutiges Aussehen einem Umbau in den Jahren 1402–04 verdankt. Die kompakte, steil aufragende Architektur im Stil der Spätgotik ist einzigartig in Nordeuropa. Die weitgehend schmucklose Fassade wird von einzelnen unregelmäßig eingesetzten Fenstern unterbrochen. Blickfang sind zwei kuriose Wasserspeier, furchterregende Drachen, die unvermittelt aus der Mauer vorstoßen, als wollten sie zuschnappen. An der Ostseite läuft die Fassade in einem schlanken, achteckigen *Turm* (Mai–Mitte Sept. tgl. 11–18 Uhr) aus, den man über eine steile Treppe erklimmen kann, um die großartige Aussicht zu genießen. Auf der Turmspitze zeigt der ›Alte Thomas‹ seit 1530 an, woher der Wind weht. Der Saal im *Erdgeschoss* des Rathauses diente früher als Markthalle. Vom 12. Jh. bis ins Jahr 1896 wurde auf dem Rathausplatz der Markt abgehalten. Im *Obergeschoss* waren die Räume des Stadtrates und der Bürgerversammlung untergebracht. Da auch die Gerichtsbarkeit der Unterstadt in ihrer Hand lag, ermahnt die lateinische Inschrift über der Tür, ›Wut, Unrecht, Feindschaft, Freundschaft, Schmeichelei‹ vor der Tür zu lassen, um die öffentlichen Pflichten gewissenhaft wahrnehmen zu können.

Auf der anderen Seite, in der nordöstlichen Ecke des Platzes findet man die 1422 erstmals urkundlich erwähnte und älteste noch betriebene Apotheke Europas, die **Ratsapotheke** 3 (Raeapteek, Di–Sa 10–18 Uhr). Sie war von 1581 an über drei Jahrhunderte im Besitz der ungarischstämmigen Familie Burchart, deren Rezepturen über die Grenzen Estlands hinaus berühmt waren. Bis heute braut man hier einen Gewürzwein, den *Klarett*, der heiß getrunken jede Erkältung verjagt.

Die Straßen, die vom Rathausplatz abzweigen, heißen nach den im Mittelalter dort ansässigen Berufsgruppen Bäcker-, Schmied-, Krämer- und Uhrmachergasse. Die **Kullassepa** war die Straße der Gold- und Silberschmiede. Sie führt in die südliche Altstadt zum **Museum für Kirchenkunst** 4 in der **Nikolaikirche** (Niguliste kirik, Niguliste 3, Tel. 6314330, www.ekm.ee, Mi–So 10–17 Uhr). Deutsche Kaufleute ließen die breit ausladende Kirche zu Ehren des Schutzheiligen der Seefahrer im 13. Jh. erbauen. Hier ist das berühmteste Kunstwerk Tallinns zu bestaunen: ein Gemäldefragment vom ›Totentanz‹, das der Lübecker Maler *Bernt Notke* (um 1435–1509), der bedeutendste Meister der norddeutschen Spätgotik, um 1463 schuf und das den Brand im Zweiten Weltkrieg überstand. Der Tod spielt Dudelsack, schiebt sich frech zwischen Papst, Kaiser, Kaiserin, Erzbischof und König – und erinnert daran, dass im Tod alle gleich sind.

Viele der deutschen Kaufleute und Handwerker hatten ihre Häuser in der

Die Katharinenpassage am Dominikanerkloster ist eine typisch mittelalterliche Gasse

Rüütli, die von der Nikolaikirche im Bogen an der Stadtmauer entlang zur **Harju** verläuft. Richtung Zentrum, in der Harju 1, war früher das estnische *Schriftstellerhaus*. Hier wohnten zu Sowjetzeiten viele Autoren unter einem Dach – und unter der Kontrolle des KGB. Keine Überwachung mussten die Gäste des danach hier eingerichteten, jedoch unlängst geschlossenen Restaurants befürchten.

Die **Vene tänav** säumen hübsche mittelalterliche Wohnhäuser, in die viele Souvenirläden eingezogen sind. Die **Katharinenpassage** 5 (Katariina käik) zwischen Vene und Müürivahe präsentiert sich dagegen als eine relativ ungeschönte mittelalterliche Gasse. Künstler und Kunsthandwerker haben hier ihre Werkstätten und Läden. Die Müürivahe führt zur Rückseite des **Dominikanerklosters St. Katharinen** 6 (Dominiiklaste klooster), zum **Claustrum** (Müürivahe 33, www.mauritanum.edu.ee, Juni–Aug. tgl. 10–17 Uhr), in dessen Keller eine Säule Gesundheit verspricht. Daher wird sie meist von einer Menschentraube belagert. Das **Museum des Dominikanerklosters** (Dominiiklaste kloostri muuseum, Vene 16, Tel. 515 54 89, www.kloostri.ee, nur geführte Touren nach Anmeldung), das über Wirken und Leben der Mönche informiert, ist über die Vene tänav zugänglich.

Das 1246 gegründete *Kloster* zählt zu den ältesten Gebäudekomplexen Tallinns. Trotz Zerstörungen während der Reformation ist die typische Struktur der Dominikanerklöster zu erkennen. Um die Mitte, die von den Ruinen der dreischiffigen Hallenkirche St. Katharinen markiert wird, gruppieren sich die Funktionsbauten. Das Refektorium und der nördliche Kreuzgang wurden allerdings 1844 abgetragen und an ihrer Stelle nach Plänen des Petersburger Architekten *Carlo Rossi* (1775–1849) die neogotische, dreischiffige **Peter-und-Paul-Kirche** erbaut.

Auf der anderen Straßenseite steht das blaue Haus der Michaeli-Gilde, dem sich das **Tallinner Stadtmuseum** 7 (Tallinna Linnamuuseum, Vene 17, Tel. 615 51 93, www.linnamuuseum.ee, März–Okt. Mi–Mo 10–18, Nov.–Febr. Mi–Mo 10–17 Uhr) in einem gelben Patrizierhaus anschließt. Die Stadtgeschichte vom 13.–20. Jh. wird hier multimedial in Szene gesetzt.

Außerdem sollte man einen Blick in die nahe russisch-orthodoxe **Nikolaikirche** 8 (Niguliste kirik, Vene 24, Mo–Do 9.30–17, Fr bis 18.30, Sa bis 19 Uhr) werfen. Der Kuppelbau aus dem 19. Jh. birgt eine goldene Ikonostase und geht auf Pläne des vor allem in Petersburg tätigen Architekten *Luigi Rusca* (1758–1822) zurück.

Große Bedeutung hat für die Esten die **Heiliggeistkirche** 9 (Pühavaimu kirik, Pühavaimu 2, Mai–Sept. Mo–Sa 9–17, Okt.–Dez., März/April Mo–Sa 10–15, Jan./Febr. Mo–Sa 12–15 Uhr), in der nach der Reformation erstmals auf Estnisch gepredigt wurde und im 16. Jh. der erste livländische Chronist *Balthasar Russow* (1540–1601) als Pastor wirkte. Die schlichte Kirche ist die einzige in der Stadt, deren Architektur seit dem 14. Jh. unverändert blieb. Der *Innenraum* ist mit herausragenden Werken gotischer Holzschnitzkunst überraschend prächtig ausgestattet. Besonders wertvoll ist der anno 1483 beim Lübecker Meister *Bernt Notke* in Auftrag gegebene *Flügelaltar* mit seinen nahezu vollplastisch geschnitzten, dicht hintereinander gestaffelten Figurengruppen im Mittelschrein.

Der zentrale Verbindungsweg von der Altstadt zum Hafen war die **Pikk tänav**. Frühere Handelskontore und Gildehäuser prägen bis heute das Straßenbild. Im stattlichen Gebäude der **Großen Gilde** 10 befindet sich das **Estnische Historische Museum** (Ajaloomuuseum, Pikk 17, www.ajaloomuuseum.ee, bis vorauss. Mai 2011 wegen Renov. geschl.) mit einer Präsentation der Landesgeschichte vom 14.–19. Jh. Das Gildehaus wurde 1407–10 für die einflussreichsten Kaufleute und Reeder Tallinns errichtet. Aus ihren Reihen wählte man Bürgermeister und Stadträte.

Das *St.-Kanuti-Gildehaus* (Pikk 20) schräg gegenüber entstand Mitte des 19. Jh. für gesellschaftlich höher gestellte Handwerker, zu denen Uhrmacher, Goldschmiede, Maler oder Bäcker gehörten und die deutschen Ursprungs waren. Das Gebäude der *Olaigilde* (Pikk 24), die estnische Handwerker im 13. Jh. gründeten, wurde 1419–22 komplett erneuert. Im Inneren ist ein prächtiger Saal mit Sterngewölbe erhalten, der *Olaisaal*. Heutzutage wird er – wie der *Weiße Saal* im Nachbarhaus – für Konzerte genutzt.

Das **Haus der Schwarzhäupter** 11 (Mustpeade maja, Pikk 26, Tel. 6313199, www.mustpeademaja.ee, tgl. 10–19 Uhr, bei Events eingeschränkt) war das Zentrum der unverheirateten Tallinner Kaufleute. Deren Selbstbewusstsein spiegelt die reich verzierte Renaissancefassade wider, die 1597 nach Plänen des niederländischen Baumeisters *Arent Passer* (1560–1637) realisiert wurde. Über dem Eingang prangt das Wappen der Bruderschaft mit dem Haupt des hl. Mauritus. Der afrikanische Märtyrer ist der Schutzheilige und Namenspatron der Gilde.

Das barocke Häuserensemble der **Drei Schwestern** (Kolm õde, Pikk 71, Tel. 630 6300, www.threesistershotel.com), das als Handelskontor errichtet wurde und heute als Hotel dient, besticht durch eine

Hier gingen früher die Schwarzhäupter, die unverheirateten Kaufleute, ein und aus

schmuckvolle Fassade und ein geschnitztes Holzportal aus dem 17. Jh.

Am Ende der Straße bilden zwei miteinander verbundene Türme zur Seeseite hin die *Große Strandpforte* (Suur Rannavärav). Der Wehrturm, die **Dicke Margarethe** 12 (Paks Margareeta), beherbergt das **Estnische Seefahrtsmuseum** (Eesti Meremuuseum, Pikk 70, Tel. 6411408,

Meisterwerk gotischer Holzschnitzkunst: Bernt Notkes Flügelaltar (1483) in der Heiliggeistkirche

www.meremuuseum.ee, Mi–So 10–18 Uhr). Nach Schiffsmodellen, Seekarten und Tauchgeräten erwartet den Besucher von oben ein herrlicher Blick über die Tallinner Bucht und die Altstadt. Mit einem Durchmesser von 24 m und einer Mauerstärke von 4,7 m diente der Turm im frühen 16. Jh. nicht nur der Verteidigung, sondern sollte auch jene beeindrucken, die sich Tallinn vom Meer aus näherten.

Die **St. Olaikirche** ⓭ (Oleviste kirik, Lai 50, www.oleviste.ee, tgl. 10–18, Juli/Aug. bis 20 Uhr) geht auf einen Bau von 1267 zurück und wurde im 15. Jh. zur dreischiffigen Basilika erweitert. Der hl. Olav galt in Nordeuropa wie der hl. Nikolaus als Schutzparton der Seefahrer. Als der *Turm* im Jahr 1500 fertiggestellt war, ragte er 159 m in den Himmel – damals einsame Spitze in Europa und bis ins 19. Jh. das höchste Bauwerk Tallinns. Er hatte als Landmarke praktischen Nutzen für die Navigation, symbolisierte darüber hinaus aber Ruhm und Macht der mittelalterlichen Hansestadt, die ihr goldenes Zeitalter zwischen dem 14. und 16. Jh. erlebte. Nach einem Brand 1820 wurde der Turm 35 m niedriger wieder aufgebaut.

Die Stadtmauer (Linnamüür)

Tallinns Stadtmauer ist eine der imposantesten Anlagen im Norden Europas. Einen guten Überblick über die mittelalterliche Befestigung vermitteln **Nunna-, Sauna- und Kuldjala-Turm** ⓮ (Nonnen-, Badestubenturm und Goldener Fuß, Gümnaasiumi 3, Juni–Aug. tgl. 11–19, April/Mai/Sept./Okt. Mo–Mi/Fr 11–17, Sa/So 11–16, Nov.–März Mo/Di/Fr 12–17, Sa/So 11–16 Uhr) nördlich vom Domberg. 1265 ließ die dänische Königin Margarethe den vorhandenen Erdwall mit hölzernen Türmen durch eine steinerne Befestigungsanlage ersetzen. Bis 1355 zogen sich die Bauarbeiten für einen der mächtigsten Wehrkomplexe Europas hin. Der Verteidigungsring umgab mit zunächst 14 Türmen und 4 km Länge die ganze Unterstadt. Im 15. Jh. wurde die Mauer von 6 m auf 16 m und die Zahl der Türme auf 46 erhöht. Aus je-

Die mittelalterliche Stadtbefestigung und der Turm der Olaikirche beeindrucken nach wie vor

ner Zeit stammen auch die zwei Türme der *Lehmpforte* (Viruvärav), Reste eines mächtigen Wehrtors von 1454, an der *Viru tänav*, der Einkaufs- und Restaurantmeile im Osten der Altstadt. Heute stehen noch etwa 2 km der Stadtmauer und 26 Türme.

Oben: *Seemannslust – Die Dicke Margarete birgt die Schätze des Seefahrtmuseums*
Unten: *Estenfrust – Der Zar protzte im 19. Jh. mit der Alexander Newskij-Kathedrale*

Der Domberg (Toompea)

Der Weg in die Oberstadt führt durch das älteste, in seiner Form von 1380 erhaltene Stadttor im **Torturm** (Pikka jala torn) und die steile **Pikk jalg** zwischen den Mauern der Ober- und Unterstadt zum Schlossplatz hinauf. Mehr Aufmerksamkeit als das blassrosa Schloss im Hintergrund erzielt die 1894 am Schlossplatz errichtete **Alexander-Newskij-Kathedrale** 15 (Aleksander Nevski katedraal, Lossi plats 10, Mai–Sept. Mo–Fr, So 8–19, Sa bis 20 Uhr). Die mächtige Fünf-Kuppel-Architektur wirkt wie ein Tusch für Russland – ganz im Sinne des Auftraggebers Zar Nikolaj II. Die auf altrussisch getrimmte Kathedrale ist mit Mosaiken verziert und macht im Innern einen festlichen Eindruck.

Das **Schloss** 16 (Toompea loss, Lossi plats 1a, Tel. 631 63 57, www.riigikogu.ee, nach tel. Anmeldung: Mo–Fr 10–16 Uhr) ist heute Sitz von Estlands **Parlament** und **Regierung**. In der ersten Hälfte des 13. Jh. standen hier zwei Festungen, die der Livländische Orden im 14. Jh. durch eine Burg ersetzen ließ, von der noch West- und Nordmauer sowie drei Türme erhalten sind, auch der 46 m hohe und wegen seines Kerkers gefürchtete *Pikk Herman*, der Lange Hermann. Der Rest

Tor zu Tallinns Nachtleben in der Unterstadt: die Lehmpforte an der Viru tänav

der mittelalterlichen Anlage wurde Mitte des 18. Jh. abgerissen. Im Auftrag der russischen Zarin Katharina II. entstand an ihrer Stelle der spielerische Barockbau, der heute zu sehen ist.

Vom Schlossplatz gelangt man durch den *Garten des Dänischen Königs* (Taani kuninga aed) – an diesem Ort sollen die Dänen 1219 ihre Fahne, den *Dannebrog*, empfangen haben –, vorbei am *Mägdeturm* (Neitsitorn) zum **Kiek in de Kök** 17 (Komandandi tee 2, www.linnamuuseum.ee, März–Okt. Di–So 10.30–18, Nov.–Febr. Di–So 10–17.30 Uhr). In diesem Wehrturm dokumentiert ein Museum heute Tallinns bewegte *Militärgeschichte* u.a. mittels Rüstungen und Waffen. Der knapp 50 m hohe, massive Turm am Abhang des Domberges wurde 1475 errichtet. Aus dem Plattdeutschen übersetzt heißt er ›Guck in die Küche‹, denn die wachhabenden Soldaten hatten von oben die Küchen der Häuser in der Unterstadt im Blick. Sie kontrollierten z.B., ob die Feuer der Kochstellen bei Einbruch der Dunkelheit vorschriftsmäßig gelöscht wurden.

Folgt man vom Schlossplatz der Toom-Kooli hügelaufwärts, kommt man zur großen, weiß getünchten **Domkirche St. Marien** 18 (Toomkirik, Toom-Kooli 6, tgl. 9–18, *Orgelkonzerte* Sa 12 Uhr), die den Domberg beherrscht. Bereits für das Jahr 1219 ist an dieser Stelle eine kleine Holzkirche belegt. Dänische Dominikaner errichteten wenig später die erste Steinkirche. Die heutige gotische Basilika datiert im Wesentlichen aus der Mitte des 15. Jh. Man betritt die Kirche mit der schmucklosen Fassade von der Seite. Innen fällt das hohe, grün-schwarz gehaltene Gestühl auf. Die Wände zieren Wappen deutschbaltischer Adelshäuser, ferner findet man Grabmäler mit lebensgroßen Figuren der Verstorbenen.

Außerhalb der Stadtmauern

Unterhalb des Schlosses, südlich vom Domberg, erinnert das **Okkupationsmuseum** 19 (Okupatsioonide muuseum, Toompea 8, www.okupatsioon.ee, Di–So 11–18 Uhr) an die Geschichte Estlands unter sowjetischer Besatzung. Gemessen an der Bevölkerungsgröße erlitt Estland so schwere Verluste wie kaum ein anderes Land. Jeder achte Este, fast die gesamte intellektuelle und bürgerliche Elite, wurde ermordet. Die modern präsentierte Sammlung in dem hohen fünfeckigen Bau mit Glasfassaden umfasst Dokumente, Filme und Erinnerungsstücke aus den Jahren der totalitären Herrschaft, aus den Lagern und dem Alltagsleben.

Praktische Hinweise

Information

Turismiinfokeskused, Niguliste 2/ Kullassepa 4, Tallinn, Tel. 645 77 77, www.tourism.tallinn.ee

Bei der Touristeninformation erhält man auch die *Tallinn Card* (12–32 €). Sie gewährt 6, 24, 48 oder 72 Stunden freien Eintritt zu 40 Museen und Sehenswürdigkeiten sowie die freie Nutzung der öffentlichen Verkehrsmittel; Stadtführung inklusive!

Flughafen

Tallinna Lennujaam, Tel. 605 88 88, www.tallinn-airport.ee. 4 km südöstlich vom Stadtzentrum mit Bus Nr. 2.

Schiff

Tallinna Sadam, Tel. 631 85 50, www.portoftallinn.com. Fähren von und nach Helsinki und Stockholm betreibt z.B. Tallink, Tel. 640 98 08, www.tallink.com.

Bahnhof

Balti Jaam, Toompuiestee 37, Tallinn, Tel. 631 00 44, www.baltijaam.ee. Am nördlichen Rand der Altstadt gelegen.

Busbahnhof

Tallinna Bussijaam, Lastekodu 46, Tallinn, Tel. 125 50, www.bussireisid.ee. Verbindungen in jedes größere Dorf Estlands sowie nach Riga und Vilnius.

Öffentliche Verkehrsmittel

Busse und Straßenbahnen von 6 bis 23 Uhr. 1- oder 2-Stundenkarten bzw. 1- oder 3-Tageskarten nur am Kiosk, Einzeltickets etwas teurer auch beim Fahrer.

Taxi

Die Taxipreise werden vom jeweiligen Taxiunternehmen festgelegt. Daher ist es ratsam, zu Beginn der Fahrt den ungefähren Fahrpreis zum Ziel abzuklären.

Nachtleben

Café Amigo, Viru väljak 4, Tallinn, Tel. 680 93 80, www.amigo.ee. Viel besuchter Nachtklub mit live spielenden Blues- und Rockbands.

Club Privé, Harju 6, Tallinn, Tel. 631 05 45, www.clubprive.ee. In-Location der Stadt mit tollen DJs und exklusiver Atmosphäre.

Hotels

*****Hotel Schlössle**, Pühavaimu 13/15, Tallinn, Tel. 699 77 00, www.schlossle-hotels.com. Zentral gelegenes, behagliches Luxushotel in alten Gemäuern.

****Baltic Hotel Vana Wiru**, Viru 11, Tallinn, Tel. 669 15 00, www.vanawiru.ee. Helle freundliche Räume an der Einkaufsmeile in der Unterstadt.

Dzingel, Männiku 89, Tallinn, Tel. 610 52 01, www.dzingel.ee. Etwa 6 km außerhalb des Zentrums gelegenes, preisgünstiges Hotel mit Blick auf die Wälder.

The von Stackelberg Hotel Tallinn, Toompuiestee 23, Tallinn, Tel. 660 07 09, www.vonstackelberghotel.com. Elegantes Haus der Unique-Hotels-Gruppe mit u.a. 19 Zen-Zimmern, die Chill-Out-Atmosphäre am Rande der Altstadt bieten.

Es ist angerichtet: Tafeln wie zu Hansezeiten im beliebten Restaurant Olde Hansa

Peter der Große schenkte seiner Frau Katharina im 18. Jh. das Barockschloss Katharinental

Cafés und Restaurants

Café Maiasmokk (Leckermaul), Pikk 16, Tallinn, Tel. 646 40 79. Eine Institution für alle, die es zuckersüß mögen.

Kuldse Notsu Körts, Dunkri 8, Tallinn, Tel. 628 65 67. Rustikales Restaurant, das sich auf estnische Gerichte konzentriert.

MEKK, Suur-Karja 17/19, Tallinn, Tel. 680 66 88, www.mekk.ee. Das in der Altstadt gelegene Restaurant kreiert moderne estnische Küche auf hohem Niveau.

TOP TIPP **Olde Hansa**, Vana Turg 1, Tallinn, Tel. 627 90 20, www.oldehansa.ee. Das beliebte Lokal serviert köstlichen Wildschwein- und Elchbraten wie im Mittelalter. Malereien zeigen den Ostseeraum zur Hansezeit.

Troika, Raekoja plats 15, Tallinn, Tel. 627 62 45, www.troika.ee. Köstliche russische Küche in mittelalterlichen Gewölbehallen.

2 Kadriorg

Zarenschloss, Sängerstadion und Kunstmuseum der Esten.

Etwa 2 km nordöstlich der mittelalterlichen Beschaulichkeit Tallinns erstreckt sich Kadriorg (Katharinental). Das elegante Stadtviertel am Ufer der Ostsee ist eng mit der russischen Geschichte Tallinns verknüpft, denn Peter der Große liebte weit ausholende Gesten in der Architektur, verschachtelte Stadtkerne waren ihm verhasst. 1718 gab er für seine Gemahlin Katharina I. das TOP TIPP **Schloss Katharinental** (Kadrioru loss) in Auftrag. Als Architekt verpflichtete er den Italiener *Niccolo Michetti* (1675–1759). Ferner war *Gaetano Chiaveri* (1689–1770), der Erbauer der Dresdener Hofkirche, beteiligt. Der repräsentative rot-weiß gehaltene Barockbau mit vorspringendem Mittelrisalit wurde auch innen aufwendig ausgestattet. Doch bei einem Brand 1850 wurde das Schloss schwer beschädigt. Ein Bild der einstigen Pracht vermittelt der lichtdurchflutete *Weiße Saal*. Seine Wände zieren Pilaster mit korinthischen Kapitellen. Die verschwenderische Stuckdecke zeigt Malereien mit Szenen aus den Metamorphosen des Ovid.

In den Schlosssälen ist das **Kunstmuseum Kadriorg** (Kadrioru Kunstimuuseum, Weizenbergi 37, Tel. 606 64 00, www.ekm.ee, Mai–Sept. Di–So 10–17, Okt.–April Mi–So 10–17 Uhr) mit Werken europäischer, z.B. Cranach, und russischer Künstler vom 16.–19. Jh. untergebracht. Auch in die Nebengebäude sind Museen eingezogen. Das restaurierte Küchenhaus etwa beherbergt das **Mikkel Museum** (Weizenbergi 28, Tel. 6015844, www.ekm.ee, Do–So 10–17, Mi 10–20 Uhr), das auf den Sammler Johannes Mikkel zurückgeht und neben kostbarem chinesischen Porzellan auch vier Kupferstiche Rembrandts zeigt.

Das **Sommerhaus Peter des Großen** (Mai–Aug. Di–So 10–18, Sept.–April Mi–So 10–16 Uhr) wurde 1718 errichtet. Es diente dem Zaren und seiner Frau bis zur Vollendung des Schlosses bei Besuchen in Tallinn als Quartier. In Speisesaal, Wohn- und Schlafzimmer sind Möbel des 18. Jh., die zum Teil aus dem Besitz des Zaren stammen, zu bewundern.

Der barocke **Schlosspark** verwilderte im Laufe der Jahrhunderte, doch es ist ein Vergnügen, zwischen den alten Bäumen und symmetrisch angelegten Teichen umherzulaufen. Ein Denkmal erinnert an den Arzt *Friedrich Reinhold Kreutzwald* (1803–82), der 1857 erstmals die ›Volkssagen des Riesen Kalevipoeg‹ herausgab [s. S. 45]. Das 18000 Verse umfassende Werk gilt als das erste der estnischen Literatur – zuvor wurde in Deutsch geschrieben. Entsprechend groß ist die Verehrung für das eng mit der Landschaft verknüpfte Nationalepos – kaum ein estnischer See, der nicht aus den Tränen des Riesen entstanden wäre, kaum ein bemooster Findling, den Kalevipoeg nicht dorthin geworfen hätte, bevor er nach vielen Heldentaten in einem Fluss verblutete.

Zwischen Bäumen und alten Holzhäusern ragt das 2006 eröffnete Haupthaus des **Estnischen Kunstmuseums Kumu** (Kumu Kunstimuuseum, Weizenbergi 34/Valge 1, Tel. 6026000, www.ekm.ee, Mai–Sept. Di/Do–So 11–18, Okt.–April Do–So 11–18, Mi jeweils 11–20 Uhr) auf. Die Republik Estland hatte zwar schon 1936 einen Architekturwettbewerb für ein zentrales Kunstmuseum ausgelobt, aber ihrer Unabhängigkeit verloren, bevor die Pläne umgesetzt werden konnten. Das Warten hat sich gelohnt. Der finnische Architekt *Pekka Vapaavuori* (*1962) entwarf einen Bau aus Beton, Glas und Kupferblech von herber Eleganz. Innen umschließen fünf Etagen einen hohen Lichthof. Die Dauerausstellung präsentiert estnische Kunst vom frühen 18. Jh. bis in die Gegenwart, die sich vor dem Zweiten Weltkrieg stark an Westeuropa orientierte, danach aber dem *Sozialistischen Realismus* der Sowjets verpflichtet war. Die Kunst nach 1991 wird durch interessante Videoarbeiten vertreten. Das Museum bietet außerdem Platz für Wechselausstellungen, Bibliothek, Museumsladen, Restaurant und Café.

Top Tipp

Auf dem Weg von Kadriorg nach Pirita, passiert man das legendäre **Sängerstadion** (Tallinna Lauluväljak, Narva maantee 95, www.lauluvaljak.ee). Hier findet alle fünf Jahre das große estnische Sängerfest statt. Die 1960 in Form einer riesigen Muschel entstandene Bühne wurde als Musterbeispiel des sowjetischen Modernismus unter Chruschtschow gerühmt.

Der ungewöhnliche Neubau des Estnischen Kunstmuseums bietet interessante Ansichten

Ohne Musik geht gar nichts! Alle fünf Jahre werden die großen Sängerfeste gefeiert

Die singende Revolution

Die besten Revolutionen sind die, bei denen kein Blut vergossen wird. Es gibt die Nelkenrevolution, die samtene, die schweigende und die orange Revolution. Estland hat die Weltgeschichte um die Singende Revolution bereichert.

Als 1988 Hunderttausende Esten im Sängerstadion zusammenkamen und die alten Lieder von der estnischen Nation und der Freiheit sangen, horchten die sowjetischen Machthaber auf – aber da war ihnen das Land längst entglitten. *›Mein Vaterland ist meine Liebe‹* (Mu isamaa on minu arm) – dieser Liedtext sollte endlich Wirklichkeit werden. Und die Esten wissen, wie viel Kraft in der Musik steckt. Das erste Sängerfest fand 1869 in Tartu statt und hatte 845 Mitwirkende. Seither blieb keine estnische Großtat unbesungen.

Wenn sich alle fünf Jahre beim großen Sängerfest fast 30 000 Sänger und Sängerinnen auf der Bühne des Tallinner Stadions versammeln, ist der Klang überwältigend. Nur die besten Chöre dürfen mitmachen und alle müssen die Lieder auf Estnisch vortragen. Die Sängerfeste, wie das estnische Theater aus dem Geist des Widerstands geboren, sind Teil der nationalen Selbstfindung. Jahrhundertelang unterdrückt, blieb den Esten nur ein Lied von der Freiheit.

Eesti Laulu- ja Tantsupeo SA (Estonian Song and Dance Celebration Foundation), Suur-Karja 23, Tallinn, Tel. 627 31 20, www.laulupidu.ee

Im Sängerstadion demonstrierten die Esten 1988 stimmgewaltig gegen das Sowjetregime

Freilichtaufführungen bringen Leben in die Ruinen des St. Brigittenkloster

3 Pirita

Stadtnahe Sommerfrische mit Segelhafen.

Zwischen der Tallinner Bucht und dem Lasnamägi-Hügel liegt Pirita. Für die Tallinner ist der Stadtteil so etwas wie eine Oase am Meer mit einem schönen Sandstrand, vielen Grünflächen und altem Baumbestand. An der Mündung des Flusses *Pirita* in die Ostsee wurde für die *Olympischen Spiele* in Moskau 1980 das terrassenförmige **Segelsportzentrum** (Tallinna Olümpiapurjespordikeskus, www.piritatop.ee) errichtet. Die Monumentalität der Bauten sollte den sowjetischen Machtanspruch unterstreichen. Heute bröckelt der Beton, aber in der Marina liegen Jachten aus aller Welt.

Weiter flussaufwärts stehen die imposanten Ruinen des **St. Brigittenklosters** (Pirita klooster, Kloostri tee 9, Tel. 605 50 44, www.piritaklooster.ee, Mai–Okt. tgl. 10–18, Nov.–April tgl. 12–16 Uhr). Wohlhabende Tallinner Kaufleute stifteten die Anlage zu Beginn des 15. Jh. Bis zur Zerstörung im Livländischen Krieg 1577 war das Kloster ein Zentrum geistlichen Lebens. Im Sommer finden zwischen dem 35 m hohen Westgiebel und den Langhauswänden Konzerte und Theateraufführungen statt.

4 Rocca al Mare

Eine interessante Reise in die Vergangenheit – Estnische Bauernkultur unter freiem Himmel.

Das auf der Halbinsel **Kakumäe** im Westen von Tallinn gelegene **Estnische Freilichtmuseum** (Eesti Vabaõhumuuseum, Vabaõhumuuseumi tee 12, www.evm.ee, Mai–Sept. *Park* tgl. 10–20, *Häuser* tgl. 10–18, Okt.–April *Park* tgl. 10–17 Uhr, *Häuser* größtenteils geschl.) bei Rocca al Mare ist ein beliebtes Ausflugsziel. Auf einem 79 ha großen Waldstück direkt am Meer hat man aus den verschiedenen Regionen des Landes Fischerkaten, Bauernhäuser, Wind- und Wassermühlen sowie eine der ältesten estnischen Holzkirchen zusammengestellt, die einen lebendigen Eindruck von der früheren Lebensweise der Esten vermitteln. Im Sommer kann man Kunsthandwerkern über die Schulter schauen. Seit einigen Jahren feiern die Esten ihre Volksfeste in dieser Idylle. Höhepunkt im Veranstaltungskalender ist das **Johannisfest** am 23. Juni. Der melodische Name Rocca al Mare war die Idee eines Kaufmanns, der hier seinen Sommersitz hatte. Er bezeichnete im 19. Jh. die ganze Halbinsel, vor der riesige Findlinge aus dem Wasser ragen, als ›Felsen am Meer‹.

Beschwingt und heiter drehen diese Tanzpaare in Rocca al Mare ihre Kreise

Der Norden Estlands – Zauber der Buchten und Erbe der Russen

Im Osten Tallins erstreckt sich Lahemaa, das Land der Buchten (Laht = Bucht und maa = Land), ein archaisches Land, in dem die letzte Eiszeit vor nur etwa 11000 Jahren endete. Den **Lahemaa-Nationalpark** (Lahemaa rahvuspark) erkundet man am besten von einem der deutschbaltischen Gutshöfe aus – in **Palmse** z.B. steht eines der prächtigsten Herrenhäuser des Baltikums.

Weiter nordöstlich sind die Landschaften und Städte vom Erbe der Sowjetunion gezeichnet. **Virumaa** (Wierland) ist seit jeher Estlands industriereichste Region. Hier wird **Ölschiefer** abgebaut, der einzige Energierohstoff des gesamten Baltikums. Nach dem Zweiten Weltkrieg wurden etwa 200000 russische Arbeiter angesiedelt, sodass die Esten in dieser Gegend bis heute in der Minderheit sind. Zwischen Zement- und Möbelfabriken findet man aber auch gewaltige Ordensburgen wie in **Rakvere** und **Narva**, das malerische russisch-orthodoxe Kloster in **Kuremäe** und die beeindruckende **Glintküste** zwischen Saka und Toila.

5 Lahemaa-Nationalpark

TOP TIPP *Das Land der Eiszeit ist arm an Menschen, aber reich an Natur.*

Der **Lahemaa-Nationalpark** (Lahemaa Rahvuspark), ein 725 km^2 großes Gebiet zwischen dem Finnischen Meerbusen und der Schnellstraße nach Narva, steht seit 1971 unter Naturschutz. In sowjetischen Zeiten durfte man Lahemaa nur mit einer Sondergenehmigung betreten, sodass sich hier heute vom Aussterben bedrohte Tierarten wie Nerze, Luchse und Bären tummeln. Wanderer dürfen aber beruhigt durch die feuchten Wälder streifen, denn die wilden Tiere meiden den Kontakt zu Menschen. Optimale Bedingungen finden auch Seeadler, Schwarzstörche und Kraniche vor – insgesamt kann man etwa 200 Vogelarten beobachten. Teile des Nationalparks sind nach wie vor nicht öffentlich zugänglich, um Flora und Fauna einen ungestörten Lebensraum zu erhalten. Das Land ist durch die vielen Buchten stark zerklüftet und aus

Und über allen Wipfeln herrscht Ruhe – Ungestörte Natur im Hochmoor Viru raba

dem flachen Wasser ragen Steine und Findlinge, die gewaltige Gletscher in der Eiszeit herangetragen haben.

Im Nationalpark gibt es viele markierte Wanderwege, aber ein besonderes Erlebnis ist der 3,5 km lange Lehrpfad durch das Hochmoor **Viru raba** – ein vor etwa 5000 Jahren verlandeter See. An der Küste stößt man ab und zu auf ein Fischerdorf. Die meisten Häuser sind längst verlassen, denn das karge, einsame Leben entspricht nicht mehr den Vorstellungen der jungen Esten. **Altja** ist ein typisches estnisches Küstendorf. Seit 400 Jahren trotzen die Holzkaten Wind und Wetter. Doch Altja ist kein Freilichtmuseum, sondern Alltag für die 20 Einwohner, die geblieben sind. Am Strand liegt ein großartiges **Findlingsfeld**. Die Findlinge tragen fantasievolle Namen und um jeden rankt sich eine eigene Geschichte. Weitere imposante Exemplare findet man bei **Loksa**, **Viinistu** und auf der **Halbinsel Juminda**.

Findlingsfeld vor Fischerkaten an der Nordküste Estlands

Praktische Hinweise

Information

Besucherzentrum des Lahemaa-Nationalparks, Palmse, Tel. 329 55 55, www.lahemaa.ee, Mitte Mai–Mitte Sept. tgl. 9–19, Mitte Sept.–Mitte Okt. und Mitte April–Mitte Mai tgl. 9–18, Mitte Okt.–Mitte April Mo–Fr 9–17 Uhr. Hier erhält man auch eine Liste mit qualifizierten Parkführern.

Sport

Kuusekännu Reiterhof, Loobu küla, Kadrina Vald, Tel. 325 29 42, www.kuusekannu.maaturism.ee. Der sympathische Reiterhof bietet Reitunterricht für Anfänger, es werden kleine Ausflüge in die Umgebung organisiert; erfahrene Reiter können bei mehrtägigen Touren den Lahemaa-Nationalpark durchstreifen.

www.estland.ee

Estland ist im World Wide Web zu Hause. Den Esten stehen über 700 öffentliche Internetzugänge kostenlos zur Verfügung, auf die eigens entworfene Straßenschilder hinweisen. Und es gibt mehr als 800 WLAN-Zugänge z. B. in Flughäfen, Hotels, Bars. Inzwischen haben 40 Prozent der Haushalte einen Computer. Während 54 Prozent aller 1,34 Mio. Esten das Internet nutzen, sind es bei den 10- bis 24-Jährigen bereits 90 Prozent. Die Esten erledigen ihre Steuererklärung genauso am Computer, wie sie auf Schulnoten, Bankkonten, Fahrpläne online zugreifen. Via Internet verfolgen sie auch die Debatten im Parlament. E-Voting erspart ihnen den Gang zur Wahlurne. Die Regierung verwirklicht mit E-Government eine papierlose Verwaltung. Gesetze werden per Mausklick verabschiedet, Parktickets per Handy gebucht und bezahlt – statistisch hat jeder Este mindestens ein Mobiltelefon.

Estlands Unabhängigkeit fiel mit dem Boom der New Economy zusammen, sodass Großinvestoren vor allem aus Finnland die junge Republik kräftig mit neuester IT-Technologie unterstützten. 1997–99 wurden im Rahmen des staatlichen Tigersprung-Programms über 100 000 Esten, etwa 10 Prozent aller Erwachsenen, am Computer geschult und alle Schulen vernetzt, d. h. auch die drei Schüler auf der abgelegenen Insel Ruhnu sind Teil des World Wide Web. Nirgendwo sonst geht die Vernetzung so weit, wurde der Computer so schnell zum Alltagsgegenstand und das Handy so unentbehrlich wie in Estland.

6 Palmse und Sagadi

Deutschbaltische Gutshöfe umgeben von herrschaftlichen Parkanagen.

TOP TIPP Zu den schönsten estnischen Gutsanlagen gehört **Palmse**, das bis 1923 im Besitz der deutschbaltischen Adelsfamilie von der Pahlen war. Die neoklassizistische Architektur zeigt deutsche und russische Einflüsse und geht im Wesentlichen auf das ausgehende 19. Jh. zurück. Charakteristisch ist die von Pilastern gegliederte zweifarbige Fassade mit vorspringendem Mittelrisalit und Tympanon. Das restaurierte **Herrenhaus** (Tel. 324 00 70, www.palmse.ee, Mai–Sept. tgl. 10–19, sonst tgl. 10–18 Uhr) ist heute Sitz der Verwaltung des Lahemaa-Nationalparks, einige der eleganten Säle sind aber zu besichtigen und geben einen Einblick in das hochherrschaftliche Leben der Deutschbalten, die über Jahrhunderte tonangebend in der estnischen Gesellschaft waren. In den ehemaligen Stallungen befindet sich heute das *Besucherzentrum des Lahemaa-Nationalparks* [Nr. 5], in der alten Schnapsbrennerei das Park-Hotel Palmse [s. u.] und im einstigen Badehaus ein Café. Allein durch den idyllischen Landschaftsgarten verlaufen über 38 km markierte Wege.

Auch **Sagadi**, nur 6 km von Palmse entfernt, ist von einem wunderschönen englischen Garten umgeben. Im Landgut der deutschbaltischen Familie von Fock sind heute das Forstamt des Lahemaa-Nationalparks und ein **Forstmuseum** (Tel. 676 78 78, Mitte Mai–Sept. tgl. 10–18 Uhr) untergebracht. Das 1749 errichtete, altrosafarbene Gutshaus gibt sich verspielt-elegant und erinnert an ein barockes Schloss. Die Innenräume bezeugen den gehobenen adeligen Lebensstil. Im Sommer finden hier oft Konzerte statt.

i Praktische Hinweise

Hotels

Park-Hotel Palmse, Palmse, Tel. 322 36 26, www.phpalmse.ee. 27 Zimmer in stilvollem Ambiente. Das Restaurant bietet bodenständige estnische Küche.

Sagadi Mõis, Sagadi, Tel. 676 78 88, www.sagadi.ee. Der Gutshof bietet in verschiedenen Gebäuden komfortable Hotelzimmer, aber auch preisgünstigere Übernachtungsmöglichkeiten. Sehr gutes Restaurant.

Am Finnischen Meerbusen verschwindet der Horizont irgendwo im himmlischen Seeblau

7 Rakvere

Die Ordensburg kündet von der einstigen Bedeutung der Stadt.

Das Städtchen Rakvere (Wesenberg) mit seinen 20000 Einwohnern liegt an der alten *Handelsstraße* zwischen Tallinn und Nowgorod und nahm daher früher eine wichtige strategische Position ein. Im 13. Jh. errichteten die Dänen ein kleines Kastell auf dem *Vallimägi-Hügel*, das der Deutsche Orden im 14. Jh. zu einer imposanten **Ordensburg** (www.svm.ee, Mai–Sept. tgl. 11–19 Uhr) ausbauen ließ. Die wechselvolle Geschichte der Burg spiegelt die der Region Virumaa wider. 1558 eroberten die Russen im Livländischen Krieg die Burg. 1581 kam sie in schwedischen Besitz und infolge des Polnisch-Schwedischen Kriegs 1605 unter polnische Herrschaft. Nachdem sich die Russen Nordostestlands bemächtigt hatten, verfiel die Festung und diente fortan als Steinbruch. Mittlerweile ist die Rekonstruktion der verwinkelten Anlage mit ihren markanten Türmen abgeschlossen und das romantische Ensemble dominiert wieder die gewellte Landschaft. Die Ausstellungen im Inneren versuchen den Besuchern das Leben im Mittelalter näher zu bringen.

Zu Füßen der Burg liegt die Altstadt mit ihren hübschen Holzhäusern. Einen Akzent setzt hier die **Trinitatiskirche** von 1427, eine dreischiffige Anlage mit einer schönen Barockkanzel im Inneren.

i Praktische Hinweise

Information

Rakvere Turismiinfokeskus, Laada 14, Rakvere, Tel. 324 27 34, www.rakvere.ee

Hotel und Restaurant

Wesenbergh, Tallinna 25, Rakvere, Tel. 322 34 80, www.wesenbergh.ee. Schönes Haus im Zentrum mit komfortablen Zimmern. Das Restaurant bietet solide, gute Küche.

8 Glintküste bei Saka

Weitblick und Wasserfälle, Möwen und Meer.

Bei Kohtla Järve, das vom Ölschieferabbau in der Gegend lebt, beginnt ein besonders reizvoller Küstenabschnitt mit spektakulären Ausblicken. Die steile Glintküste fällt bis zu 50 m zum Meer hin ab.

EU-Außengrenze an der Narva: Estnische Hermannsfeste und russische Festung Ivangorod

Flüsse bahnen sich ihren Weg durch die senkrechten Kalksteinwände. Bei **Valaste** rauscht einer der schönsten Wasserfälle 20 m in die Tiefe. Die von Meeresbrandung und gellenden Möwenschreien erfüllte Luft entspricht allen Vorstellungen von wilder nordischer Natur. An der Mündung des Pühajõgi ins Meer liegt der hübsche Kurort **Toila**, in dem schon russische Adelige aus Moskau und St. Petersburg an der Wende vom 19. zum 20. Jh. Erholung suchten. Ein steiler Weg führt an den schönen Kieselstrand.

i Praktische Hinweise

Information

Turismiinfokeskused, Rakvere tänav 13a, Jõhvi, Tel. 337 05 68, www.johvi.ee

9 Narva

Über die EU-Außengrenze zu Russland wacht eine faszinierende Festung.

Narva ist 210 km von Tallinn entfernt. Die drittgrößte Stadt Estlands hat ihren Namen von dem schwarz dahinstrudelnden Fluss, der 77 km vom Peipsi Järv (Peipussee) bis zum Finnischen Meerbusen zurücklegt. 95 Prozent der 67 000 Einwohner sind Russen.

An Narvas einstigen Ruhm als Barockstadt erinnert nur noch das **Rathaus** (Raekoja plats/Suur tänav). Es wurde 1668–71 im zurückhaltenden Stil des nordischen Barock nach Plänen des Lübecker Baumeisters Georg Teuffel errichtet. Der Zweite Weltkrieg zerstörte 98 Prozent der alten Bausubstanz, der sowjetische Wiederaufbau stand unter stalinistisch-historisierenden und später breschnjew-quadratisch-praktischen Vorzeichen.

Narva hat auf der anderen Seite des Flusses eine Schwesterstadt, **Ivangorod**. Früher wechselten die Menschen über eine Brücke hin und her, doch seit 2004 markiert die Narva die *EU-Außengrenze*. Nirgendwo ist eine Grenze anschaulicher als zwischen den beiden Festungen, die sich am Fluss gegenüberstehen. Auch sie wurden 1944 zerstört, aber wieder aufgebaut. Die beiden Burgen schmückten gemeinsam die estnischen Fünf-Kronen-Scheine.

TOP TIPP Auf der estländischen Seite erhebt sich die **Hermannsfeste** (Hermanni linnus). Sie beherbergt heute das **Stadtmuseum** (Peterburi maantee 2, www.narvamuuseum.ee, Mi–So 10–18 Uhr), das die von vielen Schlachten geprägte Geschichte der Grenzregion aufschlüsselt. Die Festung leitet ihren Namen von dem weit sichtbaren Turm im Nordwesten ab, dem *Langen Hermann* (Pikk Hermann), dem ältesten Teil der mehrmals umgebauten Burg. Die Festung geht auf das Jahr 1213 zurück und diente bis ins 16. Jh. als Ordensburg.

Ende des 15. Jh. ließ Zar Iwan III. am gegenüber liegenden Hochufer der Narva die **Festung Ivangorod** errichten, die man nur besichtigen kann, wenn man ein russisches Visum hat. In Narva standen sich im Laufe der Geschichte immer wieder Schweden und Russen gegenüber. Im Jahr 1700 trugen die Truppen Karls XII. von Schweden den Sieg davon, doch 1704 konnte Peter I. Narva erobern.

i Praktische Hinweise

Information

Turismiinfokeskused, Puškini 13, Narva, Tel. 356 01 84, http://tourism.narva.ee

Hotel

King, Lavretsovi 9, Narva, Tel. 357 24 04, www.hotelking.ee. Familiär geführtes Hotel mit netten Zimmern.

Restaurant

Castell, Peterburi maantee 2, Narva, Tel. 359 92 57, www.castell.ee. Restaurant und Café in der Festung mit Blick nach Russland.

10 Kuremäe

Russisch-orthodoxes Nonnenkloster mit einer heiligen Quelle.

So stellt man sich ein russisches Kloster vor: eine niedrige Mauer, starke Türme mit grünen Dächern, ein Tor mit sieben Glocken und eine Kathedrale mit fünf Zwiebeltürmen, die Pilger schon von Weitem grüßt. Das **Pühtitsakloste**r (Tel. 339 21 24, Mo–Fr 12–18 Uhr) wirkt inmitten der waldreichen, einsamen Landschaft zwischen Ostsee und Peipussee wie ein Fantasiegebilde. Eine Nonne aus dem russischen Kostroma gründete das Kloster im Jahr 1891. Seine Bauten entstanden in historisierendem altrussischen Stil um 1900. Heute wohnen hier etwa 150 Nonnen. Sie leben vom Ertrag ihrer Gärten sowie von den Einnahmen aus dem kleinen Gästehaus und dem Verkauf von Honig, Brot, Kerzen und Strickwaren. Der 92 m hohe Hügel, auf dem sich das Kloster erhebt, galt schon bei den heidnischen Esten als mystischer Ort. In der Nähe sprudelt eine **heilige Quelle**, die niemals zufriert und einer 1000 Jahre alten Eiche Kraft spendet. An dieser Stelle erschien im 16. Jh. einem Hirten die Muttergottes und später fand man hier die Hauptikone des Klosters, die heute in der 1910 erbauten *Mariä-Himmelfahrt-Kathedrale* (Jumalaema Uinumise peakirk) zu sehen ist.

Das Pühtitsakloster erscheint wie ein Schloss im Dornröschenschlaf

Estlands Südosten – Körper und Geist, Höhen und Seen

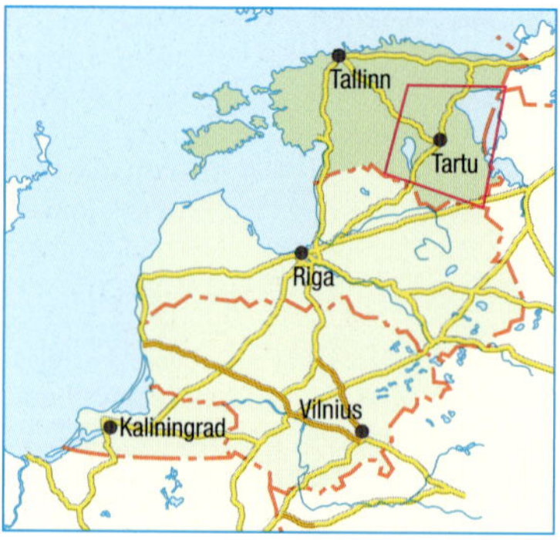

Die Landschaften im Südosten Estlands gleichen nordischen Märchenbildern. Hier der melancholische Charme knorriger Eichenalleen, verschilfter Seeufer und silbrig glänzender Wasserflächen, dort das quirlige Leben von **Tartu**, der intellektuellen Hauptstadt Estlands. Zu verschlafenen Fischerdörfern und Provinzstädtchen gesellen sich weite Gemüsefelder und sanft geschwungene Hügel. Die Gegend um **Otepää** – zwischen dem **Peipsi Järv** (Peipussee), dem **Suur Munamägi** (Großer Eierberg) bei **Võru** und der alten Hansestadt **Viljandi** – gehört zu den malerischsten Landstrichen Estlands und ist für Aktivurlauber wie geschaffen. Im Sommer lockt jeden Tag ein anderer See zum Baden, Paddeln oder Angeln. Im Winter, wenn alles unter einer Schneedecke verschwindet, geht es von der Langlaufloipe gleich in die Sauna.

11 Tartu

Die vom Klassizismus geprägte Universitätsstadt ist das geistige Zentrum Estlands.

Tartu (Dorpat) am Ufer des Emajõgi ist mit fast 100 000 Einwohnern die zweitgrößte Stadt Estlands. Ihre Bewohner halten sie für das intellektuelle und kulturelle Zentrum des Landes, auch weil sich hier die älteste estnische Universität befindet.

Geschichte 1030 wurde Tartu erstmals urkundlich erwähnt, als der Kiewer Großfürst Rus Jaroslaw der Weise die estnische Festung *Tarbatu* eroberte und in Jurjew umbenannte. Im 13. Jh. gelang es dem **Deutschen Orden** sich in Tartu festzusetzen. Die Stadt wurde 1224 zum Bistum erhoben und erhielt eine Bischofsburg auf dem Domberg. Durch den Handel mit den russischen Städten Nowgorod und Pskow prosperierte Tartu im Mittelalter. 1280 wurde die Stadt Mitglied der **Hanse**. Politisch waren die Zeiten weniger glücklich. Tartu fiel immer neuen Eroberern in die Hände – Russen, Polen, **Schweden**. Die ursprünglich vom schwedischen *König Gustav Adolf II.* im Jahr 1632 gegründete Universität wurde, als Tartu im Nordischen Krieg unter russische Herrschaft geriet, von Zar **Peter dem Großen** 1704 geschlossen und nach Pärnu verlegt. 1775 zerstörte ein Großbrand die Altstadt. Erst die Wiedereröffnung der **Universität** 1802 belebte Tartu neu. So entstanden etwa das Haupt- und Institutsgebäude, eine Bibliothek und die Sternwarte. Mitte des 19. Jh. spielte die Stadt eine zentrale Rolle beim **nationalen Erwachen**, beim Kampf um die Emanzipation der Esten in einer von Deutschen und Russen geprägten Gesellschaft. Studentenverbindungen sammelten estnische Volkslieder und organisierten 1869 das erste Sängerfest, auf dem diese vorgetragen wurden. Bald folgten erste Theateraufführungen in estnischer Sprache. An der Universität wurde zu der Zeit noch Deutsch gesprochen. Unter den Sowjets nach 1945 war Tartu nur mit Sondergenehmigung zugänglich, da am Stadtrand ein strategisch wichtiger Militärflughafen lag. Heute beruft sich Tartu mit dem Motto ›Emajõe Ateena‹, Athen am Emajõgi-Fluss, auf das *klassische Ideal* von Architektur und Bildung.

Besichtigung Noch heute durchweht Tartu der strenge Geist des Klassizismus und der Aufklärung. Die Geschlossenheit der Architektur, die nach dem verheerenden Brand von 1775 nahezu einheitlich im klassizistischen Stil entstand, sorgt für eine Atmosphäre eleganter Harmonie.

Den Brunnen vor dem Rathaus schmücken ewig ›Küssende Studenten‹

Die Altstadt

Der lang gestreckte **Rathausplatz** (Raekoja plats) bildet das Zentrum der Altstadt zwischen Fluss und Domberg. Nur die Gebäude an der nördlichen Seite sind klassizistisch, die an der südlichen wurden nach dem Zweiten Weltkrieg ge baut. Das **Rathaus** 1 mit seiner frühklassizistischen Fassade, die Pilaster untergliedern, entstand 1782–86. Blickfang des Platzes aber ist am anderen Ende das **Schiefe Haus** 2, in dem das **Kunstmuseum** (Tartu Kunstimuuseum, Raekoja plats 18, www.tartmus.ee, Mi–Sa 12–18, So 11–18 Uhr) untergebracht ist. Interessanter als die städtische Sammlung estnischer Kunst ist das um 1812 errichtete Gebäude selbst, das sich zur Seite neigt, da der Untergrund sumpfig ist und es anders als die Nachbarhäuser nicht ausreichend durch Holzpfähle gestützt wurde.

Wenn das Herz der Stadt am Rathausplatz schlägt, so ist der ganze Stolz der

Klassische Schönheiten im Kunstmuseum der Universität

Die Johanneskirche – Stein auf Stein wieder aufgebaut – mit Terrakottafiguren in Vollendung

Esten die Universität. Vom Rathaus aus sieht man bereits das Hauptgebäude der **Universität** 3 (Tartu ülikool, Ülikooli 18, www.ut.ee), das mit seinem imposanten Säulenportikus Ehrfurcht einflößt. Der klassizistische Bau entstand 1803–09 nach Plänen des Architekten *Johann Wilhelm Krause* (1750–1828). Im Südflügel des Hauptgebäudes befindet sich das bereits 1803 gegründete sehenswerte **Kunstmuseum der Universität** (Ülikooli Kunstimuuseum, Tel. 737 53 84, www.ut.ee/artmuseum, Mo–Fr 11–17 Uhr) mit der umfassendsten Sammlung antiker Kunst in Estland. Das Museum organisiert auch Führungen in die von Säulen gerahmte festliche, helle *Aula* und den spartanisch eingerichteten, wenig einladenden *Karzer*. Studenten, die hier im 19. Jh. ihr schlechtes Benehmen büßen mussten, vertrieben sich die Zeit des Arrests mit Wandkritzeleien, die noch erhalten sind.

TOP TIPP Weiter nördlich ragt die **Johanneskirche** 4 (Jaani Kirik, Tel. 744 22 29, www.jaanikirik.ee, Sept.–Mai Di–Sa 10–18, Juni–Aug. Mo–Sa 10–19 Uhr) auf, die bedeutendste *Backsteinkirche* Estlands. Mit dem Bau wurde wahrscheinlich Ende des 13. Jh. begonnen. Wie die meisten Kirchen Estlands jener Zeit war sie zunächst

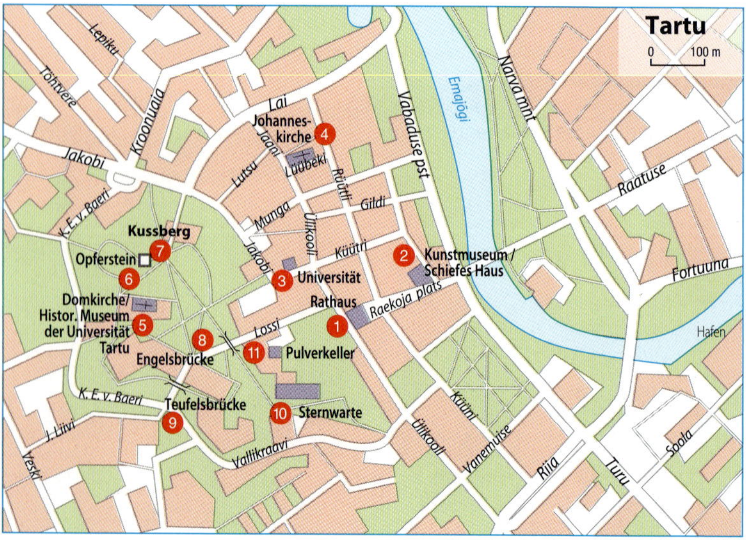

als Hallenkirche geplant, wurde dann aber in der zweiten Hälfte des 14. Jh. als Basilika mit polygonalem Chor vollendet. Sie brannte 1944 völlig aus und konnte erst 1989–2005 wieder aufgebaut werden.

Das Besondere an der Kirche sind die *Terrakottafiguren*. Am Westportal ist eine auf das ›Jüngste Gericht‹ verweisende, erweiterte *Deesisgruppe* zu erkennen: Christus, Maria, Johannes der Täufer und die zwölf Apostel. An der Oberwand im Mittelschiff sitzen unter den Baldachinen eines Blendtriforiums u.a Christus, der Weltenherrscher und einige Heiligenfiguren. Dieser Schmuck kommt in der gotischen Architektur äußerst selten vor und ist ansonsten nur aus England bekannt.

Der Domberg (Toomemägi)

Zar Paul I. (1796–1801) schenkte das Areal auf dem **Domberg** (Toomemägi) der Universität zu ihrer bevorstehenden Wiedereröffnung. Anstelle der alten Befestigungsanlagen ließ man einen Landschaftspark anlegen. Außerdem wurden Bibliothek und Sternwarte errichtet. Entlang der Wege erinnern zahlreiche Denkmäler an verdienstvolle Persönlichkeiten aus Wissenschaft und Kultur.

Am bequemsten gelangt man über die Lossi tänav auf den Domberg. Die **Domkirche** 5 (Toomkirik), an der vom 13. bis 16. Jh. gebaut wurde, gehört wie die Johanneskirche zu den bemerkenswerten Sakralbauten der *Backsteingotik* im Baltikum. Selbst die monumentalen Ruinen der einst 97 m langen dreischiffigen Kathedrale (14. Jh.) mit massivem Westwerk (15. Jh) sind äußerst beeindruckend. Die Reformation, der Livländische Krieg und ein Brand im Jahr 1624 zerstörten die Kirche. Zu Beginn des 19. Jh. baute man den Chorraum zur Universitätsbibliothek um. Mittlerweile dokumentiert hier das **Historische Museum der Universität Tartu** (Tartu Ülikooli Ajaloo Muuseum, Lossi 25, www.ajaloomuuseum.ut.ee, Mi–So 11–17 Uhr) anhand alter optischer Geräte und Laborausstattungen die Geschichte der Lehranstalt. Ältestes Exponat ist ein Globus aus dem 13. Jh.

Im Norden der Domkirche markiert ein 12 000 Jahre alter **Opferstein** 6 jenen kultischen Ort, an dem einst die Esten ihre Götter mit Gebeten und Gaben gnädig zu stimmern versuchten und noch heute pilgern Verliebte gerne zum benachbarten **Kussberg** 7 (Musumägi).

Zwei Brücken queren das Tal mit der Straße Lossi tänav: Die neoklassizistische **Engelsbrücke** 8 (Inglisild) wurde 1838 gebaut. Die Inschrift ›Otium reficit vires‹ gibt den Passanten den Rat ›Muße stärkt die Kräfte‹. Ihr Pendant ist die **Teufelsbrücke** 9 (Kuradisild) von 1913.

Auf der anderen Seite des Dombergs steht die 1810 erbaute **Sternwarte** 10 (Tähetorn, Lossi 40, Tel. 737 69 32, www.obs.ee, bis Frühjahr 2011 wegen Renov. geschl.), die zu den bedeutendsten des 19. Jh. gehörte, denn der Astronom *Friedrich Georg Wilhelm Struve* (1793–1864) ließ hier eines der besten Fernrohre damaliger Zeit installieren. Noch heute funktioniert es einwandfrei. Berühmt wurde Struve für den sog. *Struve-Bogen*, eine Kette von Vermessungspunkten zwischen Hammerfest und dem Schwarzen Meer. Unterhalb der Sternwarte liegt der **Pulverkeller** 11 (Püssirohukelder, Lossi 28, Tel. 730 35 55, www.pyss.ee), der 1767 auf Geheiß Katharinas II. als Munitionslager in den Berg gegraben wurde. Heute wird in den Gewölben gute estnische Küche serviert.

Praktische Hinweise

Information

Turismiinfokeskused, im Rathaus, Raekoja plats 19, Tartu, Tel. 744 21 11, www.visittartu.com. Auch Infos zum Peipussee und zu Piirissaar.

Hotels

******Draakon**, Raekoja plats 2, Tartu, Tel. 744 20 45, www.draakon.ee. Stilvolles

Das Pulver ist längst verschossen. Im Kellerrestaurant gibt es Speisen und Getränke

Hotel (40 Zimmer) mit Restaurant, direkt am Rathausplatz.

****London, Rüütli 9, Tartu, Tel. 730 55 55, www.londonhotel.ee. Behagliches Hotel in einem klassizistischen Palais in der Innenstadt.

Restaurants

Eduard Vilde, Vallikraavi 4, Tartu, Tel. 734 34 00, www.vilde.ee. Schönes Café-Restaurant in ehemaliger Druckerei, feinster Kuchen, literarisches Flair.

Krooks, Jakobi 34, Tartu, Tel. 744 15 06, www.krooks.ee. Bar mit Livemusik – Blues, Jazz, Rock.

Werner, Ülikooli 11, Tartu, Tel. 742 63 77, www.werner.ee. Früher Dissidententreff, noch heute künstlerisch und intellektuell angehauchtes Publikum, bunte Speisekarte.

12 Peipussee

Der fünftgrößte See Europas – Fische, Zwiebeln und russische Altgläubige.

Der Peipussee (Peipsi Järv) ist mit einer Fläche von 3555 km^2 der größte See des Baltikums. Allerdings verläuft durch seine Mitte die Grenze zu *Russland*. Seit jeher mischen sich hier die Kulturen, sodass man auch auf estnischer Seite zahlreiche russisch geprägte Dörfer findet – typische *Straßendörfer* mit schlichten Holzhäusern und Kirchen mit bunten Zwiebelkuppeln.

Das Wasser des Sees ist durchschnittlich nur 8 m tief. Er erreicht daher im Sommer schnell Badetemperaturen und friert im Winter rasch zu. Auf dem Eis schlug 1242 der Nowgoroder Fürst Alexander Newskij den Deutschen Orden und verhinderte dessen Vordringen nach Osten.

Der See erstreckt sich über 140 km von Nord nach Süd und bietet an seiner abwechslungsreichen Küste zahlreiche Bademöglichkeiten. Am Nordufer in **Kauksi** findet man einen Sandstrand mit Dünen wie am Meer. Bei **Kallaste** wartet der See mit einer 6–8 m hohen Steilküste auf, die aufgrund ihrer Farbe auch ›Roter Berg‹ genannt wird. Die Ufer sind ansonsten vorwiegend flach, im Süden auch sumpfig.

An der Mündung des dunkel dahinfließenden *Mustvee* (Schwarzes Wasser) liegt der gleichnamige Ort **Mustvee**. Hier kommen auf 2300 Einwohner immerhin vier Kirchen – für Evangelische, Baptisten, Russisch-orthodoxe und Altgläubige.

Hauptsächlich Altgläubige wohnen im weiter südlich gelegenen **Kolkja**, einem der russisch anmutenden Straßendörfer. Das **Museum der Altgläubigen** (Tel. 745 34 31, April–Sept. Mi–So 11–18, Okt.–März Sa/So 11–17 Uhr) dokumentiert die Geschichte jener Anhänger der altrussischen Liturgie, die ab Mitte des 17. Jh. als Ketzer gebrandmarkt wurden, weil sie sich den Kirchenreformen des Patriarchen Nikon widersetzten. Viele flohen damals bis nach Sibirien. Doch auch am weltvergessenen Peipussee überlebten die *›Raskolniki‹* alle Verfolgungswellen – von Peter dem Großen bis zu Stalin.

Von Laaksaare kann man zwar auf die **Insel Piirissaar**, ein knapp 8 km^2 großes Eiland im Peipussee, übersetzen, empfehlenswerter ist aber ein Tagesausflug von Tartu [s.u.]. Die Bevölkerung, fast nur altgläubige Russen, verteilt sich auf drei Dörfer und lebt von Fischfang und Zwiebelanbau. Es gibt weder Hotel noch Restaurant, aber die Insulaner bieten köstlichen geräucherten Fisch an.

i Praktische Hinweise

Schiff

Tartu Sadam AS, Soola 7, Tartu, Tel. 734 00 66, www.transcom.ee. Das Tragflügelboot ›Polaris‹ fährt von Tartu über den Emajögi nach Piirissaar und zurück, im Sommer dreimal wöchentlich – nur bei ausreichendem Wasserstand. Zudem gibt es im Sommer mehrmals wöchentlich eine Fährverbindung Laaksaare–Piirissaar. Bitte informieren Sie sich, ob eine Rückfahrt am selben Tag möglich ist.

Unterkunft

Kauksi Rand, Kauksi, Tel. 339 38 35, www.kauksirand.ee. Kleine romantische Hütten am Seeufer (nur Juni–Aug.).

13 Võru

Das Nationalepos ›Kalevipoeg‹ und der höchste Berg des Baltikums.

Võru, die Hauptstadt des Landkreises Võrumaa, der schon an Lettland grenzt, ist ein verschlafenes Städtchen. Die 1784 von Katharina II. als Verwaltungszentrum gegründete Stadt weist außer ein paar Holzhäusern im Zentrum und der orthodoxen Kirche von 1806 wenig Sehens-

Bei einer Übernachtung im Schloss Sangaste kann man sich fühlen wie die englische Königin

wertes auf. Võru verbindet sich aber für jeden Esten mit dem Namen *Friedrich Reinhold Kreutzwald* (1803–1882), der den für die Esten wichtigen Epos ›Kalevipoeg‹ veröffentlichte [s. S. 31] und 44 Jahre in dem Provinzstädtchen lebte. Sein Wohnhaus in der Kreutzwaldi 31 gewährt als **Kreutzwald-Museum** (Kreutzwaldi Memoriaalmuuseum, Tel. 782 17 98, April–Sept. Mi–So 10–18, Okt.–März Mi–So 10–17 Uhr) Einblick in das Leben des Arztes und Schriftstellers.

Võru liegt am großen *Tamularjärv* (Tamularsee) nicht weit vom **Suur Munamägi**, der seiner Form wegen in Deutsch Großer Eierberg heißt und mit 318 m die höchste Erhebung im Baltikum ist.

Südöstlich von **Võru** leben beiderseits der estnisch-russischen Grenze die **Seto**, ein finno-ugrischer Stamm orthodoxen Glaubens. Das **Seto-Museum** (Seto Muuseumitare, Tel. 785 41 90, www.obinitsamuuseum.ee, Mai–Sept. Di–So 11–17, sonst 10–16 Uhr) in Obinitsa dokumentiert ihre stark russisch geprägten Lieder und Bräuche.

i Praktische Hinweise

Information

Turismiinfokeskused, Tartu tänav 31, Võru, Tel. 782 18 81, www.visitvoru.ee

Hotels

*****Kubija**, Männiku 43 a, Võru, Tel. 786 60 00, www.kubija.ee. Großes Hotel im Kiefernwald am See mit komfortablen Zimmern, Spa-Anwendungen, Rad- und Skiverleih.

Ränduri, Jüri 36, Võru, Tel. 786 80 50, www.randur.ee. Kleines Gästehaus mit ansprechenden Zimmern.

Restaurant

Bevega, Mäe 11, Võru. Gute Küche in rustikalem Ambiente, Billardtisch und Kaminsaal.

14 Sangaste

Ein prächtiges Beispiel des Historismus. Hier werden Erinnerungen an die Windsors wach.

Auf der Strecke von Võru nach Otepää kann man einen kleinen Umweg über Sangaste machen. Das **Schloss Sangaste** (Winter geschl.) zitiert in seiner verschachtelten Backsteinarchitektur das im Tudorstil errichtete britische Königsschloss *Windsor Castle*. Graf Friedrich Georg von Berg gab den prächtigen Bau 1874 in Auftrag. Die Restaurierung aller 99 Zimmer wird noch ein paar Jahre dauern, aber schon heute findet man ein angenehmes Plätzchen zum Übernachten.

i Praktische Hinweise

Hotel und Restaurant

Schloss Sangaste, Tel. 767 93 00, www.sangasteloss.ee. Das Schloss bietet nur Fassadenluxus, die Zimmer sind einfach, aber preisgünstig. Restaurant mit internationaler Küche.

15 Otepää

In Estlands Winterhauptstadt wurde 1884 die estnische Flagge geweiht.

Otepää ist eine betriebsame Kleinstadt – vor allem im Winter. Landesweit beachteter Höhepunkt des winterlichen Treibens ist der **Tartu Marathon** (www.tartumaraton.ee) Mitte Februar, bei dem die Skilangläufer 63 km bis ins Ziel nach Elva [Nr. 16] zurücklegen. Im Sommer finden Mountainbikerennen statt. Auch musikalisch ist einiges geboten, denn die mittelalterliche **Marienkirche** besitzt eine klangvolle Orgel. 1884 wurde hier die estnische Flagge geweiht. Im Pfarrhof informiert das **Flaggenmuseum** (Kirikumõis, Tel. 765 50 75, Di–Sa 11–16 Uhr) darüber, wie die Farben einer Studentenverbindung aus Tartu – Blau, Schwarz, Weiß – auf die Nationalflagge kamen.

Hügel rahmen Otepää, in deren Tälern zahlreiche Seen liegen. Der 2 km von Otepää entfernte **Pühajärvs** (Heilige See) mit seinen romantischen Buchten und verwunschenen Badeplätzen gilt gar als der schönste des Landes. Einer *Legende* nach haben sich in ihm die Tränen einer Mutter gesammelt, die um ihre fünf Kinder getrauert hat.

i Praktische Hinweise

Information

Turismiinfokeskused, Tartu mnt. 1, Otepää, Tel. 766 12 00, www.otepaa.ee

Selig sind die, die da ausspannen und den Heiligen See genießen können

Hotels

********Pühajärve****, Pühajärve, Otepää, Tel. 766 55 00, www.pyhajarve.com. Spa-Hotel am Seeufer mit vielfältigen Sportmöglichkeiten. Sehr gutes Restaurant.

Karupesa, Tehvandi 1a, Otepää, Tel. 766 15 00, www.karupesa.ee. Schönes Landhotel mit modernen Zimmern.

Restaurant

Edgari Trahter, Lipuväljak 3, Otepää, Tel. 766 65 58. Kleiner Pub im Zentrum mit leckeren estnischen Gerichten.

16 Elva

In der Tschechow-Idylle empfängt die Ausflügler ein Bahnhof aus Zarenzeiten.

Elva liegt inmitten einer arkadischen Landschaft, zu der sich sanft geschwungene Hügel, naturbelassene Seen und verspielte Flussläufe fügen. Elva ist eine Künstler-, Schriftsteller- und Professorenkolonie mit stattlichen Holzhäusern, verglasten Veranden, Korbmöbeln und weißem Leinen, wechselnden Ideen und Liaisons. Am Wochenende zieht es viele Bewohner aus dem nur 20 km entfernten Tartu in die typische *Datschensiedlung*.

Die Strecke des alljährlichen *Tartu Marathon* [Nr. 15] für Skilangläufer von Otepää nach Elva bildet im Sommer eine tolle *Mountainbikestrecke*.

17 Viljandi

Die einstige Hansestadt ist stolz auf ihre Orgelkonzerte.

Das Städtchen Viljandi liegt am gleichnamigen See, den hübsche Holzbauten aus dem 19. Jh. säumen. Im Mittelalter blühte die Stadt auf. Die damals Fellin genannte Stadt lag am Handelsweg zwischen Tartu und Pärnu. Heute liegt die einst wichtige *Hansestadt* etwas vergessen inmitten des Landes. Die **Burg** des Schwertritterordens aus der Mitte des 13. Jh. ist nur noch in Ruinen erhalten, bietet aber einen wunderschönen Ausblick. In der **Johanneskirche** (Jaani kirik, Pikk 8), einem schlichten Bau aus dem 15. Jh., werden Orgelkonzerte veranstaltet. Ebenso in der **Pauluskirche** (Pauluse kirik, Kiriku 5) aus dem 19. Jh., die mit der *Knauf-Orgel* einen besonderen Ohrenschmaus verspricht. Zu den weiteren Sehenswürdigkeiten Viljandis gehören – alle am Laidoneri plats – das **Rathaus** aus dem 18. Jh., der **Alte Wasserturm** (Vana Veetorn, Mai–Sept. Di–So 11–17 Uhr) und ein kleines **Museum** (Viljandi Muuseum, Tel. 433 36 64, www.muuseum.viljandimaa.ee, Mi–So 10–17 Uhr) zur Geschichte des Landkreises.

Der alte Wasserturm von 1911 überragt mit 30 m Höhe den Rathausplatz in Viljandi

Praktische Hinweise

Information

Turismiinfokeskused, Vabaduse plats 6, Viljandi, Tel. 433 04 42, www.viljandi.ee

Hotel

Alice Külalistemaja, Jakobsoni 55, Viljandi, Tel. 434 76 16, www.matti.ee/~alice. Freundliche Unterkunft.

Restaurant

Tegelaste Tuba, Pikk tänav 2b, Viljandi, Tel. 433 39 44. Uriges Wirthaus mit guter estnischer Küche.

Typisch Kleinstadt: Vielerorts prägen schlichte Holzhäuser das Bild

Estlands Westküste und Inseln – Meergeküsst und windzerzaust

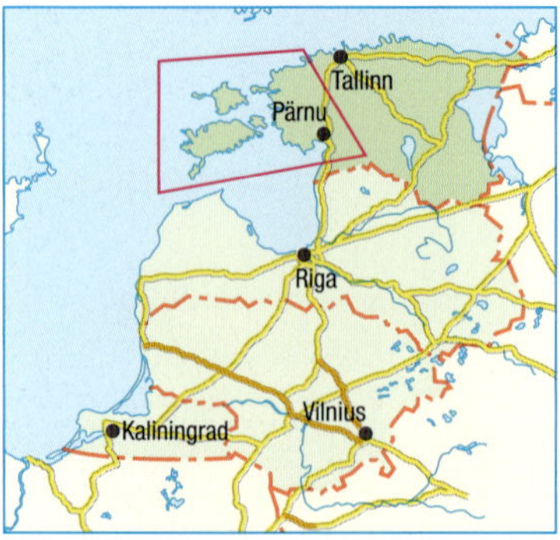

Estlands Inselwelt gehört zu den Höhepunkten einer Reise ins Baltikum. **Saaremaa**, **Muhu**, **Hiiumaa** sind wahre Schatzkammern der Natur inmitten der Ostsee: uralte Eichen, unter denen wilde Orchideen blühen, Stachelbeeren am Wegesrand, Wacholder, Wiesen und Kiefern. Dazwischen sendet das Meer seine blausilbrigen Reflexe. Das Leben spielt sich in verträumten Fischerdörfern und Kleinstädten ab. Leuchttürme, Wehrkirchen und Windmühlen setzen Akzente im platten Land. Am besten macht man mit dem Fahrrad, ungestört von Autoverkehr, seine Entdeckungstouren – etwa zu den einsamen Stein- und Sandstränden z. B. auf Hiiumaas Halbinsel **Kassari**. Und wenn einem der frische Wind um die Nase bläst, fühlt man sich so frei wie die Vögel im **Nationalpark Vilsandi** im Westen Saaremaas.

Die Inseln liegen vor der buchtenreichen Westküste Estlands, die von Flüssen und Mooren durchzogen ist und an der nostalgische Kurorte wie **Pärnu** und **Haapsalu** mit kilometerlangen feinen Sandstränden das Bild prägen.

18 Pärnu

Estlands Sommerhauptstadt zwischen Fluss und Meer.

Pärnu – die meiste Zeit des Jahres ein eher träges Provinznest –, erwacht von Juni bis August zu ausgelassenem Leben. Die Einwohnerzahl von 44 000 verzehnfacht sich in den Sommermonaten. Clubs und Restaurants aus Tallinn – alle ziehen nach Pärnu und feiern hier die *weißen Nächte*. Höhepunkt der Saison ist die Mittsommernacht am 23. Juni, wenn die Sonne den Himmel entflammt und um die Pärnuer Bucht unzählige *Johannisfeuer* entzündet werden.

Geschichte Pärnu wurde vom **Deutschen Orden** im 13. Jh. gegründet. Rund um die 1234 geweihte Bischofskirche entwickelte sich eine Siedlung namens Pernau. Im 14. und beginnenden 15. Jh. erlebte sie als **Hansestadt** ihre erste Blütezeit. Der Getreide- und Flachshandel des Landes lief maßgeblich über den Pernauer **Hafen**. Doch 1473 verwüsteten Seeräuber Alt-Pernau. Und als die Stadt fast wieder aufgebaut war, zerstörte ein Brand sie erneut. Auf die Deutschen folgten nach dem Livländischen Krieg 1582 Polen, 1629 Schweden, unter denen der Handel wieder florierte, und 1710 Russen. Das heutige Erscheinungsbild geht im Wesentlichen auf das 18. und 19. Jh. zurück, als sich Pärnu zum **Kurort** und zur Sommerfrische der deutschbaltischen Gutsbesitzer und des Petersburger Hochadels entwickelte. Schlammbäder, Konzerte und festliche Abendgesellschaften gehörten zu den Annehmlichkeiten des Kurortes. Der Deutschbalte *Victor Hehn* (1813–90) notierte im Jahr 1846: »Uns scheint der Badeort Pernau ein gelungener Kompromiss aus der Eleganz eines mondänen Ortes und der Zurückgezogenheit einer ungeschützten Strandhütte.«

Besichtigung Im Zentrum hält Pärnu stilistisch die Waage zwischen schwedischem Dorf und russischer Garnisonsstadt – mit kleinen Holzhäusern und einzelnen schlichten Backsteinbauten.

Im Westen der Altstadt, die zwischen dem Fluss Pärnu und dem Ostseestrand liegt, steht das **Tallinner Tor** (1) (Tallinna värav, Kuninga 1). Das monumentale barocke Tor von 1675–86 ist das einzige noch erhaltene der schwedischen Wallanlagen aus dem 17. Jh., die im 19. Jh. ein-

Dieser Sandstrand ist einer der Gründe dafür, dass Pärnu die Sommerhauptstadt Estlands ist

geebnet und durch einen Park ersetzt wurden. Vom Tor führt die Kuninga tänav in die Stadt. Besser bummelt man aber durch die Parallelstraße: In der **Rüütli tänav** 2, Pärnus Fußgängerzone, sind die Häuser so niedrig, dass der Eindruck entsteht, man spaziere durch eine Spielzeugstadt. Über die Vee tänav gelangt man zur **Katharinenkirche** 3 (Kathariina kirik, Vee 8, Mo–Fr 11–18, Sa/So 9–18 Uhr). Katharina II. stiftete sie 1764 der Stadt, die zu ihrer Regierungszeit als Hafen von Bedeutung war. Der Bau, 1764–68 über dem Grundriss in Form eines griechischen Kreuzes errichtet, erhielt in der Mitte eine Kuppel mit großer Laterne und vier Ecktürmchen. Der offene Westturm ist mit Voluten, die drei großen Seitenportale sind mit Ziergiebeln geschmückt. Die vielen Türme verleihen der Kirche eine zauberhafte Leichtigkeit, die auch im barocken Inneren zu spüren ist.

Das **Rathaus** 4 (Raekoda, Uus 4, Mo–Fr 9–17 Uhr) besticht mit einer schmuckvoll geschnitzten Tür und zwei schmiedeeisernen Lampen. Das 1797 für einen deutschen Kaufmann in strengem Klassizismus errichtete Haus wurde 1911 um einen Anbau erweitert, der Elemente des Jugendstil und der Neogotik zeigt. Bemerkenswert ist auch die mit Rosen verzierte Holztür von *Haus Uus 5*. Am Ende der Straße stößt man ferner auf zwei dem *Klassizismus* verpflichtete Stadtpalais in Miniaturformat und gelangt schließlich zum **Roten Turm** 5 (Punane Torn, Hommiku tänav 11, www.punanetorn.ee, Juni–Aug. Di–So 10–17, Sept.–Mai Di–Sa 10–17 Uhr). Er war Teil der Festung im 14. Jh. und ist das älteste Bauwerk der Stadt. Heute

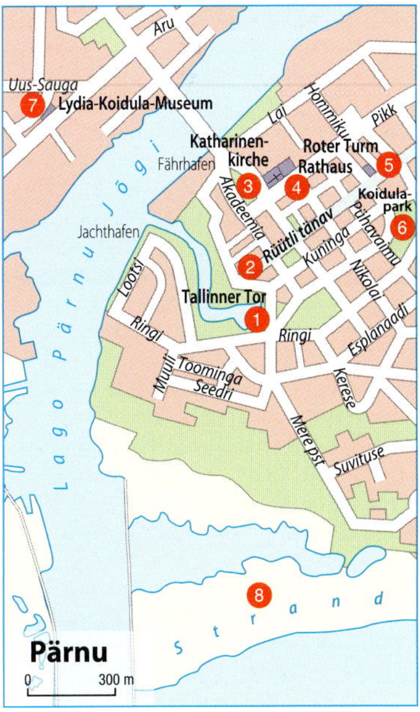

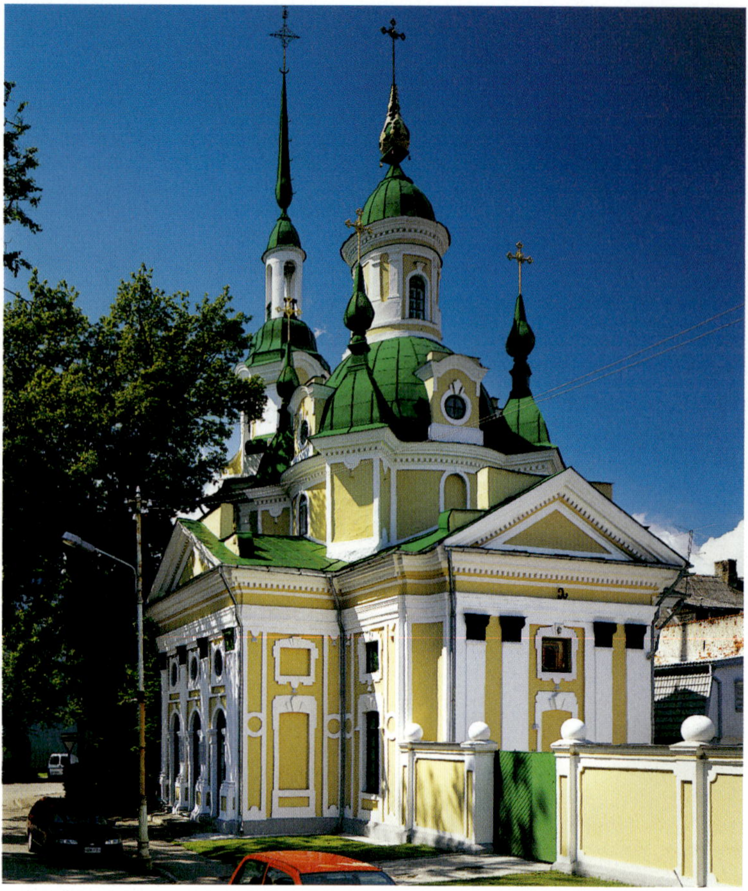

Die Katharinenkirche stiftete Katharina II. im 18. Jh. dem damals wichtigen Handelshafen

gibt es hier ein Souvenirgeschäft und eine kleine Galerie. Besonders stolz ist die Stadt auf *Lydia Koidula* (1843–86), die eigentlich Emilie Florentine Jannsen hieß – eine Schlüsselfigur des nationalen Erwachens. Die erste estnische Dichterin schrieb viele Gedichte, die vertont sehr populär wurden. Im **Koidulapark** 6 südlich des Roten Turms steht seit 1929 ein Denkmal der beliebten Poetin und in ihrem Elternhaus auf der anderen Seite des Pärnu wurde das **Lydia-Koidula-Museum** 7 (Koidula Muuseum, Jannseni 37, www.pernau.ee, Juni–Aug. Di–Sa 10–18, sonst Di–Sa 10–17 Uhr) eingerichtet.

TOP TIPP Das Wichtigste: Pärnu hat im Süden der Altstadt einen herrlichen **Sandstrand** 8 (Supelrand) und sorgt für Kurzweil in und am Wasser. An der neuen Promenade findet man u.a. das neoklassizistische Schlammheilbad Mudaravila (Ranna puiestee 1, Mo–Sa 10–18 Uhr) mit Ostseeschlamm- und Moorpackungen wie im 19. Jh. oder die moderne Variante, den Aquapark ›Tervise Paradiis‹ (Side tänav 14, www.terviseparadiis.ee, tgl. 10/11–22 Uhr), Bars, Cafés und Restaurants. Weitere ausgedehnte (60 km), auch ruhigere Sandstrände findet man entlang der ›Via Baltica‹ (E 67) Richtung Rīga.

Praktische Hinweise

Information

Turismiinfokeskus, Uus 4, Pärnu, Tel. 447 30 00, www.visitparnu.com

Flughafen

Pärnu Lennujaam, Eametsa, Gemeinde Sauga, 4 km von Pärnu, Tel. 447 50 00, www.parnu-airport.ee. Flüge zur Insel Ruhnu, im Winter auch zur Insel Kihnu.

Schiff

Kihnu veeteed, Kalda 2, Pärnu, Tel. 443 10 69, www.veeteed.com. Fähren zur Insel Kihnu.

Segeln

Pärnu Jahisadam, Lootsi 6, Pärnu, Tel. 443 06 69, www.jahisadam.ee. Jachthafen mit Segelbootverleih.

Hotels

***__Hotell Pärnu__, Rüütli 44, Pärnu, Tel. 447 89 11, www.pergohotels.ee. Zentral gelegener Betonbau aus Sowjetzeiten, der im Inneren seinen Charme entfaltet.

***__Scandic Rannahotell__, Ranna pst 5, Pärnu, Tel. 443 29 50, www.scandic-hotels.com. Funktional, aber direkt am Strand – man nehme ein Zimmer mit Meerblick und genieße.

TOP TIPP **Ammende Villa**, Mere Pst. 7, Pärnu, Tel. 447 38 88, www.ammende.ee. In der 1905 errichteten Jugendstilvilla kann man heute in Nähe des Meeres herrlich logieren und auch speisen.

Hotel Victoria, Kuninga 25, Pärnu, Tel. 444 34 12, www.victoriahotel.ee. 40 komfortable Zimmer im Zentrum. Das dazugehörige Café Grand ist ein Muss für Nostalgiker.

Restaurant

Trahter Postipoiss, Vee 12, Pärnu, Tel. 446 48 64, www.trahterpostipoiss.ee. In der alten Poststation speist man rustikal und vornehmlich russisch an langen Holztischen.

19 Muhu

Wacholderbüsche, Steinhaufendörfer und Estlands schönstes Hotel.

Die 201 km^2 große Insel Muhu (www.muhu.info) ist gewissermaßen das ›Empfangszimmer‹ Saaremaas, das nur über Muhu zu erreichen ist. Mit der Fähre gelangt man in einer halben Stunde von Virtsu auf dem Festland nach Kuivastu auf Muhu. In einer knappen halben Stunde hat man die Insel mit dem Auto durchquert und den 3,6 km langen Damm nach Saaremaa erreicht. Doch es lohnt sich, in Muhu Station zu machen, zumal die Insel mit dem **Gut Pädaste** das vielleicht schönste Hotel Estlands besitzt. Einsam liegt diese aus dem 16. Jh. datierende Anlage am Meer.

Im Zentrum der Insel passiert man **Liiva**. Die wenigen Häuser des Ortes gruppieren sich um die schlichte *Katharinenkirche* (um 1300). Der Bau gliedert sich in ein hohes Kirchenschiff, einen weniger hohen Chor und einen niedrigen, in dieser Form seltenen flachen Abschluss. Im Chor sind Reste von *Fresken* zu sehen.

Den besten Eindruck vom Inselleben verschafft eine Fahrt nach **Koguva** – eine Zeitreise in die Jahre um 1800. Der Ort an der Westküste der Insel ist ein Bilderbuchdorf mit saftigen Wiesen, blühenden Gärten, tief heruntergezogenen Reetdächern sowie moosbewachsenen Steinmauern, auf denen gelegentlich ein Boot kieloben liegt – eine Tradition der Fischer, die ihre treuen alten ›Gefährten‹ so zur Ruhe betten. Das in einem Hofgut eingerichtete **Museum** (Tel. 454 88 72, www.muhumuuseum.ee, Mitte Mai–Mitte Sept. tgl. 9–18, sonst Di–Sa 10–17 Uhr) dokumentiert anhand von Werkzeugen, Trachten und Fotografien das Inselleben.

Kurz vor dem Damm nach Saaremaa steht eine **Bockwindmühle** (Eemu Tuulik, Linnuse Tel. 452 81 30 15, April–Sept. Mi–So 11–18 Uhr), die noch in Betrieb ist. Damit der Müller sie mithilfe eines langen Hebels in den Wind drehen kann, sitzt sie auf einem beweglichen Unterbau. Man kann Mehl sowie Brot kaufen.

Praktische Hinweise

Schiff

AS Saaremaa laevakompanii, Kohtu 1, Kuressaare, Tel. 452 44 44, www.laeva

Im Gutshof Pädaste auf Muhu lässt es sich fein speisen und angenehm nächtigen

Willkommen auf der Insel Saaremaa: Der Leuchtturm von Sääre markiert die Südspitze

kompanii.ee. Fähren von und nach Virtsu mehrmals tgl., Fahrzeit: 30 Min.

Hotel

TOP TIPP **Pädaste Mõis** (Pädaste Manor), Muhu saar, Tel. 454 88 00, www.padaste.ee. Naturverbundenes, exklusives Hotel mit sehr gutem Restaurant, serviert wird z.B. Elchcarpaccio mit selbst gemachtem Wacholderbeeröl (Nov.–Febr. geschl.).

Der Frauenschuh ist nur eine der auf Saaremaa heimischen Orchideenarten

20 Saaremaa

Auf der größten Insel Estlands wirken himmlische Kräfte: Wehrkirchen, Windmühlen und Meteoriten.

Saaremaa (Ösel) ist mit 2673 km² die größte Insel Estlands. Sie wird geprägt von Wacholder, Laub- und Nadelwäldern sowie Mooren. An der zerklüfteten Küste findet man Schilfgürtel, Dünen, Steinstrände und Klippen. Wo einst hermetisch abgeschirmtes Militärareal war, blühen heute allein 35 verschiedene *Orchideenarten*, umschwärmt von den schönsten Schmetterlingen. Vom Festland gelangt man über die Nachbarinsel Muhu [Nr. 19] nach Saaremaa.

Hauptort der Insel ist das gemütliche **Kuressaare** im Süden. Hier leben 16 000 der knapp 40 000 Inselbewohner. Auf dem Weg von Muhu dorthin sollte man die Kirchen in Pöide und Valjala besichtigen.

In **Pöide** erhebt sich Estlands größte *Wehrkirche* (Mai–Sept. Fr–So 10–18 Uhr, laufende Restaurierungsmaßnahmen), ein stattlicher Bau aus dem 13. Jh., der im 14. Jh. erweitert wurde. In die Fassade wurde Steinschmuck eingearbeitet, man erkennt Pflanzenornamente und ein leider seiner Köpfe beraubtes Bauernpaar. Nachdem die Kirche unter den Sowjets durch einen Brand schwer beschädigt und notdürftig abgedeckt zum Lagerraum umfunktioniert wurde, begann man schließlich mit dem Wiederaufbau, der bislang noch nicht abgeschlossen ist.

In **Valjala,** 25 km vor Kuressaare, steht die sehenswerte, dem hl. Martin geweihte älteste Kirche (Tel. 454 95 43, Juni–Aug. Di–So 9.30–18 Uhr) der Insel. Der heutige Chor wurde bereits 1227 als Kapelle errichtet und 1240–70 durch das Kirchenschiff erweitert. Die Architektur verquickt romanische und gotische Elemente. Der noch nicht restaurierte Innenraum hat die zarte Ausstrahlung nordeuropäischer Kirchen und birgt einige fast verblasste Wandmalereien aus dem 13. Jh. Oberhalb der Kirche stehen die Ruinen der mächtigen Burg, die die Ordensritter nach der Eroberung Estlands 1227 errichteten.

Über Kõljala gelangt man ca. 18 km nordöstlich der Inselhauptstadt zu den legendenumrankten Meteoritenkratern von **Kaali** (Kaali kraaterjärv). Die wissenschaftliche Seite des Naturphänomens dokumentiert das Museum im Besucherzentrum (Tel. 459 11 84, Juni–Aug. tgl. 9–20 Uhr, sonst nach Vereinbarung). Hier schlug wahrscheinlich um 700 v. Chr. ein Eisenmeteorit ein und hinterließ einen 16 m tiefen und 110 m breiten Krater, dessen Grund sich mit Wasser gefüllt hat, sowie acht kleinere Krater.

Kuressaare (Arensburg), seit Mitte des 19. Jh. ein beliebter Kurort, verströmt den Charme einer skandinavischen Sommerfrische. Die Kleinstadt hat sich rund um die imposante **Bischofsburg** (Piiskopilinnus) aus dem Jahr 1260 entwickelt, in der heute das **Saaremaa-Museum** (Lossihoov 1, Tel. 455 75 42, www.saaremaamuuseum.ee, Mai–Aug. tgl. 10–18, Sept.–April Mi–So 11–18 Uhr) die Burg- und Inselgeschichte darstellt. Für deutschsprachige Besucher ist es ein besonderes Vergnügen, weil zahlreiche Schriftstücke in Deutsch verfasst sind. Die besterhaltene mittelalterliche Burg des Baltikums ragt hinter massiven Wallanlagen und Bastionen auf. Zwei Türme, der *Sturvolt* im Nordwesten und der *Lange Hermann* (29 m) im Nordosten der vierseitigen Anlage sowie die wenigen schmalen Fenster verstärken den Festungscharakter und lassen erahnen, welche Widerstände die Eroberer des Landes zu überwinden hatten. Mehr als 200 Jahre blieb die Burg in deutscher Hand und diente als Residenz der Bischöfe von *Ösel-Wiek*. Im Livländischen Krieg verkaufte der Bischof 1559 sein Bistum samt Insel und Burg an Dänemark. Als im 17. Jh. fast die gesamte Ostseeküste unter schwedische Herrschaft geriet, begann auch in Saaremaa (1645) die schwedische Epoche. Die Burg wurde weiter ausgebaut, verlor aber schon bald ihre strategische Bedeutung und diente als Kornspeicher. Im Innern tritt ihre strenge gotische Architektur hervor, etwa im großartigen *Festrefektorium*, dessen Kreuzrippengewölbe sich auf achteckige Pfeiler stützt.

TOP TIPP

Das nahe gelb-weiße, aus Holz gebaute **Kurhaus** (Kuurhoone, Lossipargi 1) hingegen versetzt einen mit Café, Restaurant und Kurkonzerten in die Tschechow-Zeit. Erst Ende der 1980er-Jahre rekonstruierte man die Kuranlagen, die unter den Russen jegliche Bedeutung verloren hatten. Kuressaares **Rathaus** (Raekoda, Tallinna tänav 2), ein kompakter Bau mit Walmdach, entstand in der zweiten Hälfte des 17. Jh. im verhaltenen nordischen Barockstil. Gegenüber, am Hauptplatz der Stadt, liegt das **Haus der Gewichte** (Vaekoda, Tallinna tänav 3) von 1666, das die Waage der Stadt beherbergte .

Die Halbinsel **Sõrve** ist mit ihren vielen Sand- und Steinstränden das reinste Badeparadies und im Landesinnern stehen noch einige der Bockwindmühlen, von denen es auf Saareema einst 800 gab.

Das Naturschutzgebiet **Viidumäe** (Viidumäe looduskaitseala, *Besucherzentrum in Audaku*: Juni–Aug. Mi–So 10–18 Uhr) im Westen der Insel beglückt vor allem Pflanzenkundler, denn in dem sumpfi-

Die Bischofsburg von Kuressaare heisst Museumsbesucher willkommen

gen, moorigen Gebiet gedeihen einige seltene, auch endemische Exemplare, wie der Saaremaa-Klappertopf (Rhinanthus osiliensis).

Noch spektakulärer zeigt sich die Natur im ca. 240 km² umfassenden **Vilsandi-Nationalpark** (Vilsandi Rahvuspark, www.vilsandi.ee, *Besucherzentrum im Gutshof Loona*, 5 km südlich von Kihelkonna: Tel. 454 65 10, www.camploona.ee) an Saaremaas Westküste. Zum Schutzgebiet gehören neben dem 9 km² großen Eiland Vilsandi über 100 kleinere Inseln. Hier lassen sich besonders gut Wasser- und Zugvögel sowie *Kegelrobben* beobachten. Man gelangt mit dem Boot von Papisaare oder bei niedrigem Wasserstand mit dem Lkw nach Vilsandi. Der Zutritt ist jedoch beschränkt.

Im Norden Saaremaas ist die bis zu 21 m hohe Glintküste bei **Panga** (Panga Pank) sehenswert. Einen majestätischen Anblick bieten aber auch die Schiffe, die auf der anderen Seite der Bucht den *Kreuzfahrthafen* Saaremaas (www.ts.ee) ansteuern.

Kunstfreunde kommen auf dem Weg zum Fährhafen Triigi, 50 km nördlich von Kuressaare, auf ihre Kosten. In **Karja** steht eine *Wehrkirche* aus dem 14. Jh., in der erstaunlicherweise christliche neben heidnischen Symbolen auftauchen. Nahe Karja, in **Angla**, sind von den ursprünglich neun Mühlen des Dorfes, die das Korn der hier ansässigen Bauern verarbeiteten, noch vier der inseltypischen Bockwindmühlen und eine Holländermühle (Mai–Mitte Sept. tgl. 10–18 Uhr) zu sehen.

800 Bockwindwühlen gab es auf Saaremaa, die frische Brise garantierte feinstes Mehl

i Praktische Hinweise

Information

Kuressaare Turismiinfokeskused, Tallinna 2, Kuressaare, Tel. 453 31 20, www.kuressaare.ee

Flughafen

Kuressaare Lennujaam, Roomassaare tee 1, Kuressaare (5 km südlich), Tel. 453 03 13, www.kuressaare-airport.ee

Häfen

Mõntu Sadam, Tel. 457 04 50, Fähr- und Jachthafen, Fähren von und nach Ventspils/Lettland, Fahrzeit: 4 Std.

Roomassaare Sadam, Tel. 453 36 19, Fähr- und Jachthafen südl. von Kuressaare, Fähren von und nach Ruhnu (Mai–Sept.), Fahrzeit: 2 Std.

Triigi Sadam, Tel. 457 32 03, Fähren von und nach Hiiumaa, Fahrzeit: 1 Std.

Fähren

AS Saaremaa laevakompanii, Kohtu 1, Kuressaare, Tel. 452 44 44, www.laevakompanii.ee.

Fahrradverleih

Bivarix, Tallinna mnt. 26, Kuressaare, Tel. 455 71 18

Hotels

*****Arensburg Boutique Hotel & Spa**, Lossi 15, Kuressaare, Tel. 452 47 00, www.arensburg.ee. Gediegenes Altstadt-Hotel, gute estnische Küche im Restaurant.

*****Ekesparre Residence Hotel**, Lossi 27, Kuressaare, Tel. 666 70 07, www.ekesparre.ee. Zehn luxuriös gestaltete Zimmer in der familiären Atmosphäre einer Jugendstilvilla mit Burgblick.

*****Georg Ots Spa Hotell**, Tori 2, Kuressaare, Tel. 455 00 00, www.gospa.ee. Kuressaares bestes Hotel direkt am alten Hafen verwöhnt mit einem vielseitigen Wellness-Programm.

Loona Mõis, Loona, Kihelkonna, Tel. 454 65 10, www.camploona.ee. Schmucker Gutshof mit Kaminzimmer, 20 Gästezimmer, Restaurant. Touren in den Vilsandi-Nationalpark.

Ein Blick über das Städtchen genügt, um von Haapsalu vollkommen begeistert zu sein

Pilguse Mõis, Jõgela, Lümanda vald, Tel. 454 54 45, www.pilguse.ee. Nettes Gästehaus im Gutshof. Hier wurde Fabian von Bellinghausen (1778–1852), bedeutender Seefahrer und Entdecker der Antarktis, geboren. Kanu- und Kajaktouren.

Restaurants

Sassimaja, Kuressaare mnt. 11, Leisi, Tel. 457 30 70. Urgemütliches Gasthaus mit einfacher Küche.

Veski trahter, Pärna 19, Kuressaare, Tel. 453 37 76, www.veskitrahter.eu. Die Taverne in einer Windmühle (*Veski*) serviert estnische Hausmannskost zu Seemannsliedern.

21 Haapsalu

Das Bilderbuchstädtchen lockt mit Schlammbädern wie zu Zarenzeiten.

Haapsalu ist eines der ältesten estnischen Strandbäder, 1825 wurde die Stadt dank des Heilschlamms aus der Ostsee zum Kurort erhoben. Die russischen Zaren suchten hier Ruhe und Erholung, ebenso prominente Gäste wie Peter Tschaikowski (1840–1893).

Anlässlich eines Zarenbesuchs wurde 1906 der **Bahnhof** errichtet, der wegen seiner Holzarchitektur sehenswert ist und das **Eisenbahnmuseum** (Raudteemuuseum, Raudtee 2, www.jaam.ee, Saison Mi–So 10–18, sonst 11–16 Uhr) beherbergt.

Inmitten eines Parks liegen die Ruinen der **Bischofsburg** (Piiskopilinnus, Lossipalts 3, tgl. 7–24 Uhr), deren Südflügel die **Domkirche** (Toom kirik, Mai/Sept. Di–So 10–18, Juni–Aug. tgl. 10–18 Uhr) aus dem 13. Jh. einbezieht. Sie ist die größte einschiffige Kirche des Baltikums. Im Innenraum verbinden sich Romanik und Gotik, etwa in den Kapitellen der Halbsäulen mit Rankendekor und Pflanzenmotiven sowie den Fenstern oder den Spitzbogenformen der Gurtbögen. Das angrenzende *Baptisterium* (1300) stellt in der nordeuropäischen Kirchenarchitektur eine Ausnahme dar. Hier ist Estlands berühmtestes Gespenst zu Hause. Die Legende der **Weißen Dame** besagt, dass sich im 14. Jh. ein Mönch in eine Dorfschönheit verliebt und sie als Chorjunge verkleidet in die Bischofsburg eingeschleust hatte. Der Schwindel flog auf: Der Domherr landete im Verlies, seine Angebetete mauerte man bei lebendigem Leibe ein. Seither zeigt sich die Dame bei Vollmond im August als weißer Schatten am Fenster der Taufkapelle – erwartet von Hunderten von Zuschauern. Kritische Geister wissen, dass ein besonders niedriger Mondstand und Lichtspiegelungen für die wundersame Erscheinung sorgen.

Da die kleine Stadt auf einer Landzunge vom Meer umspült wird, wird Haapsalu gerne als ›Venedig Estlands‹ apostrophiert. Aber es ist eher der ›Bullerbü-Charme‹, der in der Altstadt mit ihren bunt gestrichenen Holzhäuschen bezaubert. Diese inspirierten offensichtlich auch **Ilon Wikland** (*1930), die als Illustratorin der Kinderbuchautorin Astrid Lindgren bekannt wurde. Sie verbrachte die Sommer ihrer Kinheit in dem kleinen gelben Haus in der Linda tänav 6. Auch das im Juni 2006 eröffnete Museum **Ilons Wunderland** (Ilons Sagoland, Kooli 5, Tel. 4737065, Mai–Aug. tgl. 11–18, Sept.–April Mi–So 11–16 Uhr) entführt in die Bilderwelten der Schwedin, die 1944 mit ihrer Familie die estnische Heimat gen Schweden verließ. Die Geschichte ihrer Landsleute, die seit dem 13. Jh. im Westen Estlands lebten, erläutert das **Schweden-Museum** (Rannarootsi Muuseum, Sadama 31/32, www.aiboland.ee, Mai–Aug. Di–Sa 10–18, Sept.–April Di–Sa 11–16 Uhr) jenseits der Promenade im Norden der Stadt.

Die Promenade führt vom Afrikastrand (Aafrikarand), vorbei am **Kursaal** (Kuursaal, s.u.), einem schön verzierten Holzbau von 1898, zur **Tschaikowski-Bank**, auf der der russische Komponist oft saß und der Melodie des Meeres lauschte.

i Praktische Hinweise

Information

Turismiinfokeskused, Karja 15, Haapsalu, Tel. 4733248, www.haapsalu.ee

Schiff

Rohuküla Sadam, Hafen etwa 11 km außerhalb von Haapsalu. Fähren nach Hiiumaa (AS Saaremaa laevakompanii, Tel. 4524444, www.laevakompanii.ee) sowie Vormsi (Kihnu veeteed, Tel. 443 1069, www.veeteed.com) tgl. mehrmals.

Hotels

***__Baltic Hotel Promenaadi__, Sadama 22, Haapsalu, Tel. 4737250, www.promenaadi.ee. Einfache, aber komfortable Zimmer mit toller Aussicht aufs Meer.

Kongo, Kalda 19, Haapsalu, Tel. 4724800, www.kongohotel.ee. Holzvilla am Wasser mit sehr gutem Restaurant.

Restaurants

Blue Holm, Sadama 9/11, Haapsalu, Tel. 4724400, www.laine.ee. Im Restaurant des Laine Spa Hotels genießt man internationale Küche bei schönem Meerblick.

Kuursaali Suvekohvik, Promenaadi 1, Haapsalu, Tel. 4757500, www.haapsalukuursaal.ee. Das Kurhaus bietet gute Fischküche am Meer (Okt.–April geschl.).

22 Hiiumaa

Die ›leere Insel‹ im Schutz der Sandbanken inspiriert heute Musiker und Schriftsteller.

Hiiumaa ist mit rund 1000 km² die zweitgrößte Insel des Landes, aber spärlich besiedelt. Nur etwa 11000 Menschen leben hier permanent. Im Sommer kommen neben ein paar Touristen die estnischen Schriftsteller auf das wegen seiner Ruhe geschätzte Eiland – bis vor Kurzem noch angeführt vom bekanntesten Literaten des Baltikums *Jaan Kross* (1920–2007). Hiiumaa ist noch immer unentdecktes Terrain zwischen Sand und Wacholder. ›Leere Insel‹ nannte man Hiiumaa bis ins 13. Jh. Hauptsehenswürdigkeit der Insel ist der Gutshof in **Suuremõisa** (Juni–Sept. Mo–Fr 10–16 Uhr). Das spätbarocke Anwesen gehörte der Adelsfamilie *Ungern-Sternberg* und entstand in seiner heutigen Form in den 1750er-Jahren. Heute nutzt eine Schule die Gebäude. Die Kirche im schönen Park stammt aus dem 13. Jh. und birgt eine mit Steinskulpturen geschmückte Kanzel.

Der Hauptort der Insel liegt im Norden. **Kärdla** ist mehr der Natur verbunden als dem urbanen Leben. Ein kurzes wirtschaftliches Aufblühen brachte im 19. Jh. die Tuchfabrik der Ungern-Sternbergs, die 1941 zerstört wurde – ein Denkmal und einige typische Arbeiterunterkünfte zeugen davon. Etwa 10 km hinter Kärdla, auf dem Weg nach Körgessaare, erhebt sich der **Kreuzberg** (Ristimägi). Auf einer Sanddüne stehen Tausende von Kreuzen. Der Brauch, hier Kreuze aufzustellen, geht auf das Jahr 1781 zurück. Im Vertrag von Nystad 1720, der den Nordischen Krieg zwischen Schweden und Russland beendete, hatte Schweden Hiiumaa an den russischen Zaren abgetreten. Peter der Große gestattete dem deutschbaltischen Adel in der Folge die Wiedereinführung der Leibeigenschaft, die in der Zeit der Schwedenherrschaft stark eingeschränkt worden war. Damit verschlechterten sich die Lebensbedingungen der schwedischen Siedler erheblich. Um der Fron zu entgehen, brachen im Jahr 1781 1200 Schweden in die Ukraine auf, wo ihnen Zarin Katharina die Große Land zugewiesen hatte. In den Dünen hielten sie nochmal einen Gottesdienst ab. Die letzten Schweden verließen die Insel, als Baron Ungern-Sternberg 1810 ihre Höfe zu seinem Eigentum erklärte.

›Der Dicke‹ auf der Halbinsel Kõpu im Westen Hiiumaas hilft alle Untiefen zu umschiffen

Leuchttürme markieren die Küste, der größte und älteste steht in **Kõpu** (Kõpu Tuletorn) auf einer 63 m hohen Düne. ›Der Dicke‹ aus dem 16. Jh. bietet einen hervorragenden Blick über die Halbinsel Kõpu im Westen Hiiumaas, vor deren Nordküste die gefährliche Hiiu-Sandbank umschifft werden muss. Die meisten Touristen fahren in den Süden der Insel.

TOP TIPP Südlich von **Käina** ist Hiiumaa durch zwei Dämme mit **Kassari** verbunden. Die 8 km lange Nachbarinsel bietet weiße Kieselstrände am smaragdgrünen Meer. Und die Findlinge liegen noch genauso da, wie sie dem Riesen Leiger aus der Hand gefallen sind.

Praktische Hinweise

Information

Turismiinfokeskused, Hiiu 1, Kärdla, Tel. 462 22 32, www.hiiumaa.ee

Flughafen

Kärdla Lennujaam, Tel. 463 13 81, www.airport.hiiumaa.ee

Häfen

Heltermaa Sadam, 24 km östl. von Käina, Tel. 463 16 49. Fähren von und nach Rohuküla auf dem Festland, Fahrzeit: 90 Min.

Sõru Sadam, 45 km südl. von Käina, Tel. 463 16 49. Fähren von und nach Triigi auf Saaremaa, Fahrzeit: 1 Std.

Fähren

AS Saaremaa laevakompanii, Kohtu 1, Kuressaare, Tel. 452 44 44, www.laevakompanii.ee. Bedient sowohl die Rohuküla- als auch die Triigi-Verbindung.

Hotels

*****Hotell Liilia**, Hiiu mnt. 22, Käina, Tel. 463 61 46, www.liiliahotell.ee. Nettes Hotel mit guter Küche.

*****Lõokese Spa Hotell**, Lõokese 14, Käina, Tel. 463 61 46, www.lookese.ee. Hübsches Schwesterhotel des Liilia mit Pool (Sept.–April nur Gruppen).

Padu Hotell, Heltermaa mnt. 22, Kärdla, Tel. 463 30 37, www.paduhotell.ee. Man wohnt in skandinavisch eingerichteten Holzhäusern.

Restaurant

Rannapaargu, Lubjaahju 3, Kärdla, Tel. 463 20 53, www.rannapaargu.ee. Restaurant direkt am Meer.

Ob der Riese Leiger wohl diese Steine verlor?

Lettland – Latvija

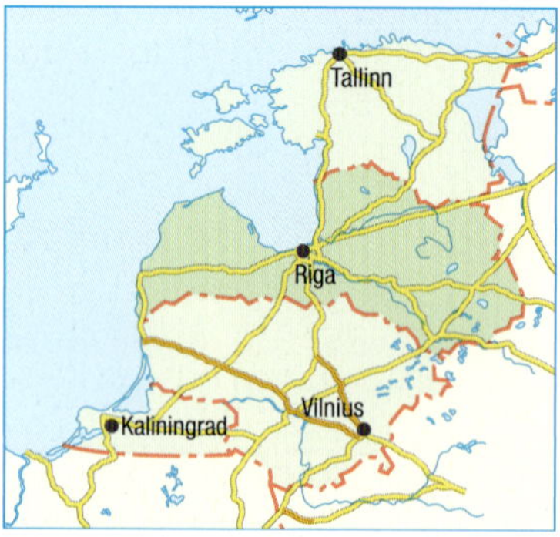

Lettland ist mit 64 600 km² nach Litauen die zweitgrößte der Baltenrepubliken. Die 494 km lange Ostseeküste im Westen des Landes schwingt in einem großen Bogen zur **Rīgaer Bucht** aus. Im Norden grenzt das Land an Estland, im Süden an Litauen, im Osten an Russland und Weißrussland. Das Klima ist typisch für den Norden: Die Sommer sind kurz, trocken und warm und die Nächte hell, die Winter lang und bitterkalt. Die *weißen Nächte,* wenn die Sonne um die **Mittsommernacht** am 23. Juni herum kaum untergeht, feiern die Letten, wie sie die Melancholie der dunklen Jahreszeit vertreiben – mit Liedern und Tänzen. Sie sind begeisterte Sänger und haben über zwei Millionen Lieder zur Auswahl, die *Dainas*, traditionelle, meist vierzeilige Volkslieder.

Nicht einmal 60 Prozent der 2,3 Mio. Einwohner Lettlands sind Letten, über ein Drittel der Bevölkerung sind **Russen**, **Weißrussen** und **Ukrainer**. In **Rīga**, der lettischen Hauptstadt und größten Stadt des Baltikums mit rund 713 000 Einwohnern, sind die Letten mit etwa 40 Prozent in der Minderheit. Der hohe russische Bevölkerungsanteil vor allem in den Städten ist eine Folge der jüngeren Geschichte. Der Zweite Weltkrieg und die sowjetische Besatzung dezimierte die

lettische Bevölkerung nach 1940 durch Deportation, Flucht und Aussiedlung um etwa 30 Prozent. Dafür wurden Sowjetbürger aus dem Osten angesiedelt. In **Rīga**, **Ventspils** oder **Daugavpils** gibt es heute regelrechte Parallelwelten mit russischen Theatern, Zeitungen, Buchläden, Kirchen und Restaurants – man sollte unbedingt Pelmeni, Piroggen und Blini probieren. Fast 400 000 Russen besitzen keinen lettischen Pass, viele sind des Lettischen nicht mächtig, aber ein Sprachtest ist die Voraussetzung für die Staatsbürgerschaft. Schließlich war insbesondere die Sprache während der sowjetischen Okkupation das einigende Band der Letten.

Knapp die Hälfte der Bevölkerung lebt in einer der großen Städte wie Rīga, Daugavpils, Ventspils, Jelgava. Dort sind fantastische **Jugendstilbauten** und trutzige **Ordensburgen** zu besichtigen. Abseits davon fasziniert das Land mit der Wucht und Magie ungezähmter Natur. Die vier Provinzen Zemgale (Semgallen), Kurzeme (Kurland), Vidzeme (Livland) und Latgale (Lettgallen) sind nur dünn besiedelt. Entlang der Ostsee locken einsame **Sandstrände** von berauschender Schönheit, bekannt sind die von Jūrmala und Liepāja, zum Sonnenbaden und Schwimmen. Schnurgerade leere Straßen – Lettland hat die geringste Verkehrsdichte Europas – führen durch das waldreiche Landesinnere. Zwischen Kiefern, Lärchen und Birken breiten sich Wiesen aus, über die vielerorts Störche schreiten. Hier und da leuchten bunt gestrichene Holzhäuser in der Ferne. Viele Menschen auf dem Land bewirtschaften ihre Gärten sowie kleine Felder für den Eigenbedarf und vermieten Zimmer an Feriengäste. Einige Privatunterkünfte bieten nicht bloß selbst gemachte Marmeladen, sondern auch **Kanutouren** und **Ausritte**, etwa durch die wildromantischen Flusstäler der Gauja und der Daugava (Düna). Im Gegensatz zu ihren estnischen Nachbarn haben die Letten erst nach dem *EU-Beitritt* 2004 einen nennenswerten wirtschaftlichen Aufschwung erlebt. Neben der traditionellen Holzindustrie gewinnt der Dienstleistungssektor zunehmend an Bedeutung.

Oben: *Die Letten sind die Blumenkinder des Baltikums – auch in der Mittsommernacht*
Links: *Betörend schöne Küstenlandschaft im westlettischen Slītere-Nationalpark*

Rīga und Zemgale – Metropole zwischen Ostseeträumen und Landschlössern

In **Rīga** schlägt das Herz des Baltikums, die lettische Hauptstadt boomt. Besucher fasziniert vor allem die Fülle von Architekturdenkmälern aller Epochen und Stile. Berühmt ist das prunkvolle **Jugendstilviertel** um die *Alberta iela* und die sorgfältig sanierte **Altstadt**, die seit 1997 zum *UNESCO-Weltkulturerbe* gehört. Wer auf den Spuren der Vergangenheit durch Rīga wandelt, entdeckt aber auch moderne Cafés und feine Restaurants mit Speisen aus aller Welt. Doch das Leben in Rīga ist teuer. Der **Zentralmarkt** erfreut sich also nicht nur wegen seiner grandiosen Architektur, sondern auch aufgrund des bunten Warenangebots großer Beliebtheit. Vom Turm der **Petrikirche** kann man bei klarer Sicht über die Stadt beiderseits der **Daugava** (Düna) bis zur Ostsee blicken. Dort lockt der Badeort **Jūrmala** mit seinen Sandstränden.

Von Rīga lassen sich aber auch wunderbare Ausflüge in die Provinz südlich der Hauptstadt machen – nach **Zemgale**. In der fruchtbaren Semgallischen Tiefebene finden sich die glanzvollen Hinterlassenschaften des kurländischen Herzogs Ernst Johann von Biron – wie das ›Klein-Versailles‹ genannte **Schloss Rundāle** aus dem 18. Jh. Die Burgruine in **Bauska** vermittelt einen Einblick in die nicht weniger prächtige Wohnkultur des Deutschen Ordens.

23 Rīga

Zwischen Backsteingotik und Jugendstilbauten herrscht Aufbruchstimmung.

Seitdem Lettland 1991 die Unabhängigkeit wieder erlangte, ist Rīga die Hauptstadt der lettischen Republik und mit fast 900 000 Einwohnern, die in ihrem Einzugsgebiet leben und arbeiten, die größte Stadt des Baltikums. Wichtiger Wirtschaftsfaktor der Metropole an der Daugava (Düna) ist der modern ausgebaute Container- und Fährhafen.

Geschichte Der Bremer Bischof *Albert von Bonhoeveden* (ca. 1165–1229) landete 1200 mit einem **Kreuzfahrerheer** an der Daugava-Mündung. Ein Jahr später gründete er die Stadt Rīga und 1202 zu deren Schutz sowie für weitere Eroberungen im Baltikum den **Schwertritterorden**. Der-

Vom Turm der Petrikirche hat man die Metropole an der Daugava bestens im Blick

maßen gesichert bot Rīga als Hafen und Handelsplatz auch deutschen Kaufleuten ein Tor zum Osten. 1282 trat Rīga der **Hanse** bei. Durch den wirtschaftlichen Erfolg wurden die Rīgaer Bürger immer selbstbewusster, sodass es wiederholt zu Auseinandersetzungen mit dem Bischof und dem Orden kam. Die deutsche Oberschicht der Kaufleute prägte das Stadtbild nachhaltig, sie ließ Kirchen, Handelskontore, Speicher, Bürger- und Gildehäuser errichten. Die Deutschen gaben den Ton in der mittelalterlichen Gesellschaft an, und obwohl Lettland später zu Polen (1581–1621), dann zum schwedischen Königreich und ab 1710 zu Russland gehörte, blieb Deutsch bis 1891 die Amtssprache und Rīgas Gesetzgebung dem *Hamburger Stadtrecht* nachempfunden.

Bis ins 19. Jh. spielten die Letten eine untergeordnete Rolle in ihrer Heimat, doch nun wuchs das Bedürfnis nach Emanzipation und Selbstbestimmung. In Rīga erschienen erste lettische Zeitungen, es bildete sich eine intellektuelle Elite heraus. 1873 fand in Rīga das erste lettische **Sängerfest** statt. Die Bevölkerung war inzwischen aufgrund der zunehmenden Industrialisierung und prosperierenden Wirtschaft sprunghaft angestiegen – Ende des 19. Jh. löste Rīga mit etwa einer halben Million Einwohnern Vilnius als die drittgrößte Stadt des Zarenreiches nach Moskau und St. Petersburg ab. Vor der Altstadt fielen die Wälle und wurden durch Parks und Boulevards ersetzt. In der Rīgaer Neustadt entstanden anstelle alter, kleiner Holzbauten ganze Straßenzüge mit Wohnhäusern in üppigem *Jugendstil* – gleichsam künstlerischer Ausdruck des nationalen Aufbruchs. Rīga wurde 1918 Hauptstadt des lettischen Nationalstaates, der aber nur gut 20 Jahre seine Unabhängigkeit wahren konnte. Zu Beginn des Zweiten Weltkriegs besetzten erst die Sowjets, dann die Deutschen und schließlich wieder die Sowjets die Stadt. Dabei wurden vor allem in der Altstadt viele Bauten zerstört. Erst in den 1980er-Jahren begann der systematische, umfassende Wiederaufbau. Gleichzeitig formierte sich eine neue Unabhängigkeitsbewegung und am 21. August 1991 wurde in Rīga die **Unabhängigkeit** Lettlands verkündet.

Nach wie vor ist das sowjetische Erbe präsent, partizipieren nicht alle an Freiheit und neuem Wohlstand. Viele Rentner sind darauf angewiesen, ihre kleine Rente durch Arbeit z.B. als Straßenbahnschaffner, Marktfrau oder Parkplatzwächter aufzubessern. Triste Plattenbausiedlungen, schäbige Holzhäuser, unasphaltierte Straßen, hoher Wodkakonsum – die andere Seite der Boomtown – fernab der touristischen Pfade in den Vororten.

In einer hellen Sommernacht kennen die Restaurants am Domplatz keine Sperrstunde

Besichtigung Während in der Altstadt die Sehenswürdigkeiten nah beieinander liegen, ist die Neustadt mit ihren Boulevards recht weitläufig. Man sollte für die Besichtigung jeweils einen Tag einplanen – und sich auch für einen Ausflug zum etwas abseits gelegenen Zentralmarkt genügend Zeit nehmen.

Die Altstadt

Die Rīgaer Altstadt zeigt auf engem Raum bemerkenswert viele Stile, von der Romanik und Gotik über die Renaissance, den Barock und Klassizismus bis zum Historismus. Dominierendes Bauwerk auf dem zentralen Domplatz (Doma laukums) ist der **Dom** 1 (Rīgas Doms, www.doms.lv, Mai–Sept. Sa–Di, Do 9–18, Mi/Fr 9–17, Okt.–April tgl. 10–17 Uhr), der größte Sakralbau des Baltikums. Die gewaltige, mehrfach umgebaute *Backsteinkirche* spiegelt die verschiedenen im Baltikum wirksamen ästhetischen Einflüsse der Gotik, der Renaissance und des Barock wider.

1211 legte Bischof Albert den Grundstein zur dreischiffigen Basilika, deren architektonische Strenge den Zisterzienserbauten verwandt ist. Das prachtvoll mit Reliefs geschmückte Nordportal hingegen verweist auf die rheinische Schule – Architekt des Domes war denn auch der *Meister von Köln*. In der zweiten Hälfte des 13. Jh. fügte man dem Dom Kapitelsaal und Kreuzgang an, 1778–87 schuf man ferner über dem Kapitelsaal die Räume für die städtische Bibliothek.

Die *Inneneinrichtung* des Doms ging größtenteils während der Reformation verloren. Sehenswert sind die wunderschöne barocke Kanzel und die mit einem Prospekt von 1601 verzierte *Walcker-Orgel* von 1884. Ein Orgelkonzert im Dom zählt zu den Klassikern einer Baltikumreise, denn die Orgel mit ihren 6718 Pfeifen und 124 Registern über 9 Oktaven bietet ein einzigartiges Klangerlebnis. In der *Krypta* des Doms ruhen der Stadtgründer Bischof Albert und der Missionar Meinhard (?–1196), der um 1180 an der lettischen Küste gelandet war.

In dem sich an den Dom anschließenden **Kloster** sind Kapitelsaal, Kreuzgang und frühgotische Sakristei zu bewundern. Über dem Kreuzgang befindet sich das **Museum für Stadtgeschichte und Seefahrt** (Rīgas vēstures un kuģniecības muzejs, Palasta 4, Tel. 67356676, www.rigamuz.lv, Mai–Sept. tgl. 10–17, sonst Mi–So ab 11 Uhr), die älteste Sammlung Rīgas. Vor 1773 war im Kloster die erste weltliche Hochschule Rīgas ansässig. Sie war nach der Reformation 1523 aus der im 14. Jh. gegründeten Domschule hervorgegangen. Hier lehrte *Johann Gottfried Herder* (1744–1803) ab 1764 fünf Jahre lang und sammelte als Erster lettische Volkslieder.

Das **Herder-Denkmal** 2 (Herderas piemineklis) erinnert an den humanistischen Philosophen und Dichter, den die Letten bis heute verehren, u.a. weil er 1778/79 einige ihrer Volkslieder in seine ›Auswahl von Liedern aller Völker‹ aufnahm.

Vom **Domplatz** gelangt man über die Jēkaba iela in die Mazā Pils iela. Linker Hand schmiegen sich drei Häuser aneinander, die unter dem Namen **Drei Brüder** 3 (Trīs brāļi) bekannt sind – in Anlehnung an die Drei Schwestern in Tallinn [S. 25]. Das pittoreske Ensemble entstand zwischen dem 15. und 18. Jh. Das rechte Gebäude (Nr. 17) mit Mantelschornstein, gotischen Nischen und Staffelgiebel ist das älteste Wohnhaus der Stadt. Allein wegen der historischen Räumlichkeiten lohnt ein Besuch des hier beheimateten **Architekturmuseums** (Latvijas Arhitektūras muzejs, www.archmuseum.lv, Mo 9–18, Di–Do 9–17, Fr 9–16 Uhr).

Ganz in der Nähe, am Fluss, liegt das **Schloss** 4 (Rīgas pils). Die Ordensritter errichteten ihre neue Residenz an dieser Stelle außerhalb der Stadtmauern, nachdem die selbstbewussten Rīgaer Bürger 1297 ihre Burg im Zentrum der mittelalterlichen Altstadt zerstört hatten. Im Jahr 1448 rebellierten die Bürger abermals gegen die Macht der Ordensritter. Anschließend wurde das schwer beschädigte Schloss um den mächtigen *Heiliggeistturm* und den *Bleiturm* ergänzt, die bis heute die Anlage akzentuieren. Die Einfahrt wurde im 16. Jh. mit Reliefs im Renaissancestil geschmückt. 1783 fügte man einen Flügel in frühklassizistischen Formen an. Heute ist das Schloss Sitz des *lettischen Staatspräsidenten*. Gleichwohl sind Teile des Komplexes der Öffentlichkeit zugänglich. So dokumentiert das sehenswerte **Historische Museum Lettlands** (Latvijas nacionālais vestures muzejs, Pils laukums 3, www.history-museum.lv, Di–So 10–17 Uhr) die wechselvolle Landesgeschichte.

Über die Torņa iela gelangt man zum **Arsenāls** 5 (Zeughaus, 1, www.lnmm.lv, Di, Mi, Fr 12–18, Do 12–20, Sa/So 12–17 Uhr). Interessanter als die hier ausgestellten Werke zeitgenössischer lettischer Künstler wie Jānis Pauluks oder Maija Tabaka, sind die sichtbaren Reste der Stadtmauer und des um 1500 erbauten Jungfrauenturms, die beim Bau des ehemaligen Waffenlagers 1828 integriert wurden.

Das **Haus der Livländischen Ritterschaft** 6 (Jēkaba iela) gleich hinter dem Arsenāls ist ein Werk des *Historismus*. Der Rīgaer Architekt *Jānis Baumanis* (1834–91) verarbeitete in seinen Entwürfen Formen der florentinischen Renaissance. In dem Gebäude tagt, wie schon 1919–34, seit 1991 das lettische *Parlament* (Saeima).

An der Ecke Torņa/Aldaru iela stößt man auf Reste der einstigen Stadtbefestigung. Das **Schwedentor** 7 (Zviedru vārti), das die Schweden 1698 durch ein mittelalterliches Wohnhaus brachen, ist das einzige erhaltene von einst 25 Stadttoren. Auch der imposante **Pulverturm**

Trautes Beieinander in frischem Glanz: die ›Drei Brüder‹ in der Māza pils iela

8 (Pulvertornis, Smilšu iela 20) belegt, wie mächtig die Anlage war, die Rīga früher umgab. Im Mittelalter sicherten 28 solcher Türme die Stadt. Heute zeigt hier das informative **Kriegsmuseum** (Latvijas Kara muzejs, www.karamuzejs.lv, tgl. 10–17 Uhr) Waffen und Dokumente vom Unabhängigkeitskampf der Letten.

Die Meistaru iela führt zum parkähnlichen Līvu laukums (Livenplatz) und den Gildehäusern. Die *Gilden* stellten im gesellschaftlichen Leben vom 13.–20. Jh. wichtige Institutionen dar. Deutschstämmige Kaufleute, Juweliere und Schriftgelehrte waren in der Großen Gilde, Handwerker in der Kleinen Gilde organisiert. Letten und Liven hatten keinen Zutritt. Davon erzählt auch das **Katzenhaus** 9 (Kaķu māja), das ein lettischer Kaufmann 1909 gegenüber dem Haus der Großen Gilde erbaute, nachdem ihm diese die Aufnahme verweigert hatte. Eine der zwei Katzen auf dem Dach zeigte den Gildebrüdern unverschämt das Hinterteil. Die empörten deutschen Kaufleute handelten daraufhin mit dem Letten einen Kompromiss aus: Man würde ihn aufnehmen, wenn er die Katze umdrehe.

Das **Haus der Großen Gilde** 10 (Lielā Ģilde, Amatu iela 6) beherbergt heute die Lettische *Philharmonie* (Tickets: Tel. 67 21 36 43, www.lnso.lv). Ältester Raum ist der Münster-Saal von 1330, hier trafen sich einst die Kaufleute der Stadt. Der Leitspruch am Eingang, 1753 in Stein gehauen, ermahnt in protestantischer Schlichtheit: ›Verjagt den Eigennutz und seinen Sohn, den Neid. Verbannt Üppigkeit und Pracht aus Euren Mauern‹. Mitte des 19. Jh. bekam das Haus eine Fassade im Neotudorstil. Das **Haus der Kleinen Gilde** 11 (Mazā Ģilde, Amatu iela 5, Tel. 67 22 37 72, www.gilde.lv/maza, Führungen nach Bedarf: Juni–Aug.) auf der anderen Straßenseite wurde 1864–66, auch im Neotudorstil, erbaut und diente den Handwerkern

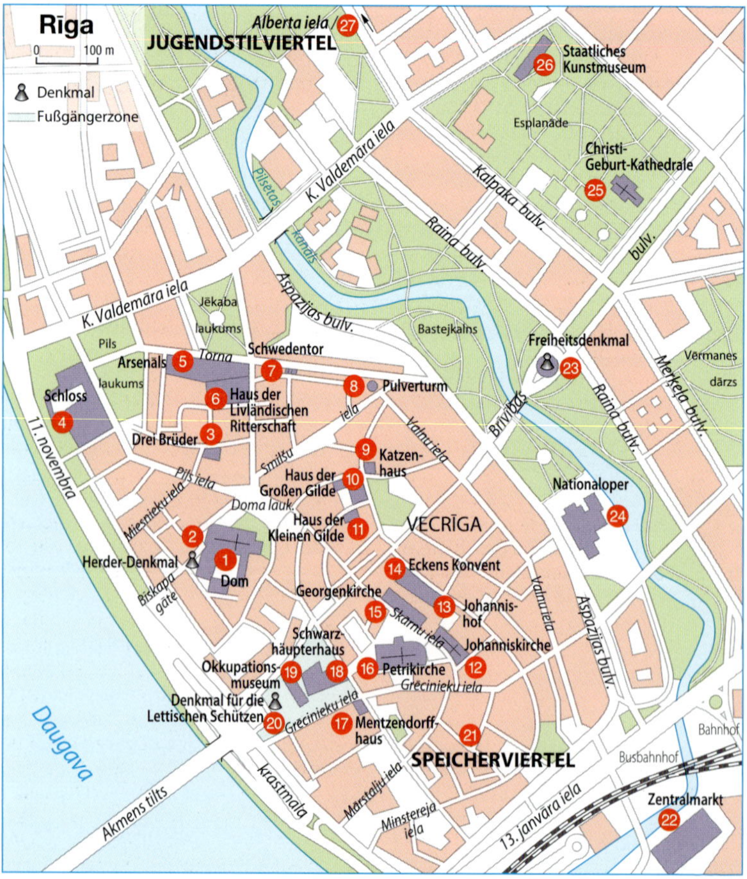

als Versammlungsort. Zuweilen finden hier Konzerte statt.

Durch die Šķuņu und die Skārnu iela kann man bis zur **Johanniskirche** 12 (Jāna baznīca) schlendern. Ursprünglich wurde sie 1234 als Kapelle eines Dominikanerklosters errichtet. Heute erscheint die Kirche im Wesentlichen als spätgotischer Bau des ausgehenden 15. Jh. Mit dem in Rīga einzigen Treppengiebel an einem Sakralbau liefert sie ein schönes Beispiel der *Backsteingotik*. An der Südseite zur Skārņu iela markiert ein Kreuz die Stelle, an der sich Mitte des 15. Jh. zwei Mönche einmauern ließen und ihr Leben opferten – für einen segensreichen Bestand der Kirche. Andere Funde von aufrecht stehenden Skeletten in Kirchengemäuern belegen, dass dieser doch eher heidnischen Traditionen verpflichtete Opferbrauch in Lettland häufiger vorkam. Blickfang des schlichten Innenraums ist das aufwendige gotische Netzgewölbe und ein prachtvoller Barockaltar mit Holzfiguren der Apostel Petrus und Paulus, die der Lübecker Tischler *Karl Appelbaum* 1768 für die Kirche schuf. In der Sakristei hängt außerdem das Gemälde ›Christus am Kreuz‹ (1912) des lettischen Malers Jānis Rozentāls (1866–1916).

An die Kirche grenzt das ehemalige Gelände des Dominikanerklosters. Teile des alten Kreuzganges sowie ein hölzerner Wehrgang der alten Stadtmauer bilden den verwinkelten **Johannishof** 13 (Jāņa sēta), heute pittoresker Treffpunkt für Musiker und Maler, die ihre Gemälde den Passanten anbieten.

Der **Eckens Konvent** 14 (Konventa sēta) gleich nebenan diente nach seiner Fertigstellung 1435 zunächst als Nachtasyl. Ende des 16. Jh. wurde er auf Initiative des Rīgaer Ratsherrn Nikolai Ecke zu einem Witwenheim umgebaut, in dem bis 1939 wohlhabende Kaufmannswitwen lebten. Heute befinden sich hier neben einem Hotel Cafés und Geschäfte. An der Fassade hat sich ein bemerkenswertes Sandsteinrelief von 1618 erhalten, das ›Christus und die Sünderin‹ zeigt und wahrscheinlich das Werk eines niederländischen Meisters ist.

In die schöne mittelalterliche Häuserzeile der Skārņu iela schmiegt sich die frühere **Georgenkirche** 15 (Jura baznīca), in dessen Mauern das **Museum für Angewandte Kunst** (Dekoratīvi lietišķās mākslas muzejs, www.lnmm.lv, Di–So 11–17, Mi bis 19 Uhr)) zog. Das älteste Steinhaus Rīgas ist als Sakralbau kaum zu erkennen.

Zwei Nachwuchstalente musizieren zum Wohlgefallen aller vor der Petrikirche

Die 1205 erstmals erwähnte Kirche gehörte zur ersten Ordensburg, die Rīgas Bürger 1297 zerstörten. Sie überstand den Volkszorn zwar unbeschadet, wurde jedoch nach der Reformation als Lager und Speicher genutzt. Die Architektur ist weitaus interessanter als die dem lettischen Kunsthandwerk gewidmete Ausstellung.

Die **Petrikirche** 16 (Pētera baznīca, Di–So 10–18 Uhr) gegenüber bestimmt bis heute die Silhouette der Altstadt. Formen der **Backsteingotik** ergänzen sich mit barocken Elementen zu einer stattlichen Architektur. Die im Auftrag der stolzen Rīgaer Bürgerschaft errichtete Kirche weist nicht zufällig Parallelen zur norddeutschen Backsteingotik auf. Im ausgehenden 14. Jh. war der Rostocker Baumeister Johann Rumeschottel in Rīga tätig, der das Gotteshaus zur dreischiffigen Basilika und den Chor durch einen Kapellenumgang erweiterte. Der **Turm** der Petrikirche war mit 136 m der höchste der Stadt und löste in Rīga einen Wettstreit aus. Um nicht ins Hintertreffen zu geraten, sah sich der Bischof gezwungen, den Turm des Domes nachträglich um zwei Geschosse aufzustocken. Der Turm der

Hanseatisches Flair am Rathausplatz: das schmucke Schwarzhäupterhaus und der Roland

Petrikirche brach jedoch 1666 zusammen und wurde durch den oktogonalen Turm mit offener Galerie ersetzt, den man heute sieht. Man sollte unbedingt im Lift nach oben fahren, denn das Panorama Rīgas ist aus 121 m Höhe atemberaubend. Allerdings handelt es sich bei dem Turm nicht um das Original, denn als die Deutschen Rīga im Zweiten Weltkrieg bombardierten, wurde die Kirche völlig zerstört. Von der Inneneinrichtung konnten nur ein paar Gedenktafeln und Epitaphen gerettet werden, sodass man heute einen großen, nüchtern gestalteten Raum erlebt, in dem regelmäßig Wechselausstellungen stattfinden.

An der Ecke Kungu/Grēcinieku iela gewährt das **Mentzendorffhaus** 17 (Mencendorfa nams, www.mencendorfanams.com, Mi–So 11–17 Uhr) einen Einblick in die gehobene Wohnkultur der Rīgaer Kaufleute im 17. Jh. Vor allem die schönen Wandmalereien in den einzelnen Zimmer sind bemerkenswert.

Am Rathausplatz (Rātslaukums) fällt weniger das nach Plänen von 1750 wieder aufgebaute Rīgaer Rathaus ins Auge als

TOP TIPP

das berühmte **Schwarzhäupterhaus** 18 (Melngalvju nams, Mai–Sept. Di–So 10–17, sonst ab 11 Uhr) mit dem hohen Giebel und der schmucken Backsteinfassade. Dabei handelt es sich um eine glänzende Rekonstruktion. Das Schwarzhäupterhaus wurde bei den deutschen Bombenangriffen 1941 völlig zerstört und erst zum 800. Geburtstag Rigas 2001 wieder aufgebaut. Das ursprünglich 1334 als Neues Haus im gotischen Stil errichtete Versammlungshaus aller Gilden wurde zwischen dem 16. und 19. Jh. mehrmals umgebaut. Die Reliefs Mariens und des hl. Mauritius, des dunkelhäutigen Schutzpatrons der Schwarzhäupter, flankieren seit 1522 das Eingangstor, das die Formensprache der Renaissance erkennen lässt. Im 17. Jh. wurde die Fassade nach dem Vorbild flämischer Zunfthäuser manieristisch überarbeitet. Da die Gilde der unverheirateten Kaufleute, die *Compagnie der Schwarzen Häupter*, besonders aktiv war, ging das Gebäude bis 1721 nach und nach in deren Besitz über. Die ›dritte Gilde‹ war aus der Bruderschaft des hl. Georg hervorgegangen, der hier als Wetterfahne im Kampf mit dem Drachen auftaucht.

Im **Untergeschoss** des Schwarzhäupterhauses ist seine interessante Geschichte dokumentiert. Sehenswert ist auch der prächtige **Festsaal** mit seinem neobarocken Dekor. Neben Porträts schwedischer und russischer Herrscher sind die Büsten berühmter Komponisten zu sehen, die hier wie Richard Wagner oder Clara Schumann Konzerte gaben.

Auf den Rathausplatz zurückgekehrt ist auch der **Roland**, Zeichen der Freien Hansestadt Rīga. Von seiner Schwertspitze aus wurden früher die Entfernungen im Land gemessen. Der schwarze Klotz des **Okkupationsmuseums** 19 (Latvijas Okkupācijas muzejs, www.occupationmuseum.lv, Mai–Sept. tgl. 11–18, Okt.–April Di–So 11–17 Uhr), der aus Sowjetzeiten stammt, riegelt den Rathausplatz zur Daugava hin ab. Früher diente die Sammlung der Verherrlichung des Bolschewismus. Seit Lettlands Unabhängigkeit bemüht man sich, das Trauma der dreifachen Okkupation – Sowjetunion 1939, Deutschland 1941, wieder Sowjetunion 1944 – angemessen zu dokumentieren (ein Um- und Erweiterungsbau des Museums ist in Planung). Davor erinnert das **Denkmal für die Lettischen Schützen** 20 (Latviešu strēlnieku laukums) mit den drei riesigen Soldaten aus rotem Granit an die Freiwilligen, die mit den Bolschewiken für die Revolution kämpften.

Man kann nun entweder an der Daugava entlangmarschieren oder durch das **Speicherviertel** 21 mit *Dannensternhaus*, *Synagoge* und *Reuternhaus* bummeln, bis man jenseits der vielbefahrenen 13. Janvāra iela zum Zentralmarkt gelangt. Empfehlenswerter wäre ein morgendlicher Marktbesuch – z.B. vor der Besichtigung der Neustadt, die vom Markt mit Straßenbahn oder Trolleybus gut zu erreichen ist.

Die Zeppelinhallen

In der Nähe von Bahnhof und Busbahnhof breitet sich der **Zentralmarkt** 22 (Centrāltirgus, www.centraltirgus.lv, So/Mo 7–17, Di–Sa 7–18 Uhr) aus. Fünf Hallen, in denen die deutsche Armee im Ersten Weltkrieg eigentlich Zeppeline bauen wollte, werden seit 1930 als Markthallen genutzt. In der Architektur finden sich noch Anklänge an Jugendstil und Neoklassizismus. Zu kaufen gibt es scheinbar alles, wenn nicht in den Hallen, dann auf dem riesigen Areal darum herum: Käse, Honig, Pilze, eingelegte Gurken, Früchte, frische Fische und ganze Schweine sowie Schuhe, Reisetaschen und Souvenirs.

Neobarocker Glanz im prunkvollen Festsaal des Schwarzhäupterhauses

Sommerpause – nicht nur für die Nationaloper– am Stadtkanal im Bastejkalns-Park

Die Neustadt

Als Russland im ausgehenden 19. Jh. einen gewaltigen wirtschaftlichen und kulturellen Aufschwung erlebte, hatte Rīga teil daran. Ganze Eisenbahnladungen wurden im Hafen verschifft, der zu einem der bedeutendsten Umschlagplätze zwischen Ost und West avancierte. Das neue Rīga entstand östlich der Altstadt. Binnen weniger Jahre wurde zwischen der Elizabetes und Tallinna iela sowie der Hanzas iela und der Bahnlinie nach St. Petersburg das ›Reich der Schönheit‹ geschaffen. Allein für 1913 sind 210 drei- bis sechsstöckige Neubauten im Jugendstil belegt.

Anstelle des Mitte des 19. Jh. abgetragenen Stadtwalls wurde ein Grüngürtel, der **Bastejkalns-Park**, angelegt und der Wasserkanal wurde zum Stadtkanal (Pilsētas kanāls). Großzügige *Boulevards* folgen dem Bogen der Grünanlagen. Von der Alt- zur Neustadt führt der *Brīvības bulvāris*. Mittendrin wurde 1935 das **Freiheitsdenkmal** 23 (Brīvības piemineklis) aufgestellt. Die ›Mutter Lettlands‹ hält drei Sterne für die drei Landesteile Kurzeme, Vidzeme und Latgale in den Himmel. Es grenzt an ein Wunder, dass die nach der Frau ihres Schöpfers Kārlis Zāle auch Milda genannte 42 m hohe Statue noch steht, denn den Sowjets war sie ein Dorn im Auge. Doch scheinbar flößte Mildas Pathos selbst ihnen Respekt ein. Man findet immer frische Blumen am Denkmal, das für die Letten von größter Bedeutung ist. 1987 fand hier eine den *Opfern des stalinistischen Terrors* gewidmete Kundgebung statt – mit 5000 Menschen die größte nicht genehmigte Versammlung in der Geschichte Sowjetlettlands.

Im Süden des Boulevardbogens strahlt die blendend weiße klassizistische **Nationaloper** 24 (Latvijas Nacionālā Opera, Tel. 67073820, www.opera.lv, Führungen nach tel. Anmeldung), die 1863 als *Deutsches Theater* erbaut wurde und heute den Opern- und Ballettliebhabern große Freude bereitet. Auf dieser Bühne sammelte Ballettstar *Michail Baryschnikow*, der 1948 in Rīga geboren wurde, seine ersten Erfahrungen. Er ging später nach Moskau und emigrierte 1974 in die USA.

Im Esplanāde-Park auf der anderen Seite vom *Brīvības bulvāris* erhebt sich die orthodoxe **Christi-Geburt-Kathedrale** 25 (Kristus dzimšanas katedrāle, Brīvības bulv. 23). Der 1876–84 entstandene mächtige Kuppelbau wurde jahrzehntelang als *Planetarium* und *Haus des Wissens* zweckentfremdet. Heute ist die Kirche wieder der Mittelpunkt der russischen Gemeinde in Rīga. Durch die Grünanlagen gelangt man zum **Staatlichen Kunstmuseum** 26 (Valsts mākslas muzejs, K. Valdemāra iela 10a, www.lnmm.lv, Mi–Mo 11–17, Fr bis 20 Uhr), für das 1873 ein neobarocker Bau errichtet wurde. Die älteste Sammlung bildender Kunst in Lettland zeigt Werke baltischer und russischer Künstler des 18.–20. Jh. Ein besonderes Augenmerk gilt dem lettischen Maler *Jānis Rozentāls* [s.u.].

TOP TIPP Hinter der Elizabetes iela liegt das Rīgaer **Jugendstilviertel** 27. Die dichteste Konzentration schwungvoller Jugendstilbauten bietet die **Alberta iela**. In Haus Nr. 12, das 1903 nach Plänen des lettischen Architekten *Konstantīns Pēkšēns* erbaut wurde, lebten der lettische Schriftsteller *Rūdolfs Blaumanis* (1863–1908) und der Maler *Jānis Rozentāls* (1866–1916), in dessen Wohnung man ein kleines **Memorialmuseum** (Mi–So 11–18 Uhr) für beide Künstler eingerichtet hat. Im selben Gebäude ermöglicht seit 2009 ein **Jugendstilmuseum** (Rīgas Jūgendstila muzejs, Tel. 67181465, www.jugendstils.riga.lv, Di–So 10–18 Uhr) in sorgfältig restaurierten Räumen Einblicke in die Wohnnoblesse des Rīgaer Jugendstils.

Salaspils

22 km südöstlich von Rīga an der A6 liegt **Salaspils**, ein Ort des Schreckens. Nahe der Ortschaft ermordeten die Nazis im KZ Kurtenhof 1941–44 über 100 000 Menschen, darunter etwa 27 000 aus Rīga. ›Hinter diesem Tor stöhnt die Erde‹ heißt es auf dem Betonklotz am Eingang. Seit 1967 ist auf dem frei zugänglichen Gelände des Lagers eine Gedenkstätte mit vielen Betonmonumenten in sowjetischem Stil eingerichtet.

i Praktische Hinweise

Information

Rīgas Tūrisma Informācijas Centrs (TIC), Rātslaukums 6 (im Schwarzhäupterhaus), Rīga, Tel. 67 037900, www.rigatourism.com

Im Tourismusbüro erhält man auch die **Riga-Card**, die für 24, 48 oder 72 Stunden (10–18 Ls) einen Stadtrundgang, freien Zutritt zu vielen Museen, freie Fahrt mit den öffentlichen Verkehrsmitteln und einige Rabatte bietet.

Flughafen

Starptautiskā Lidosta Rīga, Tel. 29 31 11 87 (vom Ausland), 11 87 (im Land), www.riga-airport.com, 13 km südwestl. vom Stadtzentrum mit Bus 22.

Schiff

Rīgas Pasažieru Osta, Eksporta iela 3a, Rīga, Tel. 67 32 62 00, www.rigasbrivosta.lv. Fähre Riga–Lübeck/Travemünde (www.aveline.lv; es ist zzt. ungewiss, ob die Fähre ab Frühjahr 2011 wieder verkehrt).

Bahnhof

Centrālā Stacija, Stacijas laukums, Rīga, Tel. 11 81, www.ldz.lv

Busbahnhof

Rīgas Starptautiskā Autoosta, Prāgas iela 1, Rīga, Tel. 90 00 00 09, www.autoosta.lv. Busse u.a. nach Berlin, Tallinn, Vilnius, sowie in viele lettische Ortschaften.

Öffentliche Verkehrsmittel

Busse, Trolleybusse und Straßenbahnen (www.rigassatiksme.lv) verkehren tgl. 5.30–23.30 Uhr, außerdem gibt es einige Nachtlinien im Stundentakt. Tickets am Schalter, Kiosk oder beim Fahrer.

Taxi

Rīgas Taksometru Parks AS, Rīga, Tel. 83 83 und Tel. 67 33 16 55, www.rtp.lv

Die Letten lieben ihre Freiheit und halten sie entsprechend in Ehren

Jugendstil – das ›Reich der Schönheit‹

Die **Alberta iela** ist eine feine Adresse. Eine Adresse der Erker, Türmchen, Balkone und Säulen, der runden und elliptischen Fenster, der Medusenhäupter und Sphingen, der tragischen und dämonischen Masken, der Löwen und Volkshelden, der Blumen und Blätter, der Vasen und Amphoren, der Karyatiden und Atlanten – eigentlich müssten die Häuser stöhnen unter diesem Gewicht. Sobald man davor steht, verschlägt es einem für Momente die Sprache, bis sie sich in Superlativen entlädt. Schön, wunderschön, unglaublich schön! Ein Feuerwerk fantastischer Formen, das vor allem der Architekt *Michael Eisenstein* (1867–1921), der Vater des berühmten Filmregisseurs Sergej Eisenstein, an den Fassaden seiner Anfang des 20. Jh. errichteten Häuser (Nr. 2, 2a, 4, 6, 8 und 13) entzündet hat.

Die Jugendstilbauten sollten den Alltag zum **Fest der Sinne** werden lassen, eine Blumen und Blätter umschlungene Glanzwelt schaffen jenseits vom Dröhnen der Städte, der Industriebetriebe und des modernen Verkehrs. In Rīga war es nämlich im ausgehenden 19. Jh. wie in St. Petersburg, Berlin, Wien oder Paris großstädtisch laut geworden.

Allerdings beschränkt sich die Explosion der Formen in Rīga – anders als in Wien oder Barcelona fast nur auf die **Fassaden**, während die architektonische Gliederung der meisten Häuser traditionell, zweckmäßig bleibt. Der hiesige Jugendstil schafft eher eine Kulisse, als dass er die Bauten durchdringt. Dafür reichte offenbar die Zeit nicht.

Rīga hatte es mit seiner Modernität sehr eilig, ging sie doch mit der **nationalen Erweckung** des Landes einher. Architekten wie Vanags, Laube, Eisenstein, Pēkšēns, Alksnis, Pole, Bockslaff, Dohnberg oder Mandelstam suchten nicht allein den Anschluss an die künstlerischen Tendenzen in Europa, sondern bemühten sich gleichzeitig um architektonische und künstlerische Formen, die in der **lettischen Romantik** verwurzelt waren. Statt Linien erscheinen auf Rīgas Fassaden öfter Nadelbäume, die sonst so beliebten Schwäne haben den Eichhörnchen Platz gemacht. Dazwischen tauchen Riesen und andere Figuren aus den lettischen Mythen und Sagen auf. Die Fassaden rufen gleich Flugblättern zum nationalen Aufbruch. 1918 war es dann soweit: Der Zusammenbruch des Russischen und des Deutschen Reiches eröffnete den Weg in die staatliche Unabhängigkeit und erstmals in der Geschichte wurden die Letten Herren im eigenen Haus.

Nachtleben

B-bārs, Torna iela 4, Rīga, Tel. 67 21 44 94, www.bbars.lv. Trendige Bar, in der man sich abends trifft. Schickes Publikum.

Club Essential, Skolas iela 2, Rīga, Tel. 67 24 22 89, www.essential.lv. Edel-nightclub über drei Etagen, sehr hippes Publikum (tgl. ab 23 Uhr).

Depo, Valnu iela 32, Rīga, Tel. 67 21 13 74, www.klubsdepo.lv. Alternativer Musik-klub mit ambitionierten DJs.

Pulkvedim Neviens Neraksta, Peldu iela 26/28, Rīga, Tel. 67 21 38 86, www.pulkvedis.lv. Eine der angesagtesten Nachtbars der Stadt.

Hotels

*******Radisson Blu Daugava**, Kugu iela 24, Rīga, Tel. 67 06 11 11, www.radissonblu.com/hotel-riga. Großes Haus am linken Daugava-Ufer mit allem Komfort. Die Zimmer zum Fluss bieten sicher den schönsten Blick auf die Altstadt, den man in Rīga haben kann.

******Old City Boutique Hotel**, Teātra iela 10, Rīga, Tel. 67 35 60 60, www.oldcityhotel.lv. Boutiquehotel in der Altstadt mit stilvoll-individuellen Zimmern im historischen Trakt oder ansprechend modern designten Räumen im neuen Gebäudeteil.

*****Art Hotel Laine**, Skolas iela 11, Rīga, Tel. 67 28 88 16, www.laine.lv. Angenehme Unterkunft in der Rīgaer Neustadt.

*****Monte Kristo**, Kaleju iela 56, Rīga, Tel. 67 35 91 00, www.hotelmontekristo.lv. Elegantes, zentral gelegenes Hotel.

TOP TIPP **Ainavas**, Peldu iela 23, Rīga, Tel. 67 81 43 16, www.ainavas.lv. Kleines Boutique Hotel gehobener Klasse in der Altstadt, die 22 Zimmer sind geräumig und komfortabel ausgestattet. Sehr schöne Lounge.

Barons Hostel, Barona iela 25, Rīga, Tel. 29 10 59 39, www.baronshostel.com. Bed & Breakfast in der Nähe der Altstadt, nettes Publikum.

Ekes Konvents, Skārņu iela 22, Rīga, Tel. 67 35 83 93, www.ekeskonvents.lv. Sehr sympathisch geführtes und liebevoll ausgestattetes Familienhotel mit schiefen Wänden in der Altstadt.

Restaurants

Bergs, Bergs Bazaar, Elizabetes iela 83/85, Riga, Tel. 67 77 09 57, www.hotelbergs.com. Exquisite internationale Gerichte serviert das Restaurant des gleichnamigen Hotels in modernem Ambiente, im Sommer lockt die Sonnenterrasse.

Citi Laiki, Brīvības iela 41, Rīga, Tel. 29 11 88 19, www.citilaiki.lv. Rustikales Restaurant mit traditioneller lettischer Küche.

Galerija istaba, Kr. Barona iela 31 a, Rīga, Tel. 67 28 11 41. Einer Galerie angeschlossenes Café mit künstlerischem Publikum.

Lido Vērmanītis, Elizabetes iela 65, Rīga, Tel. 67 28 62 89, www.lido.lv. Preisgünstig und gut: Selbstbedienungs-Restaurant der lettischen Lido-Gruppe mit lettischen und internationalen Gerichten.

Rozengrals, Rozena iela 1, Rīga, Tel. 67 22 03 56, www.rozengrals.lv. Mittelalterlich gestyltes Restaurant in einem urigen Keller, deftige Speisekarte.

TOP TIPP **Vincents**, Elizabetes iela 19, Rīga, Tel. 67 33 28 30, www.restorans.lv. Eines der besten Restaurants der Stadt mit einem Starkoch, der Präsident der lettischen Slow-Food-Bewegung ist und schon für zahlreiche Berühmtheiten gekocht hat.

24 Jūrmala

Ostseeidylle mit feinsandigen Badestränden – der Norden von seiner schönsten Seite.

Bunte Holzhäuser, hingewürfelt in ausgedehnte Kiefernwälder, alte Bäder, Sandwege und feine Ostseestrände: Jūrmala hat viel von seinem alten Charme bewahrt. Da es nur 20 km von Rīga entfernt liegt, ist der Badeort an den Wochenenden das beliebteste Ausflugsziel der Hauptstädter. Die Stadt an der Rīgaer Bucht mit immerhin 55 600 Einwohnern entstand im Laufe des 19. Jh. aus mehreren kleinen Fischerdörfern.

Das am längsten besiedelte Gebiet ist **Ķemeri**, das in den Annalen erstmals 1561 auftaucht – als Land des Bauern *Kaspars Ķemeri*. Hier fand man schwefelhaltiges Quellwasser, dessen Heilwirkung sich schnell herumsprach. Im Sommer 1837 eröffnete dann die erste *Badeanstalt*, bereits einige Jahre später gab es eine direkte Bahnverbindung von St. Petersburg nach Kemeri. Noch heute kommen viele Russen nach Jūrmala, das seit der lettischen Unabhängigkeit ein regelrechter Bauboom ergriffen hat. Ķemeri ist davon weitgehend verschont geblieben, da der Ortsteil unter Naturschutz steht. Der **Ke-**

Sommerträume am Strand von Jūrmala in der Rīgaer Bucht

meri-Nationalpark (Ķemeru nacionālais parks, Besucherzentrum: Jaunķemeru ceļs, ›Meža māja‹, Ķemeri, Tel. 67146819, www.daba.gov.lv, Mai–Sept. geöffnet) mit kilometerlangen Wegen durch Moor- und Heidegebiet ist ein ruhiges Wanderareal.

Das Leben Jūrmalas tobt im Ortsteil **Majori**. In der **Jomas iela**, der Fußgängerzone und Flaniermeile, gibt es viele Restaurants, Hotels, Geschäfte und Cafés.

Ein Hauch vergangener Sommertage umweht das **Rainis-und-Aspazija-Museum** (Raiņa un Aspazijas vasarnīca, Jāna Pliekšāna iela 5/7, Mi–So 11–17 Uhr). Das Sommerhaus des Dichterehepaars Jānis Rainis (1865–1929) und Aspazija (1865–1943), die ihre Werke der nationalen Erweckung widmeten, gibt einen stimmungsvollen Einblick in die einstige Datschenkultur zu Beginn des 20. Jh. Jānis Rainis war auch Mitbegründer der sozialdemokratischen Partei und 1920 erster Kultusminister Lettlands. Nach dem Tod ihres Mannes lebte Aspazija im Ortsteil **Dubulti**, in dem sich das kleine **Aspazija-Museum** (Aspazijas māja, Meierovica prospekts 20, Di–Sa 11–17 Uhr) befindet. Das Holzhaus mit der hübschen Fassade gehört zu Jūrmalas **Stadtmuseum** (www.jurmalasmuzejs.lv, Mi–So 10–17, im Winter bis 18 Uhr), das in der Tirgoņu iela 29 eine sehenswerte Sammlung zur Geschichte des Strandortes zeigt.

Hinter Dünen und Kieferwäldern verborgen erstreckt sich ein enorm breiter, fast weißer und über 30 km langer TOP TIPP **Sandstrand**. Da er sanft in das flache türkisblaue Wasser der Rīgaer Bucht führt, ist er für Familien mit kleinen Kindern gut geeignet. Aber hier kann jeder nach seinem Geschmack glücklich werden – es findet sich immer auch ein stilleres Plätzchen für Sonnenanbeter.

i Praktische Hinweise

Information

Jūrmalas Tūrisma Informācijas Centrs (TIC), Lienes iela 5, Majori, Jūrmala, Tel. 67147900, www.jurmala.lv

Fahrradverleih

BalticBike, versch. Standorte in Jūrmala, Tel. 67788333, www.balticbike.lv. Nach dem Call-a-bike-System (online registrieren, anrufen, mit Kreditkarte bezahlen).

Hotels

*****__Baltic Beach Hotel__, Jura iela 23/25, Majori, Jūrmala, Tel. 67771400, www.

balticbeach.lv. Luxushotel am schönsten Strand von Jūrmala, die meisten Zimmer mit Seeblick.

****Eiropa, Juras iela 56, Majori, Jūrmala, Tel. 67762211, www.eiropahotel.lv. Hotel in einem restaurierten Holz- und einem Neubau etwa 100 m vom Strand mit freundlicher Atmosphäre.

***Villa Joma, Jomas iela 90, Majori, Jūrmala, Tel. 67771999, www.villajoma.lv. Kleines Hotel in einem der für Jūrmala typischen Holzhäuser in der Fußgängerzone.

Restaurants

Orient-Sultan, Jomas iela 33, Majori, Jūrmala, Tel. 67762082. Beliebtes Restaurant mit kaukasischen und europäischen Gerichten – viel Fisch und Fleisch.

Senators, Jomas iela 55, Majori, Jūrmala, Tel. 67811161. Europäische Küche in der Hauptstraße Jūrmalas, ein Klassiker.

25 Jelgava

Wahrzeichen der Stadt ist das größte Barockschloss des Baltikums.

Jelgava (Mitau) ist heute eine Industriestadt mit 66000 Einwohnern. Der Zweite Weltkrieg hat 90 Prozent der alten Architektur zerstört, der Wiederaufbau erfolgte nach sowjetischen Maximen.

Der Deutsche Orden errichtete 1265 auf einer Insel am Zusammenfluss von Lielupe und Driska eine Burg, um die herum sich im 14. Jh. Jelgava entwickelte. Jelgava erlangte ab 1574 als Hauptstadt des östlichen Teils von Kurland neben Kuldiga [Nr. 29]und 1737–95 als Hauptstadt des gesamten Herzogtums Bedeutung. Der repräsentative Ausbau der Stadt erfolgte in der zweiten Hälfte des 18. Jh. unter der Regie Ernst Johann von Bührens (1690–1772), der sich später **Biron** nannte. Biron war ein attraktiver junger Mann, als er vom väterlichen Gut an den Hof der früh verwitweten Anna Iwanowna, Herzogin von Kurland und Nichte Peters des Großen berufen wurde. Der Kammerjunker machte sich als Liebhaber und Ratgeber unentbehrlich. Als Anna 1730 den Zarenthron bestieg, war Biron auf der Höhe seiner Karriere angekommen. 1733 ernannte ihn Anna gegen den Willen des Petersburger Adels zum Herzog von Kurland. Nach dem plötzlichen Tod der Zarin 1740 aber wendete sich das Blatt. Biron wurde in die Verbannung geschickt, bis Katharina II. sich seiner erbarmte und ihn 1763 wieder als Herzog von Kurland einsetzte.

1738 wurde der Grundstein für Birons Schloss, **Jelgavas Pils** (Tel. 63005617, Mo–Fr 9–17 Uhr, Sa/So nach Vereinbarung), gelegt. Die Pläne lieferte der damals sehr gefragte Petersburger Hofarchitekt *Bartolomeo Rastrelli* (1700–71), der den Beinamen ›Der Prächtige‹ zu Recht trug. Das

Bartolomeo Rastrelli baute das prächtige Schloss von Jelgava für Ernst Johan Biron im 18. Jh.

Hauptgebäude und seine Seitenflügel rahmen einen Ehrenhof, der sich zur Stadt hin öffnete, bis der Anbau des Westflügels 1937 die Sichtachse verstellte. 1944 wurde das Schloss zerstört. Seit dem Wiederaufbau nutzt die Landwirtschaftsakademie das Gebäude. Man kann aber ein kleines *Museum* und die *Grabkammer* der Herzöge von Kurland mit ihren pompösen Sarkophagen besichtigen.

In der Stadt selbst ist die **Academia Petrina** sehenswert, in der das *Geschichts- und Kunstmuseum* (Jelgavas Vēstures un mākslas muzejs, Akademijas iela 10, Tel. 63 02 33 83, www.jvmm.lv, Mi–So 10–17 Uhr) mit einer etwas altertümlich aufbereiteten Sammlung aufwartet. Birons Sohn gründete die einem Gymnasium entsprechende Akademie 1772 und ließ dafür den Palast der Zarin Anna Iwanowna durch den Architekten Severin Jenssen umbauen. Die Mittelachse des zweigeschossigen, lang gezogenen Gebäudes akzentuiert ein Turm, der für astronomische Beobachtungen gedacht war. Viele bedeutende Persönlichkeiten des lettischen Geisteslebens gingen hier zur Schule, etwa der Begründer des lettischen Theaters Ādolfs Alunāns, der Sammler lettischer Volkslieder Krišjānis Barons oder der Physiker Theodor Gotthus, der die chemischen Grundlagen der Fotografie entdeckte.

Praktische Hinweise

Information

TIC, Pasta iela 37, Jelgava, Tel. 63 02 27 51, www.jelgava.lv, www.jrp.lv

Hotels

*****Jelgava**, Lielā iela 6, Jelgava, Tel. 63 02 61 93, www.hoteljelgava.lv. Hotel mit schlichten Zimmern, Wellness-Oase mit Sauna und türkischem Bad.

****Zemgale**, Skautu 2, Jelgava, Tel. 63 00 77 07, www.zemgale.info. Modernes Hotel mit angeschlossenem Sport- und Erholungszentrum (u.a. Eishalle, Bowling, Skatepark, Sportplätze, Cafés und Bar).

Restaurants

Kate, Lielā iela 7, Jelgava. Nettes Kellerlokal mit guter internationaler Küche.

Salmu Krogs, Katoļu iela 18, Jelgava, Tel. 63 01 16 91. Fischrestaurant im Shopping Centre ›City Market‹.

26 Bauska

Über den Wiesen Zemgales thront die restaurierte Ordensburg.

Bauska ist ein eher verschlafenes Provinznest 65 km südlich von Rīga. Es hat allerdings eine schöne *Ordensburg* (Bauskapils) zu bieten, in der heute das **Historische Museum** (Bauskas pils muzejs, Pilskalns, www.bauskaspils.lv, Mai–Sept. tgl. 9–19, Okt. tgl. 9–18, Nov.–April Di–So 11–17

Ein Kleinod der Ordenspracht. Die Burg in Bauska wurde detailgetreu restauriert

Schloss Rundāle ließ sich Ernst Johann von Biron als Sommerresidenz errichten

Uhr) die Wohnkultur des Livländischen Ordens dokumentiert. Die 1443–50 auf einer Felsnase am Zusammenfluss von Mēmele und Mūša errichtete Burg nutzte der letzte Großmeister des Ordens Gotthard Kettler (1517–87) als Residenz. Im Laufe ihrer Geschichte diente die Festung noch Polen, Schweden und Russen, bevor sie während des Nordischen Krieges 1706 zerstört wurde. Bei der Restaurierung hat man versucht, die Burg wieder in ihren mittelalterlichen Originalzustand zu versetzen – mit Kachelöfen, Tapisserien und Ledertapeten. Vom 22 m hohen Hauptturm bietet sich ein Panorama der Landschaft Zemgales – Wiesen und Wälder bis zum Horizont.

Im **Regionalmuseum** (Bauskas novadpētniecības un mākslas muzejs, Kalna 6, www.bauskasmuzejs.lv, Mai–Okt. Di–Fr 10–18, Nov.–April Di–Fr 10–17, Sa/So jeweils bis 16 Uhr) erfährt man mehr über die Geschichte der Stadt. Im historischen Zentrum mit den verwitterten Holzhäusern aus dem 18.–19. Jh. lohnt ein Blick in die trutzig anmutende **Heiliggeistkirche** (Gara baznīza) von 1591–94 mit hochwertiger Rokoko-Ausstattung.

i Praktische Hinweise

Information

TIC, Kalna iela 6 a, Bauska, Tel. 63 92 37 97, www.tourism.bauska.lv

Hotels

*****Schloss Mežotne**, Mežotnes pils, Mežotne, Tel. 63 96 07 11, www.mezotnespils.lv. Schön restauriertes, klassizistisches Schloss inmitten eines englischen Landschaftsparks ca. 10 km westlich von Bauska. Sehr gutes Restaurant.

Kungu Ligzda, Rīgas iela 41, Bauska, Tel. 28 68 68 28, www.kunguligzda.viss.lv. Zentral gelegene Unterkunft mit einfachen Zimmern.

27 Schloss Rundāle

Top Tipp

Herrschaftliche Pracht im Formenzauber des Barock und Rokoko.

Schloss Rundāle (Rundāles pils, Tel. 63 96 22 74, www.rundale.net, Mai–Okt. tgl. 10–18, Nov.–April tgl. 10–17 Uhr) nimmt mit 138 Räumen durchaus zaristische Dimensionen an und eifert in Pracht und Prunk dem französischen Vorbild Versailles nach. *Ernst Johann von Biron* beauftragte wie in Jelgava Bartolomeo Rastrelli, der die großartige Sommerresidenz 1735–40 errichtete. Im Inneren ist der ansonsten barocke Bau hauptsächlich im Rokokostil gehalten. Besonders beeindruckend ist der 200 m² große **Audienzsaal** in blauem und rosafarbenem Stuckmarmor mit einer bemalten Decke. Der lichtdurchflute-

Auch große Schlösser können richtig gemütlich sein – wenn jemand einheizt

te **Ballsaal** oder Weiße Saal besticht durch verschwenderische Rocailles und Reliefs. In beiden Sälen sind auf Gemälden bzw. in Reliefs *Allegorien* der Künste, Musik, Jagd oder Landwirtschaft dargestellt, Tugenden, mit denen sich der Hausherr gerne schmückte. Im Südflügel liegen die Gemächer des Herzogs, u.a. das besonders schöne, brokatverkleidete **Rosenzimmer**. Ein Deckengemälde zeigt die Göttin Flora. Der Westflügel war der Herzogin vorbehalten. Viel Zeit, Rundāle zu genießen, hatte Biron allerdings nicht. Das Schloss verwaiste, als er nach dem Tod Zarin Annas 1740 seinen Weg in die sibirische Verbannung antrat. Der Palast wurde mehrfach geplündert und als Lager, Lazarett oder Internat zweckentfremdet, bevor 1972 die Restaurierungsarbeiten begannen. Auf jeden Fall sollte man der Einladung des weitläufigen **Schlossparks** (Mai–Okt. tgl. 10–19, Nov.–April tgl. 10–17 Uhr), der nach allen Regeln französischer Gartenbaukunst angelegt wurde, zum Lustwandeln folgen.

i Praktische Hinweise

Restaurant

Pils, Pilsrundāle, Rundāles pag., Tel. 29 22 73 69. Im Schlossrestaurant lässt sich fürstlich speisen z.B. Wildgerichte.

Deutschbaltische Herrensitze

Rund 300 Schlösser und Herrenhäuser des kurländischen Adels haben die Wirren des 20. Jh. überdauert. Viele liegen noch immer im Dornröschenschlaf, weil die Eigentumsverhältnisse nicht geklärt sind oder das Geld für eine umfassende Instandsetzung fehlt. Andere sind inzwischen zu Hotels umgebaut worden. Die schlossähnlichen Anwesen drückten das Selbstverständnis des deutschbaltischen Adels und seine Lebensart aus. Die **Gutsherren** genossen bis ins 20. Jh. Privilegien, wie die *Rechtssprechung* über ihre Ländereien. Die Pachtbauern waren von ihnen abhängig. Die *Herrenhäuser* als Zentren von landwirtschaftlichen Gütern entwickelten sich seit dem 16. Jh. von einfachen *Wohnhäusern* zu den immer herrschaftlicheren Anlagen des 18. Jh. Im *Nordischen Krieg* (1700–21) wurden viele der alten Gutshöfe zerstört und nach dem Vorbild *europäischer Fürstenschlösser* wieder aufgebaut. Nun wurde der **Herrensitz** mit mehreren Gebäudeflügeln, Kapelle, Stallungen, Schulhaus u.Ä. inmitten ausgedehnter Gärten errichtet und von Mauern und repräsentativen Torbauten umgeben. Man veranstaltete Hauskonzerte, Bälle und Jagdgesellschaften. Die Landadeligen regierten wie absolutistische Herrscher – über ihre eigene kleine Welt.

Kurzeme – Kurland zwischen Dünen und Wäldern

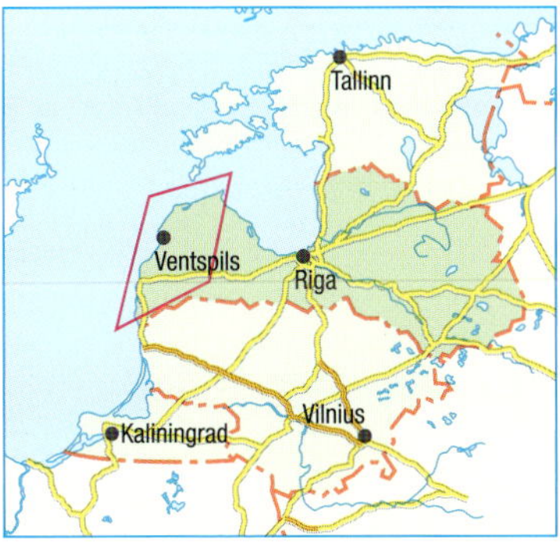

Kurzeme, das einstige Kurland, ist eine abgeschiedene Region mit der Zeit enthobenen Orten wie dem an den Stromschnellen der Venta gelegenen **Kuldīga** oder dem von sanften Hügeln umgebenen **Talsi**. Andererseits gibt es geschäftige Hafenstädte wie **Liepāja** oder **Ventspils**, die mit frisch restaurierten historischen Stadtkernen an ihre glanzvolle Geschichte erinnern. An der Ostsee gibt es schöne Sandstrände von **Kap Kolka** bis Liepāja.

Davon, dass Kurzeme militärisches Sperrgebiet war, profitierte die Natur, die sich wie im **Slītere-Nationalpark** an der Ostseeküste ungestört entfalten konnte. Die Sowjets verboten aber auch den **Liven** aufs Meer hinauszufahren. Viele verließen ihre Heimatdörfer, z.B. **Mazirbe, Košrags** und **Kolka**, in denen man heute den vergangenen Alltag dieser Küstenbewohner dokumentiert.

Kurland ging eigene Wege, nachdem es der letzte Großmeister des Livländischen Ordens Gotthard Kettler 1562 in ein Herzogtum umgewandelt hatte. Im 17. Jh. spielte es sich sogar einmal als Kolonialmacht auf: Herzog Jakob von Kurland nahm das westafrikanische *Gambia* und das karibische *Tobago* in Besitz.

28 Liepāja

Die quirlige Stadt hat einen langen weißen Sandstrand zu bieten – und einen alten Kriegshafen.

Liepāja (Liebau) hat unter der sowjetischen Besatzung besonders gelitten. Die einst weltoffene Hafenstadt, die bereits vor dem Zweiten Weltkrieg Schiffsverbindungen bis nach New York unterhielt, wurde 1945–91 als sowjetischer Militärstützpunkt zum Sperrgebiet. Hier waren Verbände der atomar bestückten U-Boot-Flotte der UdSSR stationiert. Zahlreiche Industriebetriebe wurden angesiedelt. Die im Krieg zerstörte Architektur wurde dem Pragmatismus verpflichtet wieder aufgebaut. Inzwischen bemüht man sich, erhaltene alte Bauten instand zu setzen. Heute ist Liepāja mit 86 000 Einwohnern die fünftgrößte lettische Stadt und durch die A9 gut mit dem 188 km enfernten Rīga verbunden. Liepājas Trumpf ist der schöne Strand, dem die Stadt schon im Mittelalter ihre Attraktivität verdankte – damals wegen reicher Bernsteinfunde.

Zu den Sehenswürdigkeiten gehört die **Dreifaltigkeitskirche** (Sv. Trīsvienības katedrāle, *Orgelkonzerte* s. TIC, Tel. 63 48 08 08) in der Lielā iela, der Hauptstraße mit ihren stattlichen Gründerzeitbauten. Die dreischiffige Hallenkirche wurde 1742–58 im Auftrag der deutschen Ge-

Die Orgel in der Dreifaltigkeitskirche ist bekannt für ihre Klangfülle

In Liepāja lag der Reichtum einst am Strand, aber heute findet man kaum noch Bernstein

meinde errichtet. Bemerkenswert sind der üppige Sandsteinschmuck sowie die Orgel von 1855 mit 7000 Pfeifen und 131 Registern, die so grandios klingt wie die im Dom von Rīga. Die Fußgängerzone **Tirgoņu iela** ist mit ihren vielen Cafés und Boutiquen ein beliebter Treffpunkt der Jugend. Anschließend sollte man zum Kuršu laukums schlendern. Die **Annenkirche** (Annas baznīca) gegenüber der historischen Markthalle entstand im 16. Jh., wurde jedoch 1893 in neogotischem Stil umgebaut. Innen findet man den prachtvoll geschnitzten barocken Altaraufsatz (1697) von Nicolaus Soeffrens aus Ventspils. In Richtung Hauptstraße

Kunst im Kriegshafen

Karosta ist ein Stadtviertel von Liepāja, einige Kilometer nördlich davon am Ufer der Ostsee gelegen. Allerdings bietet es keine Strandidylle, sondern einen ehemaligen *Kriegshafen*.

1890 begann Zar Alexander III. hier mit dem Bau des Kriegshafens, der unter seinem Nachfolger Nikolaus II. vollendet wurde. Nach der Unterzeichnung eines deutsch-russischen Freundschaftsvertrages im Jahr 1908 fühlte sich der Zar aber offenbar aufgerufen, der neuen zwischenstaatlichen Annäherung Taten folgen zu lassen. Die **Festungsanlagen** (Führungen, u.a. durch das noch erhaltene unterirdische Gängesystem, Infos bei Touristeninformation TIC, s.u.) wurden gesprengt und das Meer holt sich langsam die Ruinen zurück. Geblieben sind aber imposante Reste, wie z.B. ein Wasserturm und die gewaltige Nikolai-Kathedrale (1900–03). Im alten, noch aus der Zarenzeit stammenden Militärgefängnis (Invalidū 4) wurde inzwischen ein bizarres und eher zweifelhaftes *Gefängnismuseum* eingerichtet. Die Militäranlagen wurden von der Sowjetarmee 1945–91 genutzt. Nach dem Truppenabzug geriet Karosta in Verruf. Jugendliche besetzten die leer stehenden, heruntergewirtschafteten Gebäude. Die Presse berichtete: »Behörden und Stadtregierung sehen sich außer Stande, Karosta zu rehabilitieren. Karosta ist zu realer Ohnmacht verurteilt.«

Mitte der 1990er-Jahre kamen dann die Künstler, eröffneten in den Kasernen ein **Kulturzentrum** (Katedrāles 2), richteten Kindergärten ein und gründeten eine politische Partei. Heute profitieren alle von den kreativen Lebensgeistern. Die *Galerie K. Māksla* (Atmodas bulvaris 6) vertritt junge Künstler Lettlands. Nebenan zeigt das *Kino Osta* Autoren- und Kunstfilme. Allerdings wurde das alternative Kulturzentrum mittlerweile wieder geschlossen.

zurück führt die **Zivju iela,** in der sich lettische Rockmusiker mit ihren Handabdrücken verewigt haben. Hier sind auch noch einige Backsteinbauten aus dem 17. Jh. und mittelalterliche **Speicherhäuser** erhalten wie der mit den kräftigen Bohlentüren kurz vor der Kungu iela. In der Kungu iela Nr. 24 übernachtete einst Peter der Große, sodass dieser Holzbau aus dem 17. Jh. **Peterhaus** genannt wird.

Auf dem Weg zum Strand sollte man dem **Liepāja-Museum** (Kūrmājas prospekts 16, www.liepajasmuzejs.lv, Do, Sa/So 10–18, Fr 11–19 Uhr) einen Besuch abstatten. In der um 1900 erbauten Villa wird die Geschichte Kurlands und Liepājas dokumentiert. Zu deren dunkelsten Kapiteln zählt die Besetzung durch die Nazis, die in der Stadt 19 000 Zivilisten und 7000 Kriegsgefangene erschossen.

Der **Ostseestrand** im Westen Liepājas gehört mit seinem feinen weißen Sand zu den schönsten im Baltikum. Windsurfer finden hier ideale Bedingungen.

i Praktische Hinweise

Information

TIC, Rožu laukums 5/6, Liepāja, Tel. 63 48 08 08, www.liepajaturisms.lv

Hotels

******Europa City Amrita,** Rīga iela 7/9, Liepāja, Tel. 63 40 34 34, www.groupeuropa.com. Bestes Hotel der Stadt.

Parkhotel Roze, Rožu iela 37, Liepāja, Tel. 63 42 11 55, www.parkhotel-roze.lv. Schönes Jugendstilhaus in Küstennähe mit netten Zimmern und Wintergarten.

Restaurants

Barons Bumbiers, Lielā ielā 13, Liepāja, Tel. 63 42 54 11, www.baronsbumbiers.lv. Wer deftige lettische Gerichte liebt, ist hier genau richtig.

Latvijas Rokkafejnīca, Stendera iela 18/20, Liepāja, Tel. 63 48 15 55, www.pablo.lv. Lettlands erstes Rockcafé ist eine Institution mit Café, Restaurant, Bar, Disco auf drei Etagen und einer Dachterrasse.

29 Kuldīga

Der malerisch-nostalgische Ort gibt eine zauberhafte Filmkulisse ab.

Das 14 000 Einwohner zählende Kuldīga (Goldingen) ist einer der schönsten lettischen Orte. Vor allem Holzbauten aus dem 18. und 19. Jh. prägen die Architektur des Städtchens, das lettischen Filmemachern immer wieder als Kulisse dient. Bis 1991 durfte man die Stadt, die in einem sowjetischen Sperrgebiet lag, nur mit Sonderausweis besuchen.

Ihre Entstehung verdankt die Stadt der **Venta,** die bis hierher schiffbar ist. Das Wasser stürzt bei Kuldīga über eine zwar nur 2 m hohe, aber 249 m breite *Strom-*

Vorsicht Stromschnelle! Auf der Venta gibt es für Schiffe kein Durchkommen

schnelle (Ventas rumba) – die breiteste Europas. Den besten Blick hat man von der 1874 erbauten *Backsteinbrücke*.

Die Ordensritter errichteten 1242 am linken Venta-Ufer eine **Burg**. Schnell entwickelte sich Goldingen, wie die Deutschen Kuldīga nannten, zum lebhaften Handelsort, der 1378 der Hanse beitrat. Im 16./17. Jh. erlebte Kuldīga als Hauptstadt des Herzogtums Westkurland seine Blütezeit. Die Burg wurde im Nordischen Krieg zerstört, es sind nur Reste, etwa ein Kreuzgewölbe, zu sehen. Da man die Ruinen als Steinbruch nutzte, entdeckt man heute in so manchem Haus des Ortes noch alte Steine von der Burg. Im nahen Park steht ein *Pavillon*, mit dem sich Russland auf der Weltausstellung 1900 in Paris präsentierte und der dann hierher umgesiedelt wurde. In dem Holzhaus ist heute ein kleines **Regionalmuseum** (Kuldīgas novada muzej, Pils iela 5, Di–So 9–17 Uhr) eingerichtet.

Die Ortsmitte bildet der **Rathausplatz** (Rāts laukums) mit dem 1860 im Neorenaissancestil errichteten **Neuen Rathaus**. Jedes Jahr am dritten Juliwochenende feiert Kuldīga in seiner ›guten Stube‹ das Stadtfest. In der Nähe steht die **Dreifaltigkeitskirche** (Trīsvienības baznīca, Raiņa iela), ein eher unscheinbarer Renaissancebau von 1640. Der Innenraum fällt mit zwei Seitenaltären im Rokoko-Stil weitaus prunkvoller aus. In der Baznīcas iela, die vom Rathausplatz abzweigt, steht das **Alte Rathaus** (17. Jh.), das die Touristeninformation beherbergt, und das älteste erhaltene **Holzhaus** (Nr. 7) der Stadt. Der Bau mit Freitreppen und Walmdach wurde 1670 für einen deutschen Kaufmann errichtet. Die **Katharinenkirche** (Katrinas baznīca) am Ende der Straße ist ein schlichter gotischer Bau mit Ende des 17. Jh. barock umgedeutetem Innenraum.

i Praktische Hinweise

Information

TIC, Baznīcas iela 5, Kuldīga, Tel. 63 32 22 59, www.visit.kuldiga.lv

Hotels

***__Metropole__, Baznīcas iela 11, Kuldīga, Tel. 63 35 05 88, www.hotel-metropole.lv. Altstadthotel mit freundlichem Service.

Ventas Rumba, Stendes iela, Kuldīga, Tel. 63 32 41 68, www.ventasrumba.lv. Sehr idyllisch an der Stromschnelle gelegene Jugendherberge.

Restaurants

Pagrabiņa Plosts, Pasta iela, Kuldīga. Kellerlokal mit einfacher, guter Küche, im Sommer sitzt man auf der Terrasse.

Stender's, Liepājas iela 3, Kuldīga, Tel. 63 32 27 03, www.stenderspica.lv. Bar und Restaurant im ersten Stock eines urigen Holzhauses, Spezialität: Pfannkuchen.

30 Ventspils

Öl und Geld – die Hafenstadt investiert in ihre hübsche Altstadt.

Ventspils (Windau) ist die bedeutendste Hafenstadt Lettlands. Seit dem Bau der

Die Ordensburg von Ventspils dient frisch herausgeputzt als Festkulisse

Pipeline Druschba (russisch: Freundschaft) 1961 kommen hier riesige Mengen Öl aus Sibirien an, die dann in den Westen verschifft werden. Seit der lettischen Unabhängigkeit hat die *Ölindustrie* erhebliche Summen in ihre Umweltstandards investiert. Dass das Geld auch die Stadtkassen füllt, sieht man an der Innenstadt, die aufwendig restauriert wurde.

Die heute 44 000 Einwohner zählende Stadt an der Venta ist eine Gründung des Deutschen Ordens. In der 1290 errichteten **Burg des Livländischen Ordens** (Livonijas ordeņa pils, Jāņa iela 17) zeigt das **Ventspils-Museum** (Tel. 63 62 20 31, www.ventspilsmuzejs.lv, Mai–Okt. tgl. 9–18, Nov.–April Di–So 10–17 Uhr) eine multimedial aufbereitete Ausstellung zur Stadt- und Burggeschichte. Westlich der Burg liegt das historische Zentrum mit dem verkehrsfreien Rathausplatz, der klassizistischen evangelischen *Nikolauskirche* (1835) und dem schönen *Marktplatz* (17. Jh.).

Ventspils Hauptattraktion ist das **Küsten-Freilichtmuseum** (Piejūras brīvdabas muzejs, Riņķu iela 2, Tel. 63 62 44 67, www.ventspilsmuzejs.lv, Mai–Okt. tgl. 10–18 Uhr, sonst nach Voranmeldung), das im Süden der Stadt anhand von Fischerkaten, Booten und Netzen den Alltag der lettischen Fischer dokumentiert. Und im Sommer können Besucher mit der **Museumsbahn** (Mai–Okt. Sa/So 12–17 Uhr) durch den an das Museumsgelände anschließenden Küstenpark an der Ostsee zuckeln.

Praktische Hinweise

Information

TIC, Dārza iela 6, Ventspils, Tel. 63 62 22 63, www.tourism.ventspils.lv

Hafen

Ventspils brīvosta, Plosta iela 7, Tel. 63 62 25 86, www.portofventspils.lv. Fähren nach Deutschland, Schweden, Russland.

Fähren

Scandlines, Dārza iela 6, Tel. 63 62 07 83 und 67 79 69 00, www.scandlines.lt. Fähren nach Travemünde und Nynäshamn (Schweden).

Finnlines, Plosta iela 7, Tel. 63 62 71 07, Tel. 04 51/150 74 43 (Büro Lübeck), www.finnlines.com. Fähren Lübeck–Ventspils–St. Petersburg (Russland).

Hafenrundfahrten

›**Hercogs Jēkabs**‹, Ostas iela/Tirgus iela, an der Promenade des Speicherhafens

Die Liven

In der Verfassung nennt sich Lettland das **Land der Letten und der Liven**. Die Liven leben seit 5000 Jahren vor allem als Fischer um die Rīgaer Bucht – typisch sind ihre schwarz gestrichenen Boote. Allerdings reichte **Livland** früher weit in den Norden Lettlands und den Süden Estlands. Nachdem Fischfang und Ostseehandel im 16. Jh. an Bedeutung verloren, zogen viele Liven in die Städte und vermischten sich im Laufe der Jahrhunderte zunehmend mit den Letten. Schließlich wurden die livischen Fischer nach dem Zweiten Weltkrieg ihrer Existenzgrundlage beraubt, als die Sowjets ihnen verboten, aufs Meer hinauszufahren. Sie befürchteten, die Seeleute würden über die Ostsee ins nahe Skandinavien flüchten.

Heute stellen die Liven mit etwa 200 Angehörigen eine der kleinsten Ethnien der Welt dar. Im *Kulturhaus der Liven* in Marzirbe [s. S. 82], über dem ihre grün-weiß-blaue Flagge weht, bemüht man sich seit 1939 um die Pflege der Traditionen. Hier gibt es Räume für Ausstellungen, Gesangsgruppen und Sprachkurse.

Leider gibt es überhaupt nur noch 20 Menschen, die **Livisch** sprechen. Die *finno-ugrische Sprache* mit 45 Buchstaben wurde erst im 19. Jh. zur Schriftsprache und hat auch das Lettische mitgeprägt. Das Idiom mit einer sehr eigenwilligen Sprachmelodie ist für jeden Sprachliebhaber eine wahre Herausforderung. Das Wort ›nie‹ auf Livisch heißt beispielsweise ›äbkunagõst‹.

Im Slītere-Nationalpark kann sich die Natur ungestört ausbreiten

(Spīkeru piekraste). Abfahrt: Mai–Okt. tgl. 10–19 Uhr, etwa stündlich (Dauer: 45 Min.).

Hotels

***Dzintarjūra**, Ganību iela 26, Ventspils, Tel. 63 62 27 19, www.dzintarjura.lv. Zentral gelegenes modernisiertes Hotel mit sehr gutem Frühstück.

***Vilnis**, Talsu iela 5, Ventspils, Tel. 63 66 88 80, www.hotelvilnis.lv. Nettes Hotel an der Venta.

Restaurants

Livonija, Kuldīgas iela 13, Ventspils, Tel. 63 62 22 87. Gutes Fischrestaurant in der Fußgängerzone, Café und Diskothek.

Melnais Sivēns, Jaņa iela 17, Ventspils, Tel. 63 62 23 96. Schlossrestaurant im Keller der Burg, gute internationale Küche.

31 Slītere-Nationalpark

Idyllische Natur an der Küste Kurlands

An der Nordspitze Kurzemes, wo am **Kap Kolka** (Kolkasrags) die Wellen der Rīgaer Bucht und der offenen See manchmal heftig aufeinander treffen, wurde 1921 der **Slītere-Nationalpark** (Slīteres nacionālais parks, Dakterlejas 3, Dundaga, Tel. 63 28 60 00, www.slitere.lv, Verwaltung: tgl. 10–16 Uhr) eingerichtet. Seither ließ man der Natur ihren Lauf. Die Landschaft ist spektakulär: weite Sandstrände, urwüchsige Kiefernwälder, mannshohe Farne, Preisel- und Blaubeersträucher. Hier leben zahlreiche seltene Tierarten wie Schwarze Störche, Elche und Luchse.

Eigenständige Touren sind nicht ungefährlich, da der Wald vielerorts undurchdringlich ist. Außerdem sind Teile des Parks nur im Rahmen von Führungen zugänglich. Es werden z.B. Touren zu den Biberdämmen, zur Vogelbeobachtung oder ins Gebiet um die **Blauen Berge** angeboten. Slītere bedeutet in der Sprache der Liven ›hoher, mit Wäldern bewachsener Hang.‹ Die 30–50 m hohen Blauen Berge sind eigentlich die Küstenhänge eines urgeschichtlichen Eissees. Bei der Ortschaft Slītere, am Rand der Blauen Berge, steht der 1849 erbaute **Leuchtturm** (Slīteres bāka, Tel. 63 20 08 55, *Besucherzentrum*: Mai–Okt. Mi–So 10–18, sonst Fr–So 10–17 Uhr), in dem man sich über Führungen und Naturlehrpfade informieren kann. Der Ausblick von der Plattform auf die Landschaft der Nationalparks ist beeindruckend.

Zum Nationalpark gehören auch die **Livendörfer**, einige Fischerorte entlang der Ostseeküste. Heute leben hier nur noch wenige Menschen. Während die Natur vom militärischen Sperrgebiet profitierte, wurden die Bewohner Nordkurzemes, vor allem Liven, um ihre Existenzgrundlage gebracht, weil die Fischer nicht mehr aufs offene Meer hinausfahren durften. **Mazirbe** ist das Zentrum der Liven, einer im Verschwinden begriffenen Ethnie. Das *Kulturhaus der Liven* dient als Veranstaltungsort und die kleine ethnografische Sammlung *Rāndali* (Muzejs Rāndali, Mobil 29 46 91 65, nach Vereinbarung) versucht die livischen Trachten und

Bräuche zu bewahren. An jedem ersten Sonntag im August findet in Mazirbe das *Fest der Liven* statt, zu dem Liven von überall her anreisen. Das pittoreske **Košrags** gehört wegen seiner neun mit Holzschnitzereien verzierten Fischerkaten zum UNESCO-Weltkulturerbe. **Kolka** ist ein direkt am gleichnamigen Kap gelegenes nettes Dorf, in dem das *Livenzentrum* (Mobil 29 19 85 96, Mo–Fr 9–16 Uhr) rührend darum bemüht ist, den Alltag der Küstenbewohner vergangener Zeiten zu dokumentieren.

Praktische Hinweise

Information

TIC Dundaga, Dundagas Pils, Pils iela, Tel. 63 23 22 93, www.dundaga.lv, www.ziemelkurzeme.lv

Unterkünfte

Jauntilmači, Košrags, Mobil 29 41 29 74. Holzhäuser mit zwei Vierbettzimmern.

Kalēji, Marzirbe, Tel. 63 24 83 74, Mobil 29 21 34 12, www.kaleji.viss.lv. Campingplatz und Gasthaus.

Pūpoli, Gipka ieala, Dundagas pagasts, Tel. 63 24 20 10, Mobil 26 55 40 01, www.dundaga.lv/pupoli. Im Westen Dundagas gelegenes Gästehaus mit vier Zimmern und Sauna.

Zitari, Kolka, Tel. 63 27 71 45, www.zitari.viss.lv. Gästehaus bei der Ortseinfahrt, 14 angenehme, schlichte Zimmer. Mit Bar-Restaurant.

32 Talsi

Ein malerischer Ort auf neun Hügeln.

Talsi fasziniert durch seine außergewöhnliche Lage – auf neun Hügeln um zwei Seen (Vilkmuižas und Talsu ezers). In der 13 000 Einwohner zählenden Kreisstadt mit den alten Holzhäusern und roten Ziegeldächern ist der Tourismus inzwischen zu einer wichtigen Einnahmequelle geworden. Es geht hier immer noch ganz gemächlich zu. Im Vilkmuižas-See entdeckte man seltene Schmuckstücke und Kultgegenstände der Kuren, die auf Feuerbestattungen in diesem Kulturkreis schließen lassen. Die Funde sind heute im **Heimatmuseum** (Talsu novada muzejs, Milenbaha iela 19, Tel. 63 22 27 70, www.talsumuzejs.lv, tgl. 10–17 Uhr) ausgestellt, das in einem neoklassizistischen Palais des Barons Firck untergebracht ist.

Praktische Hinweise

Information

TIC, Lielā iela 19/21, Talsi, Tel. 63 22 41 65, www.talsi.lv

Hotel

******Talsi***, Kareivju iela 16, Talsi, Tel. 63 23 20 20, www.hoteltalsi.lv. Großer Hotelbau aus den 1970er-Jahren mit modernisierten Zimmern am Vilkmuižas-See.

Talsi verzaubert durch seine beschauliche Atmosphäre

Vidzeme und Latgale – Zwischen livländischer Schweiz und Lettgaller Höhen

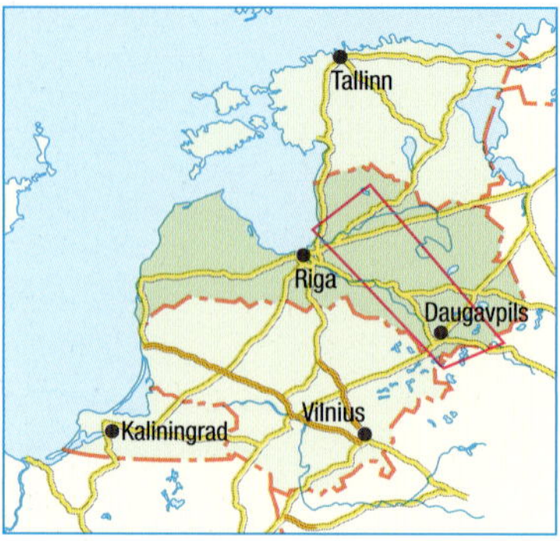

Im Nordosten Lettlands bestimmt der Lauf der *Gauja* die Landschaft, der mit 452 km längste Fluss des Landes. Im **Gauja-Nationalpark** bahnt er sich seinen Weg durch ein bis zu 85 m tiefes Urstromtal. Das größte Naturschutzgebiet des Baltikums bietet ein weites Terrain für Aktivurlaub – Wander-, Rad-, Kanutouren sowie Reitausflüge. Mittendrin bezeugen **Sigulda** und **Cēsis** die große mittelalterliche Vergangenheit der Region *Vidzeme* (Livland).

Auch *Latgale* (Lettgallen) im Südosten Lettlands, das ›**Land der blauen Seen**‹ und der **Daugava-Schleifen**, den romantischen Flusswindungen der *Düna* – bietet viele Möglichkeiten zu sportlicher Betätigung. Mit **Aglona** gibt es zudem einen für Katholiken aus ganz Osteuropa bedeutenden Wallfahrtsort.

33 Sigulda

Ritterromantik und lettisches Kleinstadtleben.

Sigulda war von Liven besiedelt, als es zu Beginn des 13. Jh. von den Schwertbrüdern erobert wurde. Erstmals erwähnt wurde die Stadt, damals hieß sie Segewold, 1207. Die *Kreuzritter* errichteten drei mächtige Burgen, die den Nordischen Krieg nur als Ruinen überlebten, aber zum Teil wieder aufgebaut wurden und heute zu den bedeutendsten Sehenswürdigkeiten Siguldas gehören. Die reizvolle Natur an den Ufern der Gauja lockte schon im 19. Jh. Adelige und reiche Kaufleute an, die sich hier Sommerresidenzen bauten.

Die heute 12 000 Einwohner zählende Stadt liegt nur 50 km nordöstlich von Rīga und ist über die gut ausgebaute A2 zu erreichen. In Sigulda befindet sich auch das *Besucherzentrum des Gauja-Nationalparks* [s.S. 86], wo man Informationen über die verschiedenen Sport- und Exkursionsmöglichkeiten im Park erhält.

Turaida – eine feste Burg für den Bischof von Riga

Die Ruinen der **Schwertritterburg** (Siguldas pilsdrupas) am hohen Ufer der Gauja geben Sigulda sein malerisches Flair und dienen zudem als Freilichtbühne. Die 1207–26 errichtete Burg, die als Musterbeispiel der Festungsarchitektur galt, wurde im Nordischen Krieg zerstört. Anstelle der einstigen Vorburg entstand in der zweiten Hälfte des 19. Jh. das **Neue Schloss** (Siguldas jaunā pils). Auftraggeber war der russische Fürst Kropotkin, der dem Zeitgeschmack entsprechend eine Burg im neogotischen Stil des Historismus erbauen ließ. Heute nutzt die Regionalverwaltung die Räume.

Um ans andere Ufer der Gauja zu kommen, kann man von der Poruka iela 14 die *Gondelseilbahn* (Mai–Okt. Mo–Fr 10–19.30, Sa/So 10–18.30 Uhr, etwa alle 30 Min.) nehmen. Oder man geht über die Brücke unterhalb der Seilbahnstation. Damit verlässt man das alte Herrschaftsgebiet des *Deutschen Ordens*. Das gegenüberliegende Flussufer gehörte dem *Rīgaer Bischof*. Oft kam es in der Gegend zwischen Orden und Bischof zu kriegerischen Auseinandersetzungen.

Drüben erhebt sich an der Seilbahnstation das klassizistische **Krimulda-Schloss** (Krimuldas pils, www.krimuldas pils.lv), in dem sich heute ein Reha-Zentrum befindet. Von der **Krimulda-Burg** (Krimuldas Pilsdrupas), der Festung des 13. Jh., sind seit dem polnisch-schwedischen Krieg nur Ruinen übrig. Am Fuße des erhaltenen Wachturms führen einige Stufen hinab auf den Weg zur Gutmannshöhle, die auf halber Strecke von der Krimulda-Burg nach Turaida liegt.

Die **Gutmannshöhle** (Gūtmaņa ala) führt mit 9 m Höhe 14 m in das Hochufer der Gauja hinein. Einer mittelalterlichen Sage zufolge soll ein *Einsiedler* in der Höhle gelebt haben und das kühle Quellwasser, das hier entspringt, an die Menschen verteilt haben. Daher der Name ›Gutmannshöhle‹. Vor allem aber verbindet sich mit der Sandsteinhöhle die herzzerreißende *Liebesgeschichte* von Maija, der *›Rose von Turaida‹*, und dem Gärtner Viktor, die sich hier im 17. Jh. heimlich getroffen haben sollen [s. Kasten].

Rund 1 km von der Gutmannshöhle entfernt erreicht man die **Burg von Turaida** (Turaidas pils), wo Maija und Viktor einst lebten. Sie gehört zum **Museumsreservat Turaida** (Turaidas muzejrezervats, www.turaida-muzejs.lv, Mai–Okt. tgl. 10–18, Nov.–April tgl. 10–17 Uhr). Die imposante Anlage mit ihren fünf Wehrtürmen wurde 1214 als Residenz des Bischofs von Rīga errichtet. Ihr heutiges Erscheinungsbild ist das Ergebnis von zahlreichen Umbauten und einer grundlegenden Restaurierung. Die *Innenräume* wurden im Stil des Mittelalters wieder hergerichtet und geben einen Einblick in die Wohnkultur der damaligen Zeit. Vom Turm aus öffnen sich schönste Ausblicke in die Landschaft der Gauja. Die nahe **Kirche** (1750) fällt durch ihr schönes barockes Schnitzwerk auf. Auf dem dazugehörigen **Friedhof** findet man das Grab der ›Rose von Turaida‹. Dahinter erhebt sich der **Dainasberg** (Dainu kalns), der

Rose von Turaida (1601–1620)

1601: In Lettland herrscht Krieg zwischen Schweden und Polen. **Maija**, eine Kriegswaise, wächst in der Burg von Turaida zur begehrten Schönheit heran. Die ›Rose von Turaida‹ aber liebt nur einen: den Gärtner **Viktor** Heils. Die Liebenden treffen sich in der **Gutmannshöhle**. Eines Tages begegnet der polnische Offizier Jakubovski dem Mädchen und macht ihr einen Heiratsantrag. Als Maija ihn zurückweist, lockt sie der Pole in die Höhle. Maija findet dort nicht wie erwartet Viktor vor, sondern wird von dem Offizier heftig bedrängt. Verzweifelt bietet sie an, ihm ihr Halstuch zu schenken, wenn er sie nur gehen ließe. Das Tuch mache seinen Träger unverwundbar, er könne es ruhig ausprobieren. Also hält Maija ihm ihren Hals mit dem besagten Tuch hin. Der Offizier zieht sein Schwert – und köpft sie. Ob sie wirklich an die magische Kraft ihres Halstuchs glaubte, bluffte oder ihre Ehre retten wollte ... wer weiß. Jedenfalls fällt der Verdacht, Maija getötet zu haben, auf den Gärtner – Viktor. Doch glücklicherweise gibt es einen Zeugen und der wahre Mörder kann überführt werden. Er wird mit dem Tode bestraft. Viktor bestattet seine Geliebte bei der Burg von Turaida und pflanzt auf ihrem Grab eine **Linde**, zu der heute Liebes- und Brautpaare aus allen Landesteilen pilgern. Und Jānis Rainis, Lettlands Nationaldichter, schrieb 1927 das Drama ›Die Liebe ist stärker als der Tod‹ über diese Geschichte, die sich 1620 tatsächlich zugetragen hat.

den *Dainas*, den vierzeiligen lettischen Volksliedern, gewidmet ist. *Krišjānis Barons* (1835–1923), ein Bauernsohn aus Kurland, der in Tartu Mathematik und Astronomie studiert hatte, sammelte die Dainas als erster systematisch. Im Park illustrieren 25 Skulpturen des Bildhauers *Indulis Ranka* (*1934) den in den Liedern verewigten Mythen- und Sagenschatz.

i Praktische Hinweise

Information

TIC, Raiņa iela 3, Sigulda, Tel. 67 97 13 35, www.sigulda.lv

Sport

Makars, Peldu 2 (Campingplatznähe), Sigulda, Mobil 29 24 49 48, www.makars.lv. Geführte Raftingtouren, Kanuverleih.

Tridens, Cēsu iela 15, Sigulda, Mobil 29 64 48 00. Verleih von Mountainbikes.

Hotels

***__Sigulda__, Pils iela 6, Sigulda, Tel. 67 97 22 63, www.hotelsigulda.lv. Hotel mit großen, komfortablen Zimmern.

Līvkalns, Pēteralas iela 3, Sigulda, Tel. 67 97 09 16, www.livkalns.lv. Hübsch im Grünen gelegenes Gästehaus mit nordisch ausgestatteten Zimmern.

Restaurants

Aparjods, Ventas iela 1a, Sigulda, Tel. 67 97 44 14, www.aparjods.lv. Rustikales Ambiente und lettische Spezialitäten im Restaurant des gleichnamigen Hotels.

Pilsmuiža, Pils iela 16, Sigulda, Tel. 67 97 14 25. Restaurant im Neuen Schloss mit guter bodenständiger Küche.

34 Gauja-Nationalpark

TOP TIPP *Sportlerparadies in urwüchsiger Natur.*

Der Gauja-Nationalpark (Gaujas nacionālais parks, *Besucherzentrum*: Baznīcas 7, Sigulda, Tel. 67 80 03 88, www.daba.gov.lv, Mai–Okt. tgl. 9–18, Nov.–April tgl. 10–16 Uhr) gehört zu den landschaftlichen Höhepunkten Lettlands. Die Gauja, unbegradigt und ungestaut, hat ein bis zu 85 m tiefes *Urstromtal* geschaffen, das mit Stromschnellen, Schluchten, Sandbänken, Steilhängen, Höhlen, Sandstein- und Dolomitfelsen kaum abwechslungsreicher sein könnte. Der Nationalpark mit einer Fläche von 920 km² umfasst ein Fünftel der Gesamtlänge der Gauja, die von 13 Nebenflüssen gespeist wird.

Populär sind Paddeltouren auf dem Fluss. Die mehrtägige Tour von **Valmiera**, am nordöstlichen Parkrand gelegen, bis nach Sigulda ist 95 km lang. Am Ufer gibt es genügend Rast- und Zeltplätze. Die Bootsverleiher halten auch Kartenmaterial bereit. Man kann sich auch einem Führer anvertrauen und vom Raftingboot aus den Fluss kennenlernen.

Ein beliebtes Ausflugziel im Park ist auch **Līgatne** östlich von Sigulda. Hier führt ein Naturlehrpfad an Freigehegen mit Luchsen, Bären, Wölfen, Wisenten, Bibern und Eulen vorbei. Man kann Pferde ausleihen und so das Gebiet erkunden.

Am südlichen Parkrand nahe der A2 wurde auf der Insel im Āraiši-See nach archäologischen Funden ein lettgalli-

Am besten folgt man dem Fluss der Gauja mit einem Paddelboot

sches *Wehrdorf* aus dem 9. Jh. rekonstruiert, das heute Teil des **Archäologischen Museumspark Āraiši** (Āraišu ezerpils, Tel. 64 10 70 80, www.lnvm.lv, Mai–Okt. Mi–So 10–16 Uhr) ist. Zum Park gehört eine Wasserburg sowie eine livländische Burgruine.

i Praktische Hinweise

Information

TIC, Spriņģu iela 2, Līgatne, Tel. 64 15 31 69, www.visitligatne.lv

Sport

Līgatne Nature Trails, Līgatne, Tel. 64 15 33 13. Verleih von Reitpferden im Sommer und Schlitten im Winter.

35 Cēsis

Die alte Hansestadt im Gauja-Nationalpark setzt auf Kultur.

Cēsis (Wenden) gewann bereits im 13. Jh. große Bedeutung als *Hansestadt*. Sie lag am wichtigen Handelsweg von Rīga nach Pskow. Im 13.–15. Jh hatte hier der Livländische Orden seinen Hauptsitz, den er gegenüber den Dänen, die bis 1346 den Norden Livlands beherrschten, sichern musste. Der Orden konkurrierte damals aber auch mit dem Bischof von Riga um die Macht auf dem Gebiet des heutigen Lettland und Estland. Die Stadt wurde außer von der zentral gelegenen Ordensburg im 13.–15. Jh. mit 27 Burgen befestigt. Man stattete die trutzige Ordensburg im Innnern prächtig aus und gewährte den Kaufleuten ihren eigenen Stadtrat. Von deren Reichtum zeugen einige noch erhaltene gotische Kaufmannshäuser in Cēsis. Der Niedergang der wohlhabenden Stadt, die eigene Münzen prägen durfte und Rīga im 15. Jh. fast ebenbürtig war, begann in der zweiten Hälfte des 16. Jh. mit der Auflösung des Ordens nach der Reformation. Cēsis wurde im Livländischen (1577) und Nordischen Krieg (1703) zerstört. Im Rahmen des Neuanfangs im 18. Jh. entstanden barocke und klassizistische Bauten. Die Industrialisierung brachte im 19. Jh. den ersehnten wirtschaftlichen Aufschwung – Cēsis machte sich mit seiner Brauerei *Cēsu alus* landesweit einen Namen.

Das Zentrum der Altstadt bildet der Pils laukums, der Schlossplatz. An ihm erhebt sich das **Neue Schloss** (Cēsu pils), in dem heute das **Museum für Geschichte und Kunst** (Cēsu Vēstures un mākslas

Obwohl die Ordensburg von Cēsis zum Teil in Trümmern liegt, macht sie mächtig Eindruck

muzejs, Pils laukums 9, Mai–Sept. tgl. 10–18, Okt.–April Di–Sa 10–17, So 10–16 Uhr) die turbulente Historie der 1206 erstmals erwähnten Stadt dokumentiert. Die **Ordensburg** (Mūra pils, Pils lauk. 11, Mai–Sept. tgl. 10–18, Okt.–April Di–Sa 10–17, So 10–16 Uhr) wurde im 16. Jh. zerstört. Die Ruinen geben nur noch eine Ahnung von dem riesigen Komplex, der 1209–24 hier entstanden war. Der *Südturm*, dessen Mauern noch stehen, war mit zwei Blendbogenfriesen geschmückt. Besser erhalten ist der *Westturm* der Burg, in dem das mit einem Sternengewölbe reich dekorierte Gemach des Ordensmeisters lag.

Die **Johanniskirche** (Jāņa baznīca, Lielā Skolas iela 8, tgl. 10–18 Uhr), die 1282–87 als Hauptkirche des Ordens in Burgnähe errichtet wurde, ist ein schwerer, massiv wirkender Bau. Die Mauern bestehen aus grob behauenen Kalksteinblöcken, Bögen und Rippen hingegen sind aus profiliertem Backstein. Im Turm blieb das ursprüngliche Hauptportal mit den stilisierten Tierfiguren erhalten. In der Kirche wurden die Ordensmeister bestattet. Die *Grabplatten* aus dem 15. und 16. Jh. sind wegen reicher Reliefs sehenswert

Der *Rosenplatz* (Rožu laukums) an der Rīgas iela, die parallel zur Skolas iela verläuft, war früher der Marktplatz und sorgt noch heute mit Cafés, Läden und dem Jugendtreff für lebendige Geschäftigkeit in der ansonsten eher verschlafenen Kleinstadt. Hier kann man sich auch ein Bier der örtlichen *Brauerei Cēsu alus* (Cēsu alus darītava, www.cesualus.lv) servieren lassen. Die älteste Brauerei Lettlands, die 1590 gegründet wurde, produziert den Gerstensaft inzwischen aber außerhalb der Stadt.

Gut Orellen

Etwa 9 km nordwestlich von Cēsis liegt das **Gut Orellen** (Ungurmuiža, Mai–Okt. Di–So 10–18 Uhr), ein spätbarocker Holzpalast und Stammsitz der deutschbaltischen Familie von Campenhausen. Allein die Anfahrt durch die alte Lindenallee ist ein Erlebnis. Die Räume des Herrenhauses sind mit Wandmalereien und Kachelöfen ausgestattet. Im barocken Teehäuschen wird heute Tee serviert und im einstigen Schulhaus kann man übernachten [s.u.] – nicht weit vom *Ungura-See*, dem größten See im Gauja-Nationalpark.

i Praktische Hinweise

Information

TIC, Pils laukums 9, Cēsis, Tel. 64121815, www.tourism.cesis.lv

Sport

Eži, Raiņa iela 26/28, Cēsis, Tel. 64107022, www.ezi.lv. Zentrum für Aktivtourismus, Verleih von Fahrrädern, Kanus, Zelten u.a.

Hotels

*****Kolonna Hotel Cēsis**, Vienibas laukums 1, Cēsis, Tel. 64120122, www.hotelkolonna.com. Das beste Hotel der Stadt in einem klassizistischen Gebäude am zentralen Platz, gutes Restaurant.

*****Katrīna**, Mazā Katrīnas iela 8, Cēsis, Mobil 20008870, www.hotelkatrina.com. Kleines Jugendstilhotel in der Altstadt.

Ungurmuiža, Raiskuma pagasts, Cēsu rajons, Tel. 64164195, Mobil 29424757, www.ungurmuiza.et.lv. Einfaches Gästehaus im ehem. Schulgebäude des Gutes.

36 Rēzekne

Abseits vom Trubel ruhen die ›Blauen Seen‹.

Rēzekne (Rositten) ist mit 36600 Einwohnern die Hauptstadt Lettgallens (Latgale), der Region im Südosten Lettlands. Die Stadt ist eine Gründung des Deutschen Ordens aus dem 13. Jh., von dessen *Burg* im Schlosspark Reste zu sehen sind. Im Zweiten Weltkrieg wurde Rēzekne stark bombardiert und nur noch wenige alte Gebäude sind erhalten. Die Industrialisierung zu Sowjetzeiten verwandelte die Kleinstadt in eine eher gesichtslose Stadt.

Ein Besuch lohnt sich dennoch, denn das **Lettgaller Museum für Kulturgeschichte** (Latgales kultūrvēstures muzejs, Atbrīvošanas aleja 102, Di–Fr 10–17, Sa 10–16 Uhr) zeigt eine exquisite Sammlung schwarzer Keramik von vorchristlichen Tongefäßen lettgallischer Stämme bis zu heutiger Töpferkunst, für die die Gegend berühmt ist.

Rēzekne besticht außerdem durch die von der Eiszeit geprägte Umgebung mit den **Blauen Seen**. Die Seenplatte breitet sich von hier bis Daugavpils über rund 50 km^2 aus. Einer von rund 300 Seen ist der **Rāznas-See** (Rāznas erzers) etwa 20 km südlich von Rēzekne. Er lockt mit zum Teil steilen Ufern und einigen schönen Stränden. Das Zentrum des Seebetriebes liegt in **Kaunata**, einem kleinen, verträumten Ort.

i Praktische Hinweise

Hotels

*****Latgale**, Atbrīvošanas aleja 98, Rēzekne, Tel. 64622180, www.hotellatgale.lv. Im Stadtzentrum gelegenes modernes Hotel.

Azarkrosti, Plikpurmaļi, Verēmu pag., Rēzeknes novads, Tel. 29549448. Einfaches Gästehaus am Adamovu-See im Norden Rēzeknes. Rad- und Bootsverleih.

Untumi, Spudžani, Ozolmuižas pagast, Rēzeknes rajons, Tel. 64631255, Mobil 26337449, www.untumi.lv. Der Reiterhof bietet 7 km nordwestl. von Rēzekne Richtung Jēkapils Reitkurse und Ausritte.

Restaurant

Mōls, Latgales iela 22/24, Rēzekne, Tel. 64625353. Pub und Kunstsalon in einem.

37 Aglona

Berühmtester Wallfahrtsort Lettlands.

Knapp 50 km südlich von Rēzekne steht die leuchtend weiße **Wallfahrtskirche von Aglona** (Aglonas staciija), der bedeutendste Pilgerort lettischer Katholiken – und zu *Mariä Himmelfahrt* (15. August) Ziel von Zehntausenden Gläubigen aus ganz Osteuropa. Dominikaner gründeten 1699 ein *Kloster* zu Ehren Mariens, die einem der Mönche auf dieser Anhöhe erschienen war. Bis Mitte des 18. Jh. stand hier eine einfache Holzkirche. 1768–1800 erbaute man dann die spätbarocke Basilika mit der markanten Doppelturmfassade. Blickfang des im Rokokostil gestalteten Innenraums ist der üppig verzierte

Hochaltar mit der wundertätigen *›Gottesmutter von Aglona‹* (Aglonas Dievmāte). Das Bildnis, das Aglona 1708 vor der Pest bewahrt haben soll, wird nur während der Morgen- (7 Uhr) und Abendmesse (19 Uhr) enthüllt. Dass in Latgale im Unterschied zum übrigen Lettland tief gläubige *Katholiken* leben, erklärt sich aus einer langen gemeinsamen Geschichte mit Litauen. Latgale war über 200 Jahre polnisch, bevor es bei der Dritten Teilung Polens 1795 an Russland fiel. Erst 1920 kam es dann zu Lettland.

Praktische Hinweise

Information

TIC, Somersētas iela 34, Aglona, Tel. 532 21 00, www.visitaglona.lv

Vor allem zu Mariä Himmelfahrt strömen katholische Pilger nach Aglona

38 Daugavpils

Lettlands zweitgrößte Stadt profitiert von ihrer Lage an der Daugava.

Daugavpils (Dünaburg), hat sein ursprüngliches Erscheinungsbild im Zweiten Weltkrieg verloren, liegt aber in einer äußerst reizvollen Landschaft. Von den heute 109 000 Einwohnern der Stadt sind nur etwa 10 Prozent Letten. Das Leben an der Daugava (Düna) wird von der starken russischen Mehrheit geprägt.

In der Stadt lohnt die 2 km westlich vom Zentrum gelegene **Festung** (Cietoksnis, zzt. wegen Restaurierungsarbeiten nicht zugänglich) einen Besuch. Hier waren seit dem 19. Jh. zunächst zaristische und dann bis 1993 sowjetische Truppen stationiert. Die ausgedehnte Anlage erbauten die Russen 1810–50 auf den Trümmern der 1275 vom Deutschen Orden errichteten Dünaburg. Diese war im Livländischen Krieg zerstört worden. Innerhalb eines doppelten Mauerrings sind Kasernen mit Wirtschaftsräumen und Unterkünften für fast 10 000 Soldaten und Bedienstete, ein Hospital, eine Zitadelle sowie Appellplätze zu sehen.

Düna-Schleifen (Daugavas loki)

In der schönen Landschaft südöstlich von Daugavpils, im Grenzgebiet zu Weißrussland, kann man ungestört die Stille der Natur genießen oder das Abenteuer auf und am Wasser suchen. Zwischen Daugavpils und Krāslava ändert die Daugava (Düna) neunmal ihre Richtung. Die Flussschleifen gehören zum **Naturpark Daugavas loki** (Dabas parks Daugavas loki). An den Ufern erheben sich bis zu 40 m hohe Felsen, die einen schönen Blick über die waldreiche Landschaft bieten. Entweder folgt man dem vielfach gewundenen Flusslauf im Boot oder auf einem der markierten Wanderwege – z.B. dem *Naturpfad Adamova* (Adamovas dabas taka) von **Krāslava**, einem sympathischen Provinzstädtchen mit vielen Holzbauten, 2 km am rechten Ufer entlang mit Ausblicken auf das malerische *Urstromtal* der Daugava.

Praktische Hinweise

Information

TIC Daugavpils, Rigas iela 22a, Daugavpils, Tel. 65 42 28 18, www.visitdaugavpils.lv

TIC Krāslava, Brīvības iela 13, Krāslava, Tel. 65 62 22 01, www.kraslava.lv

Sport

Klajumi, Kaplavas pag., Krāslavas rajons, Tel. 29 47 26 38, www.klajumi.lv. Reiterhof bei Kaplava südwestlich von Krāslava.

Hotel

******Villa Ksenia**, Varšavas iela 17, Daugavpils, Tel. 65 43 43 17, www.villaks.lv. Gepflegtes Hotel in einer Stadtvilla.

Restaurants

Gubernators, Lāčplēša iela 10, Daugavpils, Mobil 29 55 22 11. Gute lettische Küche.

Vesma, Rīgas iela 49, Daugavpils, Tel. 65 44 43 63. Café, in dem es auch Snacks und Salate gibt.

Litauen – Lietuva

Litauen ist mit einer Fläche von 65 300 km² und 3,4 Mio. Einwohnern der größte der drei baltischen Staaten und der erste, der 1990 seine Unabhängigkeit erklärte. Im Norden grenzt Litauen an Lettland, im Osten an Weißrussland. Im Westen hat das Land eine 100 km lange Ostseeküste und eine Grenze zur **Oblast Kaliningrad**, also zur Russischen Föderation. Mit dem südlichen Nachbarn **Polen** verbindet Litauen auch die gemeinsame Geschichte, die Union beider Länder zwischen dem 14. Jh. und dem 18. Jh. Das polnisch-litauische Herrschaftsgebiet reichte im 15. Jh. zeitweise sogar bis ans Schwarze Meer. Bis heute erinnert die mittelalterliche Fürstenresidenz in *Trakai* an die einstige Bedeutung Litauens. Im Unterschied zu den beiden nördlichen baltischen Republiken ist die litauische Vergangenheit weniger von fremden Herrschern, Deutschen, Schweden oder Russen, dominiert und Litauen vom **Katholizismus** geprägt. Die **litauische Sprache** konnte sich gegenüber dem von großen Teilen der Bevölkerung gesprochenen Polnisch aber erst im 19. Jh. durchsetzen, als sich die litauische Nationalbewegung formierte. Litauisch gehört wie Lettisch zu den baltischen Sprachen und kommt der indoeuropäischen Ursprache *Sanskrit* am nächsten.

Die Litauer stellen mit 84 Prozent eindeutig die Mehrheit im eigenen Land. Die größte Minderheit sind die Polen mit 7 Prozent, daneben gibt es etwa 6 Prozent Russen, sowie jeweils 1 Prozent Weißrussen und Ukrainer. Diese Vielfalt spürt man vor allem in der **Hauptstadt Vilnius**. Das von prunkvollen **Kirchen** und **Klöstern** zwischen Kathedrale, Gotischem Viertel und Tor der Morgenröte geprägte Stadtbild, wird heute von zahlreichen Studenten der renommierten **Universität** belebt und durch moderne **Einkaufszentren**, z.B. am Gedimino-Prospekt bereichert. Das am dichtesten besiedelte Land des Baltikums ist in fünf Regionen unterteilt, von denen jede ihren eigenen Dialekt und ihre kulturellen Besonderheiten hat: Žemaitija (Niederlitauen) im Westen, Aukštaitija (Oberlitauen) im Osten, Suvalkija im Südwesten und Dzūkija im Südosten sowie Mažoji Lietuva (Kleinlitauen), das einstige *Memelgebiet* am Kurischen Haff. Kleinlitauen gehörte seit dem 13. Jh. dem Deutschen Orden, ab 1525 zu Preußen und 1871–1944 zum Deutschen Reich – unterbrochen von der litauischen Besetzung in der Zwischenkriegszeit 1923–39. In Kleinlitauen befindet sich eine der spektakulärsten Landschaften Europas: die **Kurische Nehrung**. Die hohen Wanderdünen zwischen Haff und Ostsee faszinierten u.a. *Thomas Mann*, der sich 1929 ein Feriendomizil in Nida (Nidden) errichten ließ. Heutige Urlauber begeistern außerdem die feinsandigen *Ostseestrände* und die großzügige *Haffpromenade*. Ein *Radweg* verbindet die malerischen Fischerdörfer der Nehrung (Neringa), die von Kiefernwälder umgeben sind. Litauen ist zu einem Drittel mit Wald bedeckt, dazwischen liegen etwa 3000 Seen, die meisten im *Aukštaitija-Nationalpark*. Und das flache Land wird von Flüssen durchzogen, der längste ist mit 937 km der *Nemunas* (Memel). Vor allem Naturliebhaber haben ihre Freude an den von **Rad- und Wanderwegen** erschlossenen Nationalparks, die Litauens märchenhaft verwunschene Seite offenbaren.

Links: *Der Wind modelliert die Wanderdünen auf der Kurischen Nehrung*
Oben: *Wie gemalt erscheinen die Kurenhäuser und die sommerliche Blütenpracht in Nida*

Vilnius und der Osten – Alte Größe in Europas Mitte

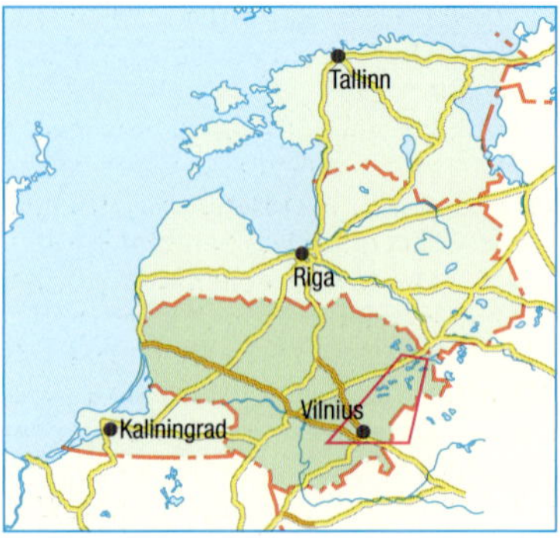

Litauens Hauptstadt **Vilnius**, die ›Perle des Barock‹, verströmt mit ihren Kirchen und Klöstern einen Hauch von Italien. Bis heute zieht die *Vielvölkerstadt*, die von Polen, Juden, Russen, Weißrussen und Ukrainern maßgeblich geprägt wurde, Besucher aus aller Welt in ihren Bann. Wenn man sich ins bunte Treiben der *Pilies gatvė* mit ihren Boutiquen und Bars stürzt und von der Aufbruchstimmung mitreißen lässt, scheint sich gar die ganze Welt um diese Stadt zu drehen. Da verwundert es kaum, dass die *Mitte Europas* nur etwa 26 km nördlich von Vilnius in der Nähe des **Europaparks** liegen soll.

Bevor die litauischen Großfürsten ab dem 14. Jh. in Vilnius residierten, hieß ihre Hauptstadt **Trakai**. Die beeindruckende mittelalterliche *Wasserburg* symbolisiert Litauens Eigenständigkeit, da sie nie vom Deutschen Orden erobert wurde. Überaus schön sind auch die malerischen Holzhäuser der *Karäer*, die sich als fürstliche Leibgarden in Trakai niederließen. Das Umland von Vilnius ist wald- und seenreich – und obwohl die **Aukštaitija** als Ausflugsziel der Vilnaer en vogue ist, zeigt sich das sanft gewellte Hügelland immer noch recht urwüchsig.

39 Vilnius

TOP TIPP *Rauschender Barock: Kirchen, Klöster, Lebenslust.*

Die litauische Hauptstadt (550 000 Einw.) liegt im Südosten des Landes, nur 20 km von der weißrussischen Grenze entfernt. Vilnius ist eine Stadt der Kirchen. Allein vierzig sind es in der rund 2 km² großen Altstadt, die seit 1994 zum *UNESCO-Weltkulturerbe* zählt.

Geschichte Der Legende nach träumte Großfürst *Gediminas* (1316–1341) in dieser Gegend von einem Wolf, der ungewöhnlich laut heulte. Der Traumdeuter empfahl ihm sich hier anzusiedeln, da der Wolf für Macht und Ruhm stünde. Soweit die Legende. Gediminas bewegte um 1316 wohl eher die günstige Lage an Vilnia und Neris zur Gründung der Stadt Vilnius. Bereits 1320 verlegte der Großfürst seine **Residenz** aus dem nahen Trakai [Nr. 40] hierher. Damals lud Gediminas deutsche Kaufleute ein, sich hier niederzulassen.

Eine erste Blütezeit erlebte Vilnius als Handelsstadt zwischen Schwarzem Meer und Ostsee im 15. und 16. Jh. Die 1579 gegründete Universität sorgte für ein lebhaftes Kulturleben, an dem auch immer mehr Juden teilhatten, die seit dem 14. Jh. in der Stadt siedeln durften. Politisch geriet Vilnius jedoch zusehends ins Abseits. Als Litauen im Livländischen Krieg Teile seines Territoriums an Russland verlor, wandelte **Polen** 1569 die bis dahin gleichberechtigte Union mit Litauen zu seinen Gunsten um. Der polnische und katholische Einfluss in Litauen verstärkte sich. Im Nordischen Krieg (1700–21) wurde Vilnius sowohl von den Russen als auch von den Schweden fast völlig zerstört. Die Bevölkerung litt unter Hunger und Pestepidemien, bevor die Stadt im 18. Jh. wieder aufgebaut wurde. 1795 fiel Litauen infolge der Dritten Polnischen Teilung an **Russland**. 1825 und 1831 kam es zu Aufständen gegen die Zarenherrschaft, die niedergeschlagen wurden und denen Russifizierungskampagnen folgten. 1831 wurde die Universität geschlossen, 1863 wurden, nach einem erneuten Aufruhr, die litauische Sprache und der Buchdruck verboten. In dieser Zeit formierte sich die litauische **Nationalbewegung**. Nach dem Ersten Weltkrieg, in dem *Wilna* vier Jahre von deutschen Truppen besetzt war, erklärte Litauen 1918 seine Unabhängigkeit, Vilnius wurde **Hauptstadt**. Doch die Polen beanspruchten ihr *Wilno* und besetzten es 1920. Daher zog die Regierung nach Kaunas [Nr. 46] um. Durch den Hitler-Stalin-Pakt 1939 kam Vilnius zwar zu Litauen zurück, aber gleichzeitig verlor das Land seine Souveränität und die Sowjets stationierten ihre Truppen. Am 24. Juni 1941 besetzen die **Deutschen** Vilnius. Sie richteten das *Kleine Getto* und das *Große Getto* ein, in denen bis 1943 über 40 000 Juden starben. Die **Rote Armee** befreite Vilnius 1944 von den Nazis, terrorisierte die Menschen aber auf ihre Weise. Während der Sowjetherrschaft wurden 63 000 Litauer nach Sibirien verbannt, die als Intellektuelle, Politiker oder Fabrikanten eine Gefahr für die Kommunisten darstellten. Als Litauen 1990 seine Selbstständigkeit verkündete, begrüßten die Zeitungen euphorisch die ›Rückkehr des Landes aus Sibirien‹. Seither hat man große Teile der Altstadt sorgfältig restauriert. Viele Arbeiten wurden noch vor dem Jahr 2009 fertiggestellt, als sich Vilnius zum 1000. Geburtstag Litauens als *Kulturhauptstadt Europas* präsentierte. Der wirtschaftliche Aufschwung spiegelt sich in den Schaufenstern der Pilies gatvė und des Gedimino-Prospekts, wo die internationalen Modelabels ihre Filialen haben.

Der Gediminashügel

Fürst *Gediminas* ließ am Zusammenfluss von Vilnia und Neris in der ersten Hälfte des 14. Jh. zwei Burgen errichten: auf dem Hügel Plikasis die *Schiefe Burg*, die 1390 von Kreuzrittern niedergebrannt wurde und auf dem Burgberg die Obere oder *Gediminas-Burg*.

Wer sich den Aufstieg zu ihren Resten auf dem Gediminashügel ersparen möchte, nimmt die **Standseilbahn** (Arsenalo gatvé 5), die die 71 Höhenmeter in weniger als einer Minute überwindet. Die Talstation befindet sich am Ufer der Neris.

Von der Oberen Burg blieb der **Gediminasturm** ❶ (Gedminio bokštas) erhalten, das Wahrzeichen der Stadt, auf dem seit 1990 wieder die Nationalflagge Litauens weht. Das im Turm beheimatete **Museum** (Aukštutinės pilies muziejus, gatvė 5, www.lnm.lt, Mai–Sept. tgl. 10–19, Okt.–April Di–So 10–17 Uhr) dokumentiert die Geschichte der Burgen. Von der *Aussichtsplattform* bietet sich ein weiter Blick über das Kuppel- und Türmemeer der Stadt.

Zu Füßen des Hügels steht das *Alte Arsenal* mit seiner schönen Renaissancefassade. Es beherbergt das **Museum für Angewandte Kunst** ❷ (Taikomosios dailės muziejus, Arsenalo gatvė 3 a, www.ldm.lt, Di–Sa 11–18, So 11–16 Uhr), das hochkarätige wechselnde Ausstellungen veranstaltet. Im *Neuen Arsenal* hat das **Litauische Nationalmuseum** ❸ (Lietuvos nacionalinis muziejus, Arsenalo gatvė 1, Tel. (8)5/262 94 26, www.lnm.lt, Mai–Sept. Di–Sa 10–17, So 10–15, Okt.–April Mi–So 10–17 Uhr)

Kirchen und Klöster sorgen in der Altstadt von Vilnius für eine südlich-italienische Stimmung

seinen Sitz, das die Geschichte des Landes seit der Steinzeit präsentiert. Typische Wohnräume zeigen das Leben in den Regionen des Landes.

Nun erreicht man den **Palast des Großfürsten** 4 (Lietuvos Didžiosios Kunigaikštystės valdovų rūmai, www.valdovurumai.lt) am Kathedralenplatz 3 [s.u.]. Erste Bauten stammen aus dem 13. Jh., der Zeit des ersten litauischen Königs Mindaugas. Heute zeigt er sich in der Gestalt des frühen 17. Jh., als der Palast nach dem verheerenden Feuer von 1610 im Stil des Barock wiederaufgebaut wurde. Was wirkt wie ein 400 Jahre alter Bau ist allerdings neuesten Datums: Über 300 Jahre lang befand sich hier eine Brache, da der Palast Mitte des 17. Jh. im Krieg mit Russland schwer beschädigt und im 18. Jh. endgültig abgerissen worden war.

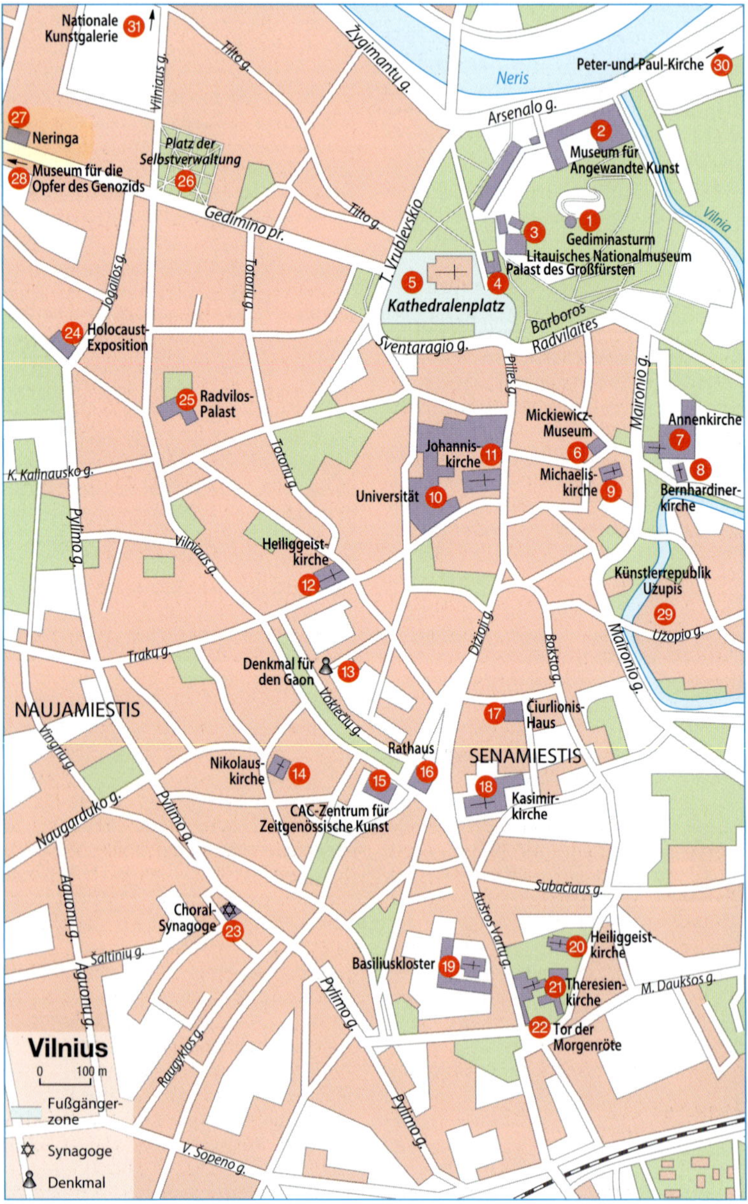

Das einzigartige Gotische Viertel aus Annen– und Bernhardinerkirche zieht magisch an

In den Jahren 2005–09 erfolgte die äußere Rekonstruktion. Die offizielle Eröffnung der dort eingerichteten Museen und Ausstellungen ist für 2012 geplant.

Der weiträumige **Kathedralenplatz** 5 (Katedros aikštė) ist ein beliebter Treffpunkt für Jung und Alt. An dieser Stelle hatte bereits *Fürst Mindaugas* neben seinem Palast einen Tempel für den litauischen *Hauptgott Pērkunas* errichten lassen. Als Jogailas sich 1386 taufen ließ, ersetzte er den Tempel durch eine Kirche, die später vielfach umgebaut wurde. Die heutige **Kathedrale** (Arkikatedra bazilika, tgl. 7–19 Uhr) datiert ins 18. Jh. und entstand in Form eines griechischen Tempels mit einem von sechs dorischen Säulen getragenen Portikus. Die Pläne lieferte der litauische Architekt Laurynas Stuoka-Gucevičius, der dem französischen Klassizismus nacheiferte. Im Innenraum sind noch barocke Kapellen erhalten, darunter das Schmuckstück der Kathedrale, die *Kapelle des hl. Kasimir* von 1623–36. *Diese ist* mit farbigem Marmor, Fresken aus dem Leben des Heiligen und Skulpturen ausgestaltet. Der abseits von der Kathedrale stehende, bizarr geneigte **Glockenturm** entstand durch Einbeziehung eines Wehrturms des Palastes des Großfürsten. Auf den unten runden Turm mit Schießscharten setzte man im 16. Jh. drei achteckige Geschosse im Stil der Renaissance.

Zwischen Gotischem Viertel und Universität

Gegenüber vom Kathedralenplatz und Vytautas Kašubas Denkmal (1996) des Stadtgründers *Gediminas*, führt die **Pilies gatvė** in die Altstadt. Restaurants, Bars und Cafés machen sie auch am Abend zum attraktiven Ziel. Links von der Pilies gatvė zweigt die mittelalterliche **Bernardinų gatvė** ab. Der polnische Dichter *Adam Mickiewicz* (1798–1855) lebte 1822 in Haus Nr. 11, das einen schönen Innenhof hat und in dem das kleine **Mickiewicz-Museum** 6 (Vilniaus universiteto bibliotekos Adomo Mickevičiaus muziejus, Di–Fr 10–17, Sa/So 10–14 Uhr) Einblick in die Lebens- und Arbeitswelt dieses wichtigsten Vertreters der polnischen Romantik gibt.

Kurz hinter dem Museum sieht man das *gotische Ensemble* der Annen- und Bernhardinerkirche. »Wenn ich könnte, würde ich diese Kirche auf Händen nach Paris tragen«, soll Napoleon beim Anblick der **Annenkirche** 7 (Šv. Onos bažnyčia, Maironio gatvė 8, Di–So 10–18.30 Uhr) geschwärmt haben. Die zierliche Kirche, bei deren Bau über 30 verschiedene Arten von profiliertem Backstein verarbeitet wurden, besticht durch grazile Eleganz und stilistische Geschlossenheit. Das Meisterwerk der späten *Backsteingotik* entstand im ausgehenden 15. Jh. in einer äußerst dynamischen Formensprache. Die flamboyante Ornamentierung der Fassade ist einzigartig.

TOP TIPP

Die benachbarte **Bernhardinerkirche** 8 (Bernardinų bažnyčia, Maironio gatvė 10) fällt etwas klobiger aus, weil sie in die Stadtmauern integriert war. Die dreischiffige Hallenkirche beeindruckt vor allem durch das Wechselspiel zwischen hohen Fenstern und schmalen Strebepfeilern an der Süd- und Westfassade. Im Innenraum hat man polychrome gotische Fresken freigelegt, die Szenen aus der Bibel veranschaulichen.

Das *Denkmal für Adam Mickiewicz* auf der kleinen Grünfläche neben dem Kirchenensemble war zu Sowjetzeiten ein bekannter Dissidententreffpunkt.

Gegenüber erhebt sich die mächtige **Michaeliskirche** 9 (Šv. Mykolo bažnyčia, Mykolo gatvė 9), in deren palastartigem Innenraum seit 2009 das **Museum für das Kirchliche Kulturerbe** (Bažnytinio paveldo muziejus, www.bpmuziejus.lt, Di–Sa 11–18 Uhr) seine Schätze präsentiert. Der 1594–1625 von einheimischen Baumeistern errichteten Renaissancekirche schließt sich das *Bernhardinerinnen-Kloster* an, ein Bau aus dem frühen 17. Jh.

Um zur berühmten **Universität** 10 (Universiteto gatvė 5, www.vu.lt) von Vilnius zu gelangen, kehrt man zur Pilies gatvė zurück. Der Hochschule besteht aus mehreren miteinander verbundenen Gebäuden, die sich um zwölf Innenhöfe gruppieren – eine Stadt in der Stadt. Das Viertel zwischen der Skapo- und der Jono-Straße wurde für ein 1569 gegründetes *Jesuitenkolleg* aufgekauft. Daraus ging 1579 die Universität hervor. Bis 1773 gab der Jesuitenorden die Forschungsrichtung vor, danach bestimmte der Staat über die ›Alma mater Vilensis‹. Unter russischer Herrschaft blieb die noble Lehranstalt wegen antizaristischer Umtriebe fast 100 Jahre (1832–1920) geschlossen.

Die dreigeschossigen Bauten mit ihren Arkaden sind überwiegend der Renaissance zuzuordnen. Der *Sarbievius-Hof*, den man von der Universiteto gatvė erreicht, wird von den Gebäuden der renommierten Universitätsbibliothek um-

Das Jerusalem des Nordens

Bis 1941 war Vilnius ein Zentrum der jüdischen Diaspora. Das jüdische **Vilne** war das *Jerusalem des Nordens*, die Stadt der berühmtesten jüdischen Gelehrten und Rabbiner, mit Hunderten von Schulen und Synagogen, darunter der größten im polnisch-litauischen Raum, mit Dutzenden von Verlagen und Zeitungen sowie Theatern. Man sprach Hebräisch und Jiddisch quer durch alle Gesellschaftsschichten. Die litauischen Juden, die sich **Litvaken** nannten, waren weltlicher und toleranter als etwa die frommen Juden in den Schtetln Galiziens. Sie waren gebildeter und hatten wesentlichen Anteil am kulturellen Leben in der Stadt.

Bereits der litauische Fürst *Vytautas* versprach den Juden im 14. Jh. die gleichen Rechte wie den Christen. Im 16. Jh. wurden diese festgeschrieben und 1573 errichtete man die erste Synagoge in Vilnius. Die Stadt entwickelte sich zu einem Zentrum jüdischer Lehre und jüdischen Lebens. Im 17. Jh. kamen auf 2500 Juden 40 berühmte Rabbis, und als sich im 18. Jh die *chassidische* Bewegung in Osteuropa ausbreitete, richtete sich Rabbi *Elia ben Salomo Salman* (1720–1797), der **Gaon von Vilnius**, vehement gegen die fundamentalistische Rückständigkeit und den volkstümlichen Aberglauben der Chassiden. Der Gelehrte äußerte sich nicht nur zu Fragen der Religion, sondern kämpfte für die intellektuelle Emanzipation der Juden durch eine liberale weltliche Erziehung. Er wirkte ganz im Sinne der jüdischen Aufklärung, der *von Moses Mendelssohn* (1729–1786) in Berlin begründeten **Haskala**, die nun von Vilnius aus ihren Lauf nahm. Die Zahl der Juden wuchs bis Ende des 19. Jh. auf 64 000. Ihr Wohngebiet dehnte sich von den Straßen um die heutigen Gaon gatvė, Žydu gatvė und Antokolskio gatvė bis über die Vokiečių gatvė aus. Die Juden stellten mit 40 Prozent neben Litauern und Polen die größte Bevölkerungsgruppe in der Stadt. 1924 fragte sich der Schriftsteller Alfred Döblin anlässlich einer Vilnius-Reise ebenso staunend wie lobend: »Was geht in dieser scheinbar kulturlosen Ostlandschaft vor? Wie fließt alles um das Geistige. Welche ungeheure Wichtigkeit misst man dem Geistigen, Religiösen zu.«

1939 waren 28 Prozent der Stadtbewohner Juden, die unter *deutscher Besatzung* 1941–44 fast alle umgebracht wurden. Die *Rote Armee* zählte 1944 nur 600 Überlebende in Vilnius. Aber nach der Befreiung von den Nazis wurden die Juden zu Opfern der Sowjetisierung in Litauen. Erst 1991 konnte eine neue **jüdische Gemeinde** in Vilnius gegründet werden, die heute rund 4000 Mitglieder zählt.

Stadt in der Stadt – die Johanniskirche im Skargos-Hof, einem von zwölf Höfen der Universität

geben. Die *Lesesäle* und die *Buchhandlung* ›Littera‹ sind wegen der klassizistischen Wand- und Deckenmalereien sehenswert. Die alte Universitätskirche, die **Johanniskirche** 11 (Šv. Jono bažnyčia) war ursprünglich ein gotischer Bau, der im Stil der Renaissance umgedeutet und später mit Elementen des Barock und Klassizismus versehen wurde. Im *Innern* ist die hübsche barocke *Oginski-Kapelle* mit Deckenfresken und einem vergoldeten Eisentor zu bewundern. Denkmäler erinnern an verdiente Wissenschaftler und Künstler der Vilnaer Universität. Der *Turm* der Kirche ist mit 68 m der höchste der Stadt.

In der Dominikonų gatvė steht eine der schönsten Kirchen des Spätbarock, die **Heiliggeistkirche** 12 (Šv. Dvasios bažnyčia, tgl. 7–10 und 14–19 Uhr) des Dominikanerklosters. Von außen deutet nur die monumentale, über 50 m aufragende Kuppel auf die wertvolle Rokokoausstattung hin. Der im 17. und 18. Jh. umgebaute Innenraum besticht durch 16 prächtige Marmoraltäre, die Kanzel, die Orgelempore sowie fantastische Fresken. Heute ist die Kirche der Treffpunkt der polnischen Minderheit (20 %) in Vilnius.

Zwischen Judenviertel und Tor der Morgenröte

Die Stiklių gatvė führt ins alte jüdische *Vilne*, die Häuser und Höfe vermitteln noch mittelalterlichen Flair. Damals wohnten die Juden hier und um die Gaon, Žydu und Antokolskio gatvė. Die Stiklių gatvė war aber auch eine der Hauptstraßen des **Kleinen Gettos**. In der nach links abzweigenden Gaon gatvė 3 erinnert eine Gedenktafel an die 11 000 von den Nazis 1941 ermordeten Bewohner. Auf der anderen Seite der Stiklių gatvė verläuft die Žydu gatvė, die Judengasse, bis zu einem Wohnblock, der zu Sowjetzeiten an der Stelle der *Großen Synagoge* von 1635 erbaut wurde. Im Hof der Anlage steht heute das **Denkmal für den Gaon Elia ben Salomo Salman** 13 (1720–1797), einen der größten Talmud-Gelehrten des 18. Jh.

Zwischen den Häusern hindurch gelangt man in die **Vokiečių gatvė**, in der im Mittelalter deutsche Handwerker und Händler lebten. Sie ließen im 14. Jh., noch vor der Christianisierung Litauens, die **Nikolauskirche** 14 (Šv. Mikalojaus bažnyčia, Šv. Mikalojaus gatvė 4, Mo 17–18.30, Di–Fr 6.45–20, Sa 8–10, So 7–15 Uhr) errichten. Der gotische Backsteinbau mit Treppengiebel wurde 1387 vollendet.

Die Vokiečių gatvė selbst erhielt ihr heutiges Erscheinungsbild mit dem Grünstreifen in der Mitte nach dem Zweiten Weltkrieg. Zahlreiche Geschäfte und Cafés sowie Restaurants laden zum Verweilen ein. Das düstere Kapitel: Die Straße, die sich im 19./20. Jh. zum Zentrum jüdischen Lebens in Vilnius entwickelt hatte, trennte nach dem Einmarsch der Deutschen 1941 das nördlich gelegene Kleine Getto vom *Großen Getto*, das von hier bis zur Pylimo gatvė reichte. 1943 schlossen es die Nazis und deportierten die verbliebenen 29 000 Juden in die KZs von Sobibor und Stutthoff oder nach Ponary, einen Ort bei Vilnius, an dem während der deutschen Besatzung insgesamt 100 000 Menschen, vor allem Juden, erschossen wurden.

Kurz bevor die Vokiečių gatvė auf den Rathausplatz mündet, passiert man das **CAC-Zentrum für Zeitgenössische Kunst** ⑮, (Šiuolakinio meno centras, Vokiečių 2, www.cac.lt, Di–So 12–20 Uhr), zu dem ein nettes Café gehört. Wechselnde Ausstellungen präsentieren vor allem litauische Künstler – oft Fotografen. Den **Rathausplatz** (Rotušės aikštė) dominiert das alte **Rathaus** ⑯ (Vilniaus rotušė) mit seiner mächtigen klassizistischen Fassade. Die Entwürfe stammen von Laurynas Stuoka-Gucevičius, dem Erbauer der Kathedrale.

Nun bietet sich ein Abstecher in die Savičiaus gatvė an. Dort liegt das **Čiurlionis-Haus** ⑰ (Savičiaus gatvė 11, www.mkc namai.lt, Mo–Fr 10–16 Uhr), das dem litauischen Komponisten und Maler *Mikalojus Konstantinas Čiurlionis* (1875–1911) gewidmet ist. In Litauen ist er berühmt, weil er Motive der Volkskunst und -lieder [s. S. 107] in seinen Werken verarbeitete. Der Künstler lebte 1907/08 einige Monate in diesem Haus und wird hier nun liebevoll in Ehren gehalten. Anschließend sollte man die **Kasimirkirche** ⑱ (Kasimiero bažnyčia, Didžioji 34, Mo–Sa 9–18.30, So 8–13.30 Uhr), das erste frühbarocke Bauwerk (1604) der Stadt, besichtigen. Typisch für die Kirchenarchitektur von Vilnius ist die imposante Doppelturmfassade. Die Kirche ist dem litauischen Schutzheiligen Kasimir geweiht. Kasimir (1458–84) hatte sich gegen seinen Rivalen Matthias Corvinus 1471 als König von Ungarn nicht behaupten können und daraufhin ein Keuschheitsgelübde abgelegt. Seine sterblichen Überreste wurden 1832 von der Kasimirkirche in die Kathedrale überführt.

Anbetungswürdig: Barmherzige Muttergottes im Tor der Morgenröte

Die schönste Straße der Altstadt ist die von vielen Kirchen gesäumte **Aušros Vartų gatvė**. Vorbei an dem 1902 im Stil des Historismus errichteten Bau der *Philharmonie* kommt man zum früheren **Basiliuskloster** ⑲ (Aušros Vartų 7), das sich zur Straße hin mit einem wunderschönen barocken Tor (1761) nach Plänen des schlesischen Baumeisters Johann Christoph Glaubitz (1700–67) präsentiert.

Gegenüber liegt die russisch-orthodoxe **Heiliggeistkirche** ⑳ (Šv. Dvasius cerkvė, Aušros Vartų 10, Mo–Sa 8–19, So 7–19 Uhr). Sie ist der Sitz des Erzbischofs von Vilnius und wurde 1610 für die in diesem Stadtteil ansässige russische Gemeinde errichtet. Während sich der Bau nach außen in Zurückhaltung übt, entfaltet er im Inneren seine ganze Pracht – vor allem durch die im Stil des Rokoko aufwendig gestaltete *Ikonostase*. Die Kirche bildet den Mittelpunkt eines kleinen Klosters, in dessen Hof Frauen in geblümten Röcken je nach Jahreszeit Pilze, Blumen oder Beeren verkaufen.

Einige Schritte weiter steht die **Theresienkirche** ㉑ (Šv. Tereses bažnyčia, Aušros Vartų 14, tgl. 7.15–19.15 Uhr), ein frühbarocker Bau von 1633–50, dessen Innenraum prunkvoll mit acht Rokokoaltären und einem klassizistischen Altar ausgestattet ist. Gemälde und Fresken (17. Jh.) zeigen Episoden aus dem Leben der spanischen Karmeliternonne Theresa.

Den Abschluss der Altstadt bildet das 1503–22 erbaute **Tor der Morgenröte** ㉒ (Aušros vartai, Aušros Vartų 12, www.aus rosvartai.lt), das einzige noch erhaltene von den einst neun Toren der Stadtmauer. Über dem Torbogen errichtete man 1829 die klassizistische *Kapelle* für das verehrte Bildnis der ›**Barmherzigen Muttergottes**‹ von 1620. Ein prunkvoller vergoldeter Rahmen umgibt das Gemälde, das als wundertätig gilt, seit es eines Nachts über der Stadt schwebte. Die silbernen Wandpaneele sind mit zahllosen Votivgaben bestückt. Am Tag der Madonna (16. Nov.) zieht das Marienbild besonders viele Gläubige an. Die Kapelle ist eine der bedeutenden Pilgerstätten osteuropäischer Katholiken, daher ist die Straße immer voller Reisegruppen und die Geschäfte haben sich dem Handel mit Devotionalien verschrieben.

Folgt man der Bazilijonų und Pylimo gatvė, stößt man auf die 1902 im mauri-

Einblicke in die Abgründe der menschlichen Seele gibt das Museum für die Opfer des Genozids

schen Stil errichtete **Choral-Synagoge** 23 (Pylimo 39, So–Fr 10–14 Uhr), die einzige noch erhaltene von einst 105 Synagogen in Vilnius. Die *Geschichtsausstellung* (Pylimo 4, So–Do 10–14 Uhr) des Staatlichen Jüdischen Museums zeigt eine kleine Sammlung zur Geschichte des jüdischen Vilnius. Auf dem Weg Richtung Gedimino prospekt befindet sich in einem grünen Holzhaus die **Holocaust-Exposition** 24 (Holokausto ekspozicija, Pamėnkalnio 12, www.jmuseum.lt, Mo–Do 9–17, Fr 9–16, So 10–16 Uhr), ein weiterer Zweig des Staatlichen Jüdischen Museums. Es dokumentiert Gettoalltag und Holocaust. Über die Islandijos gatvė erreicht man den **Radvilos-Palast** 25 (Radvilų rūmai, Vilniaus gatvė 22, www.ldm.lt, Di–Sa 11–18, So 12–17 Uhr), ein attraktives Stadtpalais aus dem 17. Jh., das eine bemerkenswerte Sammlung von 165 Porträts der litauischen Adelsfamilie Radvila aus dem 16.–18. Jh. birgt.

Außerhalb der Altstadt

Über die Vilniaus gatvė gelangt man zum **Gedimino-Prospekt** (Gedimino prospektas), einem 1,7 km langen Boulevard zwischen dem Kathedralenplatz und dem Flussufer des Neris. Die Flaniermeile lockt mit vielen Cafés, Restaurants und Geschäften. Die Gebäude stammen hauptsächlich aus dem 19. und 20. Jh. und wurden von öffentlichen Einrichtungen genutzt. Der **Platz der Selbstverwaltung** 26 (Savivaldybės aikštė) war im 20. Jh. die politische Machtzentrale von Vilnius und der Sowjetrepublik Litauen. Die Gebäude wurden von der *Stadtverwaltung* und dem *Zentralkomitee der litauischen Kommunistischen Partei* genutzt. Hier befand sich nach der wieder erlangten Unabhängigkeit Litauens zunächst auch der Regierungssitz. Erst 2001 wurde am anderen Flussufer des Neris ein Neubau für die litauische Regierung errichtet. Am Platz der Selbstverwaltung befindet sich ein Einkaufszentrum.

Folgt man der Straße stadtauswärts sieht man auf der rechten Seite das Restaurant **Neringa** 27 (Gedimino prospektas 23, s. u.), das bis heute eine Institution ist und trotz der Renovierung des Hauses seinen Sowjet-Charme aus den 1950er-Jahren behalten hat. Ein schräges Ambiente, in dem sich früher Intellektuelle und Dissidenten trafen, in den 1960er-Jahren z. B. der litauische Dichter Tomas Venclova (*1937) und der russische Nobelpreisträger Joseph Brodsky (1940–96).

Nur einige Schritte weiter, auf der linken Seite des Gedimino, lag das Hauptquartier des KGB, der seine Abhörwanzen natürlich auch im Neringa installiert hatte. Heute befindet sich hier das **Museum für die Opfer des Genozids** 28 (Genocido aukų muziejus, Aukų g. 2, www.genocid.lt, Mi–Sa 10–18, So bis 17 Uhr). In dem stattlichen Gebäude aus dem 19. Jh., das einst als Gerichtshof diente, hatte während der deutschen Besatzung die Gestapo ihren Sitz, dann zog der sowjetische Geheimdienst ein. Das Museum veranschaulicht in original erhaltenen Räumlichkeiten die Machenschaften des KGB. Besonders aufschlussreich und zugleich beklemmend sind die von ehemaligen Häftlingen geleiteten Führungen. Im Keller sind 22 Zellen zu besichtigen, in denen Gestapo und KGB ihre Gefangenen quälten. Bis 1963

Künstlerrepublik Užupis

In Litauen wächst man mit Liedern und Gedichten auf, mit Kunst, klassischer Musik und Theater. Die Bildhauer, Maler, Architekten und Grafiker, die sich im Künstlerviertel Užupis in einer Flussschleife der Vilnia angesiedelt haben, wollen sich ganz ihrer Kunst widmen. Hier, am Rand von Vilnius, zwischen Gartenlauben und der gotischen St. Annenkirche bietet die Stadt den Freiraum, der sonst fehlt. Die scheckigen Backsteinbauten aus dem 19. Jh., in denen einst die öffentlichen Bäder lagen, gehören genauso wie die verfallenen Wohnhäuser mit ihren düsteren Hinterhöfen zur **Republik Užupis**. Und in der, lehrt ein Schild, sollte man stets nach Art der *Mona Lisa* lächeln. Die rund 2000 Bewohner dieser Republik haben einen eigenen Pass, wählen ihren Präsidenten und ihren Bischof, sie haben einen Botschafter in Moskau, eigene Briefmarken und ein eigenes Wochenblatt. Ihre öffentlich angeschlagene Verfassung umfasst 41 Artikel, wie das Recht auf Glück – allerdings auch auf Unglück. Besucher werden freundlich empfangen und können sich im *Regierungssitz* der Republik, dem Café **Užupis Kavinė**, sogar den Pass abstempeln lassen. Die *Galerie* ›Galeere‹ präsentiert die Kunstwerke aus den benachbarten Ateliers. Kneipen und Cafés garantieren lange, fröhliche Nächte. Feiern fördert eben den Gemeinschaftssinn. Und auch für Feiertage ist gesorgt. Besonders den 1. April, den **Unabhängigkeitstag**, begeht man als ›Tag der Streiche‹ mit bunten Umzügen und ausgelassenen Festen. 2002 enthüllte man auf dem Marktplatz die ›Säule der Freiheit‹ mit dem Posaunenengel – jeder Staat braucht Symbole.

wurden auch Todesurteile vollstreckt. Im Obergeschoss schlüsselt eine Ausstellung die Geschichte der Litauer auf, die ein Drittel ihrer Bevölkerung während der sowjetischen Okkupation verloren. Allein beim Kampf der litauischen *Waldbrüder* gegen die Rote Armee, der bis Mitte der 1950er-Jahre dauerte, fielen 22 000 Männer.

Jenseits des Flusses

Mehrere Brücken führen vom Gotischen Viertel über die Vilnia in die **Künstlerrepublik Užupis** 29. Das einst völlig herunter gekommene Stadtviertel erklärte 1997 – als Kunst- und Spaßaktion – seine Unabhängigkeit von Litauen. 1990 waren viele Künstler wegen der niedrigen Mieten hierher gezogen, hatten die verfallenden Häuser, die oft weder über Strom- noch über Wasserversorgung verfügten, restauriert und die grauen Wände mit Farbe aufgepeppt. Schließlich wurde das pittoreske Viertel mit seinen vielen Ateliers und Cafés auch bei Politikern und Unternehmern eine beliebte Wohngegend. Heute zählt es zu den eher teuren Prestige-Vierteln der Stadt [s. Kasten].

Hinter dem **Kalnų-Park** (Kalnų parkas) erhebt sich die wohl schönste Kirche von Vilnius. Die **Peter-und-Paul-Kirche** 30 (Šv. Apaštalų Petro ir Pauliaus bažnyčia, Antakalnio 1) entstand 1668–85 im Auftrag des Oberbefehlshabers des litauischen Großfürstentums *Mykolas Kasimir Pacas*, der sich mit dem prächtigen barocken Bau eine Grablege schuf. Die Außenansicht lässt das Wunderwerk der reichen *Stuckarbeiten* im Inneren kaum erahnen. Die in Weiß gehaltenen Decken und Wände zeigen Tausende verschiedene Figuren in verspielten Posen und mit dramatischen Gesten gerahmt von feinen Dekorationen aus Blumen, Blättern, Ranken, oder Tieren. Genreszenen, biblische und mythologische Schlachtenbilder überwältigen den Betrachter.

Am jenseitigen Neris-Ufer, nördlich der Altstadt, wird die litauische Kunst des 20./21. Jh. in der 2009 eröffneten **Nationalen Kunstgalerie** 31 (Nacionalinė dailės galerija, Konstitucijos ave. 22, Tel. (8)5/212 29 97, www.ndg.lt, Di/Mi, Fr/Sa 12–19, Do 13–20, So 12–17 Uhr) präsentiert. Wechselnde Ausstellungen ergänzen das Angebot.

Paneriai

Im Wald von **Paneriai** (Ponar) 10 km südlich von Vilnius erinnert das **Genozidmuseum** (Panerių muziejus, Agrastų 15, März–Dez. So–Do 9–17 Uhr) an die ermordeten Juden, russischen Kriegsgefangenen, polnischen sowie litauischen Intellektuellen, Priester und Untergrundkämpfer. Der *Gedenkstein* für die Opfer benennt die Gräuel in Jiddisch und Hebräisch: »Hier im Wald von Paneriai haben von Juli 1941 bis Juli 1944 die Hitler-Okkupanten und ihre örtlichen Mithelfer 100 000 Menschen umgebracht, darunter 70 000 Juden: Männer, Frauen und Kinder.«

i Praktische Hinweise

Information

Vilniaus Turizmo Informacijos Centras (TIC), Vilniaus gatvė 22, Vilnius, Tel. (8)5/262 96 60, www.vilnius-tourism.lt

TIC, Didžioji gatvė 31 (Altes Rathaus), Vilnius, Tel. (8)5/262 64 70

Flughafen

Tarptautinis Vilniaus oro uostas, Rodūnios kelias 2, Vilnius, Tel. (8)5/230 66 66, www.vno.lt. Der Flughafen liegt 5 km südlich im Stadtteil Kirtimai, Bus 1 vom und zum Bahnhof.

Bahnhof

Geležinkelio Stotis, Geležinkelio gatvė 16, Vilnius, Info-Tel. (8)5/233 00 88, Service-Center-Tel. (8)5/269 37 22, www.litrail.lt

Busbahnhof

Autobusų stotis, Sodų gatvė 22 (gegenüber vom Bahnhof), Vilnius, Ticketbüro-Tel. (8)5/233 52 77, www.toks.lt. Verbindungen in alle wichtigen baltischen Städte und nach Warschau sowie Westeuropa.

Öffentliche Verkehrsmittel

Busse und Trolleybusse verkehren zwischen 4 und 24 Uhr. Es gibt Einzeltickets beim Fahrer oder am Kiosk. An denen der Lietuvos spauda UAB, z. B. Gedimino pr. 2, kann man Ein- oder Dreitageskarten kaufen (www.vilniustransport.lt).

Taxi

Taksi, Tel. 14 45, Tel. 14 22, Tel. 13 13 u.a., www.etaksi.lt

Nachtleben

Cozy, Domininkonu gatvė 10, Vilnius, Tel. (8)5/261 11 37. Hippe Bar mit guter Musik.

Sky Bar, Konstitucijos pr. 20, Vilnius, Tel. (8)5/272 62 00, www.sky-bar.lt. Einen tollen Blick über die Stadt bietet die Bar im 22. Stock des Radisson Blu Hotel Lietuva.

Tamsta Club, Subačiaus gatvė 11 a, Vilnius, Tel. (8)5/212 44 98, www.tamstaclub.lt. Live-Musik-Klub in der Altstadt.

Hotels

*******Stikliai**, Gaono gatvė 7, Vilnius, Tel. (8)5/264 95 95, www.stikliaihotel.lt. Luxushotel im ehemaligen jüdischen Viertel.

******Atrium**, Pilies gatvė 10, Vilnius, Tel. (8)5/210 77 77, www.atrium.lt. Großzügige Räume an der Altstadt-Flaniermeile.

TOP TIPP ******Shakespeare Boutique Hotel**, Bernardinų gatvė 8/8, Vilnius, Tel. (8)5/266 58 85, www.shakespeare.lt. Das sympathische Hotel liegt in einer der schönsten Altstadtgassen. Sehr gutes Restaurant

*****City Gate**, Bazilijonų gatvė 3, Vilnius, Tel. (8)5/210 73 06, www.citygate.lt. Große komfortable Zimmer beim Tor der Morgenröte.

Litinterp, Bernardinų gatvė 7, Vilnius, Tel. (8)5/212 38 50, www.litinterp.lt. Litauische Gästehaus-Kette mit günstigen, netten Unterkünften. Vorab reservieren!

Restaurants

Medininkai, Aušros Vartų gatvė 8, Vilnius, Tel. (8)5/266 07 71, www.medininkai.lt. Litauische Küche, im Sommer auch unter freiem Himmel.

Neringa, Gedimino prospektas 23, Vilnius, Tel. (8)5/261 40 58, www.restoranasneringa.lt. Legendäres Café-Restaurant, das auch litauische Spezialitäten wie Cepelinai auf der Karte führt [s. S. 99].

Užupio Kavinė, Užupio 2, Vilnius, Tel. (8)5/212 21 38, www.uzupiokavine.lt. Gemischtes Publikum in der Künstlerrepublik, skurriles Ambiente.

Žemaičiai, Vokiečių gatvė 24, Vilnius, Tel. (8)5/261 65 73, www.zemaiciai.lt. Kellerrestaurant mit litauischen Spezialitäten, köstliche Pilzpfannen.

40 Trakai

Die im Mittelalter zum Bollwerk ausgebaute Fürstenresidenz überzeugt heute durch ihre idyllische Lage.

Trakai liegt 27 km westlich von Vilnius inmitten einer verträumten Wald- und Wie-

Heutzutage kann man sich der idyllisch gelegenen Wasserburg von Trakai gefahrlos nähern …

senlandschaft, der fünf kleine Seen Profil geben. Das Gebiet gehört zum *Historischen Nationalpark Trakai* (Trakų istorinis nacionalis parkas, www.seniejitrakai.lt). Das Städtchen (6000 Einw.) schrieb einst große Geschichte als litauische **Hauptstadt**. Trakai war im 13. Jh. Sitz des Großfürstentums, bis Gediminas um 1320 Vilnius zur Residenz erklärte. In der zweiten Hälfte des 14. Jh. entstand auf einer Insel im Galvė-See eine Burg von großer strategischer Bedeutung. Man konnte sich erfolgreich gegen die Angriffe der Kreuzritter zur Wehr setzen und Litauen vor einer Fremdherrschaft bewahren. Trakai ist für die Litauer bis heute ein Symbol für die Souveränität des Landes. Nachdem die erste Burg in Flammen aufgegangen war, errichtete Vytautas Ende des 14. Jh. eine neue Wasserburg, die an Bedeutung verlor, nachdem der Orden 1410 von einem polnisch-litauischen Heer bei Tannenberg geschlagen worden und Vytautas 1430 gestorben war.

Über eine lange Holzbrücke erreicht man die **Wasserburg** (Trakų istorijos muziejus, Kęstučio gatvė 4, www.trakaimuziejus.lt, Mai–Sept. tgl. 10–

… und sich ins mittelalterliche Markttreiben innerhalb der Festung stürzen

19, März, April, Okt. Di–So 10–18, Nov.–Febr. Di–So 10–17 Uhr). Das imposante Backsteinensemble vor malerischer Landschaftskulisse, das einen so vortrefflich ins Mittelalter versetzt, ist in Wirklichkeit das Ergebnis von jahrelangen aufwendigen Restaurierungsarbeiten. Die gotische Anlage des 14. Jh. wurde 1655 im Krieg gegen Russland zerstört und anschließend geschleift.

Der *Torturm* geleitet in den trapezförmigen Innenhof. Dieser ist von 7 m hohen Mauern und mächtigen, fünfgeschossigen Ecktürmen umgeben. Die *Hauptburg* (Palas) erreicht man über einen weiteren, kleineren Hof. Im ersten Obergeschoss des rechten Gebäudes liegt der Thronsaal mit wunderschönem gotischen Sterngewölbe und Freskenrelikten.

Vytautas gelang es den Machtbereich Litauens um 1400 bis zum Schwarzen Meer auszudehnen. Von einem seiner Feldzüge brachte er **Karäer** mit, Angehörige einer turksprachigen Ethnie jüdischen Glaubens, die dem Fürsten als Leibgarde dienten. Sie und ihre Nachkommen wurden im Laufe der Jahrhunderte in Trakai ansässig. Nach ihnen heißt die Hauptstraße der kleinen Stadt **Karaimų**. Sie führt mitten durch den Ort zur Burg und an ihr reihen sich auch die wichtigsten Sehenswürdigkeiten aneinander. Haus Nr. 22 ist der Sitz des **Karäer-Museums** (www.trakaimuziejus.lt, Mi–So 10–18 Uhr), in dem Kleidungsstücke und Alltagsgegenstände die Kultur des Turkvolkes dokumentieren. In der Karaimų Nr. 30 erhebt sich die **Kanessa**, das schlichte Gebetshaus der Karäer, das man nur von außen besichtigen kann. Im *Karäischen Restaurant* **Kibininė** (s. u.) kann man vorzüglich speisen und ins orientalische Ambiente eintauchen. Das Nationalgericht der Karäer nennt sich *Kibinai* und ist eine Art Fleischpastete.

Praktische Hinweise

Information

TIC, Vytauto gatvė 69, Trakai,
Tel. (8)528/519 34, www.trakai.lt

Bahnhof

Stotis (Bahnhof), Vilniaus gatvė 5, Trakai,
Tel. (8)528/510 55. Ca. 2,5 km südl. der Burg.

Sport

Trasalis, Gediminio gatvė 26, Trakai,
Tel. (8)5/283 22 08, www.trasalis.lt. Großer Freizeitkomplex mit Wasserpark, Wellness-Center, Bowling-Bahn und Hotel.

Restaurant

Kibininė, Karaimų gatvė 65, Trakai,
Tel. (8)528/558 65, www.kibinas.lt. Gute karäische Küche.

41 Europas Zentrum

Nördlich von Vilnius liegt der geografische Mittelpunkt Europas.

Nach Berechnungen französischer Geografen liegt der Mittelpunkt Europas – im Schnittpunkt der Linien Gibraltar–Ural und Nordkap–Kreta – bei 54^0 54' nördlicher Breite und 25^0 19' östlicher Länge, also etwa 26 km nördlich von Vilnius. **Eu-**

Die Karäer, Leibgarde des Fürsten

Trakai ist die Heimat der Karäer, eines **Turkvolks** jüdischen Glaubens. Die letzte Volkszählung in Litauen konnte noch 265 Karäer nachweisen – damit stellen sie die kleinste ethnische Minderheit in Litauen dar. Die Karäer kamen im ausgehenden 14. Jh. von der Krim nach Litauen. Der litauische Großfürst Vytautas war durch einen Feldzug bis ans Schwarze Meer gekommen und offenbar von den Kampfkünsten der Karäer sehr angetan – jedenfalls bat er sie, ihm in Trakai als Leibwächter und Schlosshüter zu dienen. Das Angebot muss verlockend gewesen sein, denn die Karäer erklärten sich bereit, ihm in den Norden zu folgen.

Der Glaube der Karäer stützt sich ausschließlich auf das Alte Testament, ohne seine späteren Interpretationen und Fortschreibungen anzuerkennen. Die Karäer haben außerdem ihren eigenen, am Mond orientierten Kalender. Ihre quadratischen, **Kanessa** genannten Gebetshäuser, findet man nur noch in Trakai, in Vilnius und in Simferopol auf der Krim. In Trakai leben die Karäer noch heute rund um die aus Holz gezimmerte Kanessa. Ihre grünen, gelben und blauen Holzhäuser haben anders als die Häuser der Litauer keine Tür zur Straße hin, sondern jeweils drei Fenster – eines ist Gott vorbehalten, eines dem Großfürsten Vytautas, dem sie dienten, und durch das dritte Fenster schaut der Hausherr.

Willkommen in der Mitte Europas nördlich von Vilnius

ropas Zentrum (Europos centras) markiert seit 2004 eine Säule mit Sternenkranz des Bildhauers Gediminas Jokūbonis.

Bereits 1993 richtete der Künstler Gintaras Karosas 18 km nördlich von Vilnius bei Joneikišės den **Europapark** (Europos parkas, www.europosparkas.lt, tgl. 10 Uhr bis Sonnenuntergang) ein. 90 Skulpturen von zeitgenössischen Künstlern aus 29 Ländern, darunter Sol LeWitt und Dennis Oppenheim, fügen sich mitten in der Wald- und Wiesenlandschaft zu einem spannenden Freilichtmuseum.

Paradiesische Zustände vor allem für Paddler: die Seen im Aukstaitija-Nationalpark

42 Aukštaitija-Nationalpark

Die Eiszeit hinterließ himmlische Seen und göttliche Genüsse.

Seit 1974 wird die wunderschöne Natur der Region Aukštaitija (Oberlitauen) im **Aukštaitija-Nationalpark** (Aukštaitijos nacionalinis parkas) geschützt. Litauens ältester Nationalpark umfasst auf 300 km^2 eine Seenplatte und ein Flussnetz, die das Herz jedes *Wassersportlers* höher schlagen lassen. Obwohl inzwischen viele Vilnaer den 115 km nordöstlich der Hauptstadt gelegenen Park am Wochenende ansteuern, sind Naturgenuss und Ruhe fast überall garantiert. Damit man in den weit verstreuten Dörfern und zum Teil unerschlossenen dichten Wäldern nicht verloren geht, sollte man zunächst von Ignalia nach **Palūšė** zum *Besucherzentrum* (Tel. (8)386/53135, www.anp.lt) fahren. Wer nicht wandern, Vögel beobachten oder nach Luchsen Ausschau halten möchte, findet in *Štripeikiai* eine Alternative: Das **Imkereimuseum** (Bitininkystės muziejus, Mai–Okt. Di–So 10–19 Uhr) bietet interessante Informationen über Bienenvölker und Honigprodukte sowie allerlei süße Kostproben.

i Praktische Hinweise

Sport

Palūšės Valentinė, Palūšė,
Tel. (8)686/90030, www.valtine.lt.
Kanus, Kajaks, Ruderboote und Touren.

Unterkunft

Palūšės Turizmo centras, Palūšė,
Tel. (8)386/47430, www.paluse.lt. Nette, einfache Holzhäuschen im Kiefernwald.

Litauens Zentrum – Reise in die Märchen- und Sagenwelt

Bei einer Fahrt durch Litauen führt kein Weg an **Kaunas** vorbei, denn die Stadt ist der Verkehrsknotenpunkt des Landes. Im Mittelalter profitierte sie von ihrer Lage am Zusammenfluss von Neris und **Nemunas** (Memel). Die Deutschen hinterließen in Geschichte und Stadtbild deutliche Spuren, ebenso die Russen, die entlang des Nemunas ihre Grenze zu Preußen verteidigten. Am Oberlauf des Nemunas, in Südlitauen, liegt die Region Dzūkija, die durch ihre Mineralsalzquellen in aller Munde ist. **Druskininkai** ist ein altes Heilbad, das auch heute noch zahlreiche Kurgäste anzieht.

Im Norden Litauens folgen die sanften Hügel und das ruhige Leben einem eigenen gleichförmigen Rhythmus. Nur am **Berg der Kreuze** bei Šiauliai offenbaren die Menschen ihre Gefühle, Ängste und Hoffnungen: Wenn Kaunas mit einem Bevölkerungsanteil von 90 Prozent Litauern die litauischste unter Litauens Städten ist und die traditionsbewussten Menschen der Region Dzūkija viele der alten litauischen Bräuche und Lieder bewahren, so ist der Berg der Kreuze die nationale Gedenkstätte der Litauer. Hier drückt sich eine tief empfundene Religiosität aus, die auch den Glauben an die eigene Zukunft stärkt.

43 Druskininkai

Das beschauliche Heilbad bietet Genuss pur.

Der berühmteste litauische Kurort Druskininkai (20 000 Einw.) macht seit dem 19. Jh. mit seinen Mineralquellen Furore. Außerdem sorgen Fichten- und Kiefernwälder für eine würzige frische Luft. Die Kureinrichtungen – seit der Unabhängigkeit Litauens modernisiert – verfügen heute über zeitgemäße Wellnessbereiche mit herrlichen Saunalandschaften. Zur Schönheit der Umgebung trägt der Nemunas (Memel) bei, der in vielen Windungen durch die liebliche Hügellandschaft fließt, z.B. das 5 km südlich des Städtchens gelegene **Raigardas-Tal** (Raigardo slenis). Besonders im 19. Jh. zogen Maler und Dichter in die Natur und ließen sich von der romantischen Stimmung inspirieren. Während der ersten litauischen Unabhängigkeit gehörte Druskininkai zu Polen, danach wurde die Stadt Weißrussland zugeschlagen und seit Ende des Zweiten Weltkriegs gehört sie wieder zu Litauen. Der Ort besticht vor allem durch die beschauliche Atmosphäre, die die ortstypischen Holzhäuschen verbreiten. Nicht versäumen sollte man das **Čiurlionis-Museum** (Čiurlionis muziejus, Čiurlionio gatvė 35, Tel. (8)313/527 55, Di–So 11–17 Uhr). Der Maler *Mikalojus Konstantinas Čiurlionis* (1875–1911) verbrachte in einem der Holzhäuser seine Kindheit. Heute werden hier Leben und Werk des großen Kreativen dargestellt. Zwei weitere Häuschen sind im Stil der Zeit um 1900 eingerichtet. Im Sommer gibt es im Garten Konzerte mit seiner Musik.

i Praktische Hinweise

Information

TIC, Gardino gatvė 3 (am Busbahnhof), Druskininkai, Tel. (8)313/608 00, www.info.druskininkai.lt

Sport

Akva Parkas, Vilniaus al. 13, Druskininkai, Tel. (8)313/523 38, www.akvapark.lt. Der moderne Aquapark bietet Badespaß und Saunavergnügen (tgl. 10/12–22 Uhr).

Denkmal-Recycling im Grūtas-Park mit sozialistischem Gruß

Fahrradverleih

Agne, Vilniaus aleja 10, Druskininkai, Mobil (8)686/870 22

Hotels

******Druskininkai**, Kudirkos gatvė 43, Druskininkai, Tel. (8)313/525 66, www.hotel-druskininkai.lt. Gut ausgestattetes Hotel mit Spa-Bereich, leckeres Frühstück.

*****Vita**, Maironio gatvė 3, Druskininkai, Tel. (8)313/605 11, www.galia.lt. Eines der drei zum Galia-Hotelkomplex gehörenden Häuser mit ansprechenden Zimmern, unweit des Aquaparks.

Restaurant

Regina, Kosciuskos gatvė 3, Druskininkai, Tel. (8)313/511 41, www.regina.lt. Großes, aber nettes Restaurant des gleichnamigen Hotels mit vielen litauischen Gerichten.

44 Grūtas-Park

TOP TIPP *Friedhof der Eitelkeiten – das unterhaltsame Freilichtmuseum erinnert an sozialistische Zeiten.*

7 km östlich von Druskininkai liegt der populäre **Skulpturenpark von Grūtas** (Grūto parkas, Tel. (8)313/555 11, www.grutoparkas.lt, Sommer tgl. 9–20/22, Winter bis 17 Uhr), der im Volksmund *Stalins Welt* genannt wird. Ausgemusterte Statuen von Marx, Engels, Lenin, Stalin und einigen litauischen Apparatschiks stehen hier im Park beieinander. Eine skurrile Versammlung von 65 kleinen und großen Revolutionären mit kämpferischen Mienen und gereckten Fäusten. Für Idee und Realisierung des Parkprojekts erhielt der Millionär Viliumas Malinauskas, dessen Vater eines von 260 000 Opfern des Sowjetregimes war, 2001 den alternativen Nobelpreis. In Litauen war die Bereitschaft, sich mit der Zeit des Sozialismus kritisch zu befassen, nach der wieder erlangten Unabhängigkeit zunächst gering. Am liebsten hätte man alle Denkmäler vom Sockel gestürzt und zertrümmert. Malinauskas half diese monumentalen Zeugen für eine Auseinandersetzung mit der jüngeren litauischen Vergangenheit zu bewahren. Bei einem Spaziergang durch den wunderbaren Wald und die erläuternde Dokumentation auf dem Gelände wird die Geschichte der sowjetischen Besatzung anschaulich. Selbst die Speisekarte des Cafés, die Klassiker der osteuropäischen Küche bietet, beschwört Erinnerungen an diese Zeit herauf.

45 Dzūkija-Nationalpark

Heimat der litauischen Märchen- und Sagengestalten.

Einige Kilometer weiter Richtung Vilnius erstreckt sich über 580 km² der **Dzūkija-Nationalpark** (Dzūkija nacionalinis parkas, *Besucherzentrum*, Vilniaus gatvė 2, Merkinė, Tel. (8)310/572 45, www.dzukijosparkas.lt, Mai–Sept. Di–Fr 8–12, 12.45–17, Sa bis 15.45, Okt.–April Mo–Do 8–12, 12.45–17, Fr bis 15.45 Uhr) mit vielen zauberhaften Seen, mit Wäldern voller Beeren und Pilzen, mit geheimnisvollen Mooren. Den *Čiurlionis-Weg* von Druskininkai über Merkinė nach Varėna, Čiurlionis' Geburtsort, markieren eindrucksvolle Holzskulpturen, in denen Bildhauer Motive der litauischen Volkskunst interpretiert haben.

46 Kaunas

Die alte Festungsstadt gilt als Litauens heimliche Hauptstadt.

Kaunas ist eine betriebsame Großstadt und mit 350 000 Einwohnern nach Vilnius die zweitgrößte Stadt des Landes. Seit der Wiedererlangung der Unabhängigkeit entwickelte sie sich zum Wirtschafts- und Handelszentrum an der Via Baltica.

Geschichte Der im Mittelalter angelegte Marktflecken erstreckte sich auf einer Landzunge zwischen Nemunas und Neris. 1408 erhielt Kaunas *Stadtrechte* und trat wenig später der **Hanse** bei. Bis ins 16. Jh. ging es der Stadt gut. Der erste *Generalbebauungsplan* von 1540 ist heute noch in dem rechtwinkligen Straßennetz zu erkennen. Die Kriege, die der polnisch-litauische Staat im 17. Jh. gegen Russland und Schweden führte, warfen Kaunas in seiner Entwicklung zurück. Erst im 18. Jh. blühte die Stadt unter russischer Herrschaft als bedeutender Handelsposten zwischen Russland und Preußen erneut auf. Kaunas lag an der durch neun Forts befestigten **Westgrenze Russlands**. Das andere Ufer des Nemunas gehörte zu Preußen. Die Aleksotas-Brücke, durch die beide Staaten verbunden waren, galt als ›längste Brücke der Welt‹. 13 Tage dauerte die Flussüberquerung – durch den Wechsel vom *Julianischen* Kalender in Russland zum *Gregorianischen* Kalender in Preußen.

Seinen großen Auftritt in der Geschichte hatte Kaunas zur Zeit der ersten litauischen Unabhängigkeit. 1920–39 war Kaunas litauische **Hauptstadt**, weil die Polen Vilnius besetzt hielten. Um auch kulturell den Hauptstadtstatus zu unterstreichen, entstanden Museen, Theater, die Oper, moderne Straßenzüge mit Jugendstilvillen, die Universität, ein Zoo und ein Botanischer Garten. Die Einwohnerzahl stieg auf fast 150 000. Als die **Nazis** Kaunas 1941 besetzten, errichteten sie im Stadtteil Vilijampole ein Getto und in *Fort IX* ein Konzentrationslager, in dem etwa 100 000 Menschen ermordet wurden. Zu Sowjetzeiten führte Kaunas eher ein Randdasein als Industriestadt. Seit den 1990er-Jahren profitiert sie von ihrer verkehrsgünstigen Lage.

Besichtigung Sowohl die Vilniaus gatvė in der Altstadt als auch die sich anschließende Laisvės aleja in der Neustadt sind verkehrsberuhigt, sodass man ganz entspannt vom Rathausplatz bis zur Erzengel-Michael-Kirche bummeln kann.

Die Altstadt

Die Keimzelle der Stadt bildet die **Burg** 1 (Kauno pilis, Juni–Sept. tgl. 11–18 Uhr) am Zusammenfluss von Nemunas und Neris.

Mikalojus Konstantinas Čiurlionis – Malerei und Musik

Der Maler und Musiker *Mikalojus Konstantinas Čiurlionis* (1875–1911) zählt zu den Künstlern des **Symbolismus**. Seine kompositorischen und bildnerischen Arbeiten sind erfüllt von tiefer Spiritualität. In Litauen sind seine Werke sehr bekannt, da sie sich vielfach auf die litauische **Märchen- und Sagenwelt** beziehen. Die meisten seiner Bilder sind heute im *Čiurlionis-Museum* in Kaunas zu sehen. Dort gibt es außerdem einen Raum, in dem man seiner Musik lauschen kann.

Čiurlionis wurde am 22. Sept. 1875 in *Varėna* nicht weit von Druskininkai geboren. In dem Kurort verbrachte er seine Kindheit und Jugend. Sein Vater war Organist und gab ihm die ersten Klavierstunden. Später studierte Čiurlionis in Warschau Musik und Malerei. Er lebte in St. Petersburg, Leipzig, Vilnius, kehrte aber immer wieder nach Druskininkai zurück. Hier entstanden zwischen 1896 und 1910 auch einige seiner bedeutendsten Werke. Viele seiner Kompositionen sind malerisch angelegt. In dem Poem ›Der Wald‹ oder der Klaviermusik ›Das Meer‹ entwirft er schwärmerische Bilder von Landschaften, während seine Bildwerke, wie die ›Tannenbaumfuge‹ oder die ›Sonnensonate‹, deutliche musikalische Strukturen aufweisen. »Dies ist ein neuer geistiger Kontinent«, jubelte der französische Schriftsteller Romain Rolland (1866–1944). Zeit seines Lebens bemühte sich Čiurlionis um eine Synthese von Malerei und Musik. Schließlich quälten ihn psychische Probleme. Er starb am 10. April 1911 mit erst 35 Jahren.

1361 wurde sie erstmals urkundlich erwähnt. Im Laufe der bewegten Stadtgeschichte wechselte sie mehrmals den Besitzer. Bis heute blieben Teile der Befestigungsmauern und zwei Türme, deren Gestalt im Wesentlichen auf Umbauarbeiten des 16. Jh. zurückzuführen sind, erhalten. Von hier oben kann man sich einen hervorragenden Überblick über die Stadt verschaffen.

Zentrum der Altstadt ist der **Rathausplatz** 2 (Rotušės aikštė), der sich weit und einladend gibt. Unter Kastanien- und Ahornbäumen ruhen Passanten auf Bänken aus – es herrscht eine fast südländische Piazza-Atmosphäre. Dominiert wird der Platz vom ungewöhnlichen **Rathaus** (Rotušė), im Volksmund ›weißer Schwan‹ genannt, das eher an eine Kirche als an ein öffentliches Gebäude erinnert. Im Kern stammt das Rathaus von 1542, doch ein Umbau im 18. Jh. verlieh ihm die barocken Züge und setzte mit dem 53 m hohen *Turm* den äußerst markanten Akzent.

An der Nord- und Ostseite begrenzen stattliche gotische Kaufmannshäuser den Platz. Heute laden hier allerlei Läden und Cafés zum Herumstöbern und Verweilen ein. An der Westseite liegt das frühere Wohnhaus des litauischen *Nationaldichters Maironis* (1862–1932), das heute das **Maironis-Museum** 3 (Maironio lietuvių literatūros muziejus, Rotušės aikštė 13, Tel. (8)37/207477, www.maironiomuziejus.lt, Di–Sa 9–17 Uhr) beherbergt. Mit seinen Versen trug der unter dem Pseudonym Maironis schreibende katholische Theologe Jonas Mačiulis wesentlich zur Nationalbewegung des Landes bei. Auf dem Rathausplatz steht ihm zu Ehren ein Denkmal. Begraben wurde Maironis auf dem zur Kathedrale gehörenden Friedhof.

Die Südseite des Rathausplatzes beherrschen die weiße *Jesuitenkirche* (Šv. Pranciškaus Ksavero bažnyčia) mit ihrer Doppelturmfassade und das Jesuitengymnasium, das heute auch das **Perkūnashaus** 4 (Perkūno namas, Aleksoto gatvė 6) einbezieht. Ein deutscher Kaufmann ließ sich dieses Haus im 15. Jh. aus 16 verschiedenen Ziegelarten errichten. Der Giebel mit seinen Erkern und Filialen erinnert an die Formensprache der Annenkirche in Vilnius. Die Jesuiten nutzten das sakral anmutende Gebäude im 17. Jh. als Kapelle. Bei Umbauarbeiten im 19. Jh. entdeckte man angeblich eine Statue des litauischen *Donnergottes Perkūnas* in den mittelalterlichen Mauern. Was es mit dieser auf sich hatte, ist genauso ein Rätsel wie ihr Verbleib. Jedenfalls trägt das Haus seither diesen Namen.

Nun sollte man der Aleksoto gatvė zum Ufer des Nemunas folgen, um der **Vytautaskirche** 5 (Vytautas bažnyčia) einen Besuch abzustatten. Die in Litauen einzigartige Hallenkirche ist gotischen Ursprungs und wurde 1410 von Großfürst

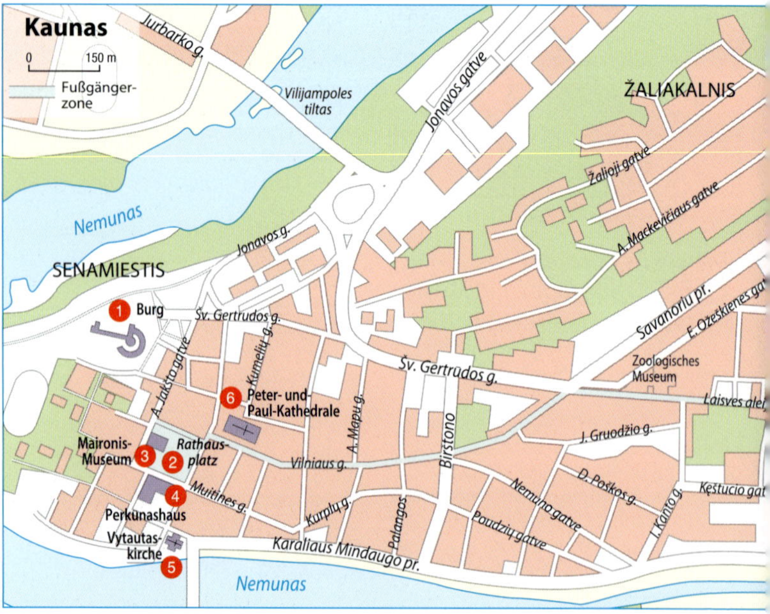

Stolz der Bürger: Das Rathaus behauptet sich mit seinem Turm gegenüber der Jesuitenkirche

Vytautas in Auftrag gegeben. Er wollte den ausländischen Kaufleuten in Kaunas ein Gotteshaus spendieren und nebenbei die Litauer von den Vorzügen des Christentums überzeugen.

Wenn man anschließend zum Rathausplatz zurückkehrt, hat man die im Stil der Renaissance errichtete *Trinitatiskirche*

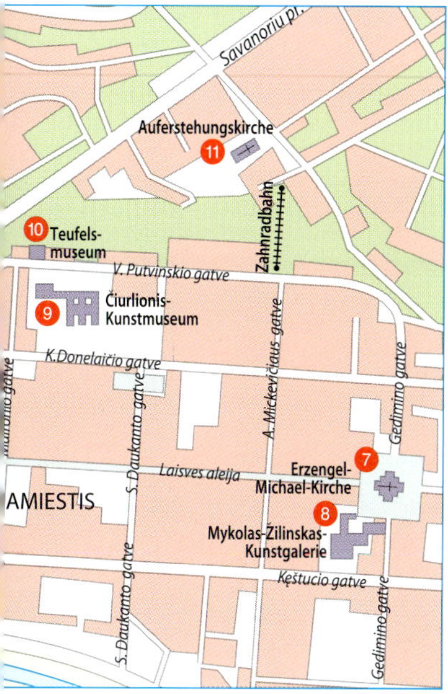

(Šv. Trjybes bažnyčia) vor sich, die wie der benachbarte elegante *Masalskis-Palast* zu einem Priesterseminar gehört und nicht besichtigt werden kann. Man wende sich also der nordöstlichen Ecke des Rathausplatzes zu. 1408–13 entstand hier die größte gotische Kirche Litauens, die **Peter-und-Paul-Kathedrale** 6 (Šv. Petro ir Povilo Katedra). Der beeindruckenden Backsteinarchitektur wurde im 18. Jh. ein klobiger Glockenturm angefügt. Im Innenraum regiert der Barock. Nur die Gewölbe von Chor und Sakristei verweisen auf den gotischen Ursprung.

Die Neustadt

Von der Kathedrale führt die *Vilniaus gatvė* in die Neustadt. Dort geht sie in die *Laisvės aleja* (Laisvės = Freiheit) über. Die 1,7 km lange Fußgängerzone und Haupteinkaufsstraße zeigt die typische Bebauung eines osteuropäischen Garnisonsstädtchens. Auf der linken Seite liegt gleich das *Zoologische Museum* (Zoologijos muziejus, Laisvės aleja 106, www.zoomuziejus.lt, Di–So 11–19 Uhr). Die Hauptpost nebenan ist ein schönes Beispiel für die strenge Formensprache des *Konstruktivismus*. Das Denkmal vor der Stadtverwaltung ist *Vytautas dem Großen* gewidmet, der über Kreuzritter, Russen, Polen und Tataren siegte, die zu seinen Füßen liegen. Mittlerweile geschlossen ist das ›*Café Tulpe*‹ (Laisvės aleja 47), einst ein

Laue Sommernacht auf der Freiheitsallee mit Blick auf die Erzengel-Michael-Kirche

berühmter Literatentreff. Er inspirierte z.B. Joseph Brodsky zu einigen Versen in seinem ›Litauischen Divertimento‹.

Am Ende der Straße glänzen die fünf Kuppeln der **Erzengel-Michael-Kirche** 7 (Šv. Mykolo Arkangelo bažnyčia, Nepriklausomybė 14). Die alte russische Garnisonskirche, 1891–93 im neobyzantinischen Stil erbaut, trägt die Handschrift des Petersburger Architekten Leontij Benois (1856–1928). Die **Mykolas-Žilinskas-Kunstgalerie** 8 (Mykolo Žilinsko dailės galerija, Nepriklausomybė 12, Di–So 11–17, Juni–Sept. ab 10 Uhr) schräg gegenüber bewahrt eine hochkarätige Sammlung westeuropäischer Malerei vom 16.–20. Jh., die der Kunstsammler Mykolas Žilinskas seiner Heimatstadt vermachte. Hier sind neben Meisterwerken von Rubens und Corot auch solche von Cézanne, Renoir, Liebermann und Marc zu bewundern.

Der konstruktivistische Bau beherbergt das Čiurlionis-Kunstmuseum

Kaunas hat so viele Museeen zu bieten wie keine andere litauische Stadt. Besonders interessant ist das **Čiurlionis-Kunstmuseum** 9 (Čiurlionio dailės muziejos, V. Putvinskio gatvė 55, Tel. (8)37/22 94 75, www.ciurlionis.lt, Di–So 11–17, Juni–Sept. ab 10 Uhr) in einem konstruktivistischen Bau des Architekten Karolis Raisona aus den 1930er-Jahren. Im Zentrum der Ausstellung steht das Schaffen von Mikalojus Konstantinas Čiurlionis [s. S. 107]. Neben seinen meist symbolistischen Bildern würdigt es auch seine musikalischen Kompositionen. Seine Musik, in der alte litauische Volksweisen anklingen, ist in einem eigenen Raum zu hören. Außerdem gibt es eine erlesene Sammlung litauischer Volkskunst zu sehen.

TOP TIPP

Vergnügen verspricht das nahe **Teufelsmuseum** 10 (Velnių muziejus, Putvinskio gatvė 64, Tel. (8)37/22 15 87, Di–So 11–17, Juni–Sept. ab 10 Uhr). Die weltweit einzigartige Sammlung von Teufeln trug der exzentrische Impressionist Antanas Žmuidzinavičius (1876–1966) zusammen. Seinen Vorlieben entsprechend zeigen die Exponate den Höllenfürsten in vielerlei Variationen: auf mittelalterlichen Gemälden, als folkloristische Holzskulpturen sowie als Kasperlepuppen. Zur Auswahl gehört z.B. auch eine Karikatur aus den 1930er-Jahren, die Hitler und Stalin – als Teufel tanzend über Litauen – darstellt.

Von der Putviskio gatvė 22 führt eine Zahnradbahn (Žaliakalnio funikulierius) auf den *Grünen Berg* (Žaliakalnis). Dort erhebt sich die **Auferstehungskirche** 11 (Prisikėlimo bažnyčia, Žemaičių gatvė 31). Karolis Raisonas entwarf 1932 diesen dem Funktionalismus verpflichteten Bau.

IX. Fort

Im IX. Fort, etwa 7 km nördlich des Zentrums an der Autobahn nach Klaipėda, ist ein **Gedenkmuseum an die Opfer des Holocaust** (IX. forto muziejus, Žemaičių plentas 73, Tel. (8)37/37 77 15, www.9forto muziejus.lt, April–Okt. Mi–Mo 10–18, Nov.–März Mi–So 10–16 Uhr) untergebracht. 1941–44 war hier ein deutsches Konzentrationslager, in dem Juden aus ganz Europa ermordet wurden. Außer deren Schicksal dokumentiert das Museum auch den Widerstand der Litauer gegen das Sowjetsystem. Drei Betonskulpturen von 1984 sollen Kampf, Leid und Sieg des Widerstands gegen den Nationalsozialismus symbolisieren.

Kloster Pažaislis

Östlich von Kaunas wird der Nemunas zum *Kaunasser Meer* gestaut. Am Westufer des riesigen Stausees liegt das **Kloster Pažaislis** (Pažaislio vienuolynas, T. Masiulio gatvė 31, Kaunas, Tel. (8)37/45 88 68, www.pazaislis.org, Di–Fr 10–17, Sa 10–16 Uhr), eine prächtige barocke Anlage, die 1664–1719 von italienischen Architekten errichtet wurde. Der litauische Kanzler Kristupas Zigmantas Pacas gab den Bau für den Kamaldulenserorden in Auftrag. Charakteristisch für diesen sind *Eremitenhäuschen*, in denen die einem strikten Schweigegebot verpflichteten Mönche in Abgeschiedenheit lebten. Zwei dieser Inklusen sind noch erhalten. Den Mittelpunkt des Ensembles bildet die Kirche, ein sechseckiger Zentralbau mit einer 50 m hohen Kuppel und einer Doppelturmfassade. Der Innenraum überrascht mit festlich heiterem Dekor in rosa und schwarzem Marmor, Fresken und Stuck.

Praktische Hinweise

Information

TIC, Laisvės aleija 36, Kaunas, Tel. (8)37/32 34 36, www.visit.kaunas.lt

Flughafen

Kauno Aerouostas, Karmėlava, Tel. (8)37/39 93 07, www.kaunasair.lt. 10 km nordöstlich von Kaunas mit Bus 29.

Bahnhof

Stotis, Čiurlionio gatvė 16, Kaunas, Tel. (8)37/27 22 60, www.litrail.lt

Busbahnhof

Autobusų stotis, Vytautos prospektas 24, Kaunas, Tel. (8)37/40 90 60, www.kautra.lt

Hotels

****Best Western Santaka**, J. Gruodžio gatvė 21, Kaunas, Tel. (8)37/30 27 02, www.santaka.lt. Kompetenten Service zeichnet das Hotel in einem ehrwürdigen Stadthaus aus dem 19. Jh. aus.

****Hermis**, Savanorių pr. 404, Kaunas, Tel. (8)37/49 03 00, www.hermishotel.lt. Kleines, am Altstadtrand gelegenes Hotel mit 13 sehr komfortabel ausgestatteten Zimmern, Wellness-Oase, angenehme Atmosphäre.

***Alanta**, Alantos gatvė 33, Kaunas, Tel. (8)37/73 11 42, www.alanta.lt. Preisgünstiges Mittelklassehotel in ruhiger Lage, 2 km vom Stadtzentrum entfernt.

Restaurants

55°, Laisvės gatvė 79, Kaunas, Tel. (8)37/75 08 70, www.kaunashotel.lt. Litauische Küche, fein schmecken Fisch oder Ente, im Restaurant des Hotel Kaunas.

Für die Glocken der imposanten Klosterkirche Pažaislis gilt kein Schweigegebot

Gemächlich fließt der Nemunas, die Memel, vorbei an Dörfern, Wald und Wiesen

Pas Pranciška, Jonavos gatvė 62a, Kaunas, Tel. (8)37/79 25 14. Kleines Restaurant, das für die besten *Cepelinai* in Kaunas gerühmt wird.

Žalias Ratas, Laisvės aleija 36b, Kaunas, Tel. (8)37/20 00 71, www.zaliasratas.lt. Rustikales Gasthaus mit Riesenauswahl an litauischen Spezialitäten. Im Sommer kann man schön im Innenhof sitzen.

47 Nemunas

Flusslandschaft im Grünen: Idylle an der Memel.

Von Kaunas führt eine der landschaftlich reizvollsten Strecken Litauens, die Landstraße 141 in westlicher Richtung bis Klaipėda. Meistens geht es direkt am Nemunas (Memel) entlang. Der Fluss bildet ab Smalininkai (Schmalleningken) die Grenze zur russischen *Exklave* Kaliningrad und mündet schließlich in einem weiten *Delta* [Nr. 52] ins Kurische Haff. Auf den 90 km von Kaunas nach Jurbarkas lohnen einige historische Orte und fantastische Burgen, die die Straße und den Fluss säumen, einen Besuch.

Als erster Halt, 8 km von Kaunas entfernt, bietet sich **Raudondvaris** an, das für sein hoch über der Stadt thronendes Rotes Schloss berühmt ist. Der Backsteinbau im Stil der Renaissance entstand zu Beginn des 17. Jh. und war eindeutig mehr Lustschloss als Festung. 1885 ergänzte man die Architektur um neogotische Elemente. Während des Ersten Weltkriegs arbeitete *Arnold Zweig* (1887–1968) als Schreiber des deutschen Heeres im Schloss. In seinem Roman ›Einsetzung eines Königs‹ (1937) beschreibt er diese Zeit.

Hinter **Vilkija** beginnt der schönste Abschnitt der Strecke: Gemächlich fließt der Nemunas durch die grüne Wald- und Wiesenlandschaft unter unendlich weitem Himmel, hier und da liegen kleine Gehöfte, bunt gestrichen, oder ein verwittertes Herrenhaus am Wegesrand.

Bei **Seredžius** mündet die *Dubysa* in den Nemunas. Im Mittelalter standen hier mehrere Burgen, die die Grenze zum *Gebiet des Deutschen Ordens* befestigten. Auch wenn diese nicht mehr erhalten sind, der Burghügel bietet einen spektakulären Blick über die Flusslandschaft. Dass Seredžius im 16. und 17. Jh. ein wohlhabendes Handelsstädtchen war, bezeugen noch heute seine Kirche und die schönen Bürgerhäuser.

Im klassizistischen Herrenhaus von **Veliuona** dokumentiert ein kleines *Heimatmuseum* (Muziejaus gatvė 2, Di–Sa 9–17, So 9–16 Uhr) die Geschichte des Ortes, der seine Blütezeit als Handelsstadt um 1500 hatte.

In **Raudonė** kann man das gut erhaltene *Schloss* (April–Okt. Mo–Sa 10–17 Uhr) besichtigen, das sich der preußische Holzhändler Krispin Kirschenstein auf einer Terrasse oberhalb des Nemunas errichten ließ. Der rote Backsteinbau entstand im 16. Jh., wurde später aber mehrmals dem Zeitgeschmack angepasst. Vom 33 m hohen zinnenbekrönten Turm im Neogotik-Stil genießt man eine gute Aussicht.

Jurbarkas ist eine lebhafte kleine Kreisstadt mit 14 000 Einwohnern. Malerisch schmiegt sich der Ort ans Nordufer des Nemunas, in den hier die *Mituva* und *Imsre* münden. Außer der schönen Lage an drei Flüssen ist in Jurbarkas die neogotische Trinitaskirche von 1902 sehenswert. Hinter Jurbakas verläuft die Grenze zu Kleinlitauen, das sich von hier entlang der Ostseeküste bis Klaipėda (Memel) erstreckt [s.S. 114].

Praktische Hinweise

Information

TIC, Vydūno gatvė 19, Jurbarkas, Tel. (8)447/514 85, www.jurbarkas.lt

Hotel

***__Jurbarkas__, Dariaus ir Girėno 98, Jurbarkas, Tel. (8)447/516 46, www.hotel jurbarkas.lt. Hotel mit einfachen Zimmern direkt am Fluss, mit Restaurant.

48 Berg der Kreuze

Die nationale Gedenkstätte der Litauer.

10 km nördlich der Industriestadt Šiauliai (Schaulen), die in den Weltkriegen nahezu völlig zerstört wurde, liegt eine der Hauptattraktionen Litauens, der Berg der Kreuze (Kryžių kalnas, www.kryziukalnas.lt). Auf einem 9 m hohen Hügel drängen sich mehrere Zehntausend größere Kreuze, diese wiederum behangen mit unzähligen kleineren Kreuzen. Die ersten Kreuze wurden im 19. Jh. nach den Aufständen gegen die Russen aufgestellt – für die im Kampf gefallenen Litauer. Leider boten Russland und später die Sowjetunion noch oft Anlass, litauischer Opfer zu gedenken. Wiederholt ließen die sowjetischen Machthaber die Stätte *nationalen Gedenkens* einebnen. Doch die Litauer trugen in den 1980er-Jahren mehr Kreuze als je zuvor hierher. Nirgendwo sonst zeigt sich der Wille zur Unabhängigkeit und die tief empfundene Religiosität der Litauer so eindrucksvoll wie hier.

Praktische Hinweise

Information

TIC, Vilniaus gatvė 213, Šiauliai, Tel. (8)41/52 31 10, www.siauliai.lt

Hotel

****__Medžiotojų Užeiga__, Dubijos gatvė 20, Šiauliai, Tel. (8)41/52 45 26, www.med ziotojuuzeiga.lt. Das Hotel hat sich Jagd und Jägern verschrieben, das Restaurant bietet entsprechend Wildspezialitäten.

Restaurant

Juonė Pastuogė, Aušros 31a, Šiauliai, Tel. (8)41/52 49 26, www.jonis.lt. Gute litauische Küche, abends oft Live-Musik.

Kreuze über Kreuze im Gedenken an den litauischen Widerstand gegen Russen und Sowjets

Kleinlitauen – Spiel des Windes am Ostseestrand

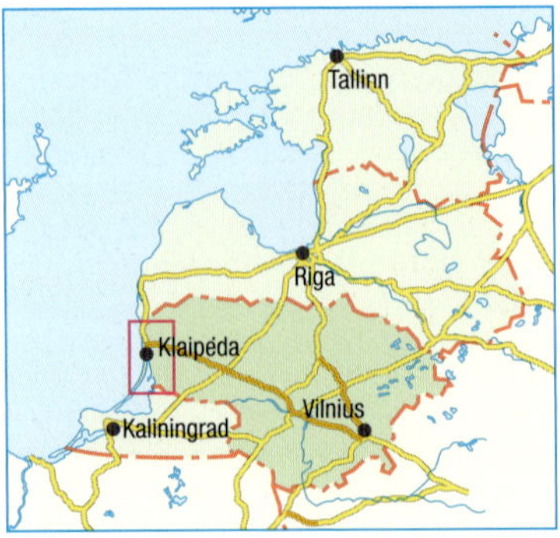

Litauens Ostseeküste bietet den Höhepunkt jeder Baltikumreise: die **Kurische Nehrung** (Kuršių Nerija), von der Thomas Mann schwärmte, »man glaubt in der Sahara zu sein«. Die *Wanderdünen* zwischen Haff und Ostsee, zählen zu den höchsten Europas. Feinsandig sind auch die Strände der Nehrung. Außerdem finden Fahrradfahrer bestens ausgebaute Radwege vor, die durch schattige Kiefernwälder, hübsche kleine Ortschaften und am Haff entlang führen. Die Kurische Nehrung teilen sich heute Litauen und Russland. Gleich hinter Nida (Nidden) verläuft die Grenze, die nur mit Visum passiert werden kann. **Mažoji Lietuva** (Kleinlitauen) nennt sich das einst preußische *Memelgebiet*, das nördlich des Nemunas (Memel) an der Ostseeküste entlang bis Klaipėda reicht. Nach dem Ersten Weltkrieg stand dieses Gebiet unter der Verwaltung des Völkerbundes, bis es 1923 von Litauen besetzt wurde. Kreuzritter hatten das Land im 13. Jh. für den Deutschen Orden erobert. 1525 konvertierte Großmeister Albrecht zum Protestantismus und erklärte sich zum Herzog von Preußen. Nemirseta (Nimmersatt), nördlich von Klaipėda und heute ein Stadtteil von Palanga, war bis 1919 der nördlichste Ort des Deutschen Reiches. **Palanga** war damals ein bedeutender Badort an der Ostsee, in dem der russische Adel seine Sommer verbrachte. Und noch immer prägen Russen hier das bunte Strandleben. **Klaipėda**, das von 1252–1945 Memel hieß, profitierte von der geschützten Lage am Kurischen Haff und präsentiert sich heute als weltoffene, lebendige Hafenstadt. Eher abgeschieden von der Welt ist dagegen das **Nemunas-Delta** (Memel-Delta) mit seinen von Wasser umgebenen pittoresken Fischerdörfern.

49 Palanga

TOP TIPP *Sonnenuntergang auf der Seebrücke, Party und Chill-Out am Strand.*

Palanga (Polangen) ist Litauens bedeutendstes Ostseebad. Der Ort hat außerhalb der Saison rund 20 000 Einwohner, im Sommer jedoch fünfmal so viele. Brom-, kalzium- und magnesiumhaltige Quellen, feine weiße **Sandstrände** und weitläufige Kiefernwälder lockten schon im 19. Jh. wohlhabende Gäste an. Heute vergnügen sich die Urlauber z.B. bei Beachvolleyball, Kitesurfen und auf ausgelassenen Strandparties. Andere beobachten das bunte Treiben am Strand lieber von der langen Seebrücke aus. Von hier hat man auch den schönsten Blick auf den Sonnenuntergang.

1824 kaufte *Graf Tiškevičius* ganz Palanga und ließ sich ein **Schloss** im Stil der Neorenaissance errichten, das sich zum Mittelpunkt des mondänen Kurlebens entwickelte. Heute präsentiert hier TOP TIPP das **Bernsteinmuseum** (Palangos gintaro muziejus, Vytauto gatvė 17, www.pgm.lt, Juni–Aug. Di–Sa 10–20, So 10–19, Sept.–Mai Di–Sa 11–17, So 11–16 Uhr), das aus der Sammlung des Grafen Tiškevičius hervorging, 25 000 Exponate aus ›Baltischem Gold‹. Sehr interessant sind die im 7.–9. Jh. aus Bernstein gearbeiteten Schmuckstücke. Zu bewundern sind auch viele schöne Einschlüsse u.a. mit urgeschichtlichen Fliegen. Einen Genuss besonderer Art versprechen im Sommer die klassischen Konzerte auf der Terrasse. Das Schloss ist von einem schönen Park, dem *Botanischen Garten*, umgeben.

Das Bernsteinmuseum zeigt, dass 40 Mio. Jahre altes Baumharz immer gut aussieht

Praktische Hinweise

Information

TIC, Kretingos gatvė 1, Palanga, Tel. (8)460/488 11, www.palangatic.lt

Flughafen

Palangos oro uostas, Liepojos pl. 1, Palanga, Tel. (8)460/520 20, www.palanga-airport.lt

Hotels

*******Palanga**, Birutės gatvė 60, Palanga, Tel. (8)460/414 14, www.palangahotel.lt. Schickes Spa-Hotel mit großen Fenstern zum Wald, das Restaurant lockt im Sommer mit schöner Terrasse.

TOP TIPP **** **Villa Mama Rosa**, Jūratės gatvė 28 a, Palanga, Tel. (8)460/485 81, www.mamarosa.lt. Sehr ansprechendes Hotel mit nur acht Zimmern. Rechtzeitig reservieren!

*****Medūza**, Kontininkų gatvė 9, Palanga, Tel. (8)460/564 50, www.pkmeduza.lt. Komfortables 25-Zimmer-Hotel mit Tennisplatz und Fahrradverleih.

Restaurants

Feliksas, Vytauto gatvė 116, Palanga, Tel. (8)460/484 21, www.feliksas.com. Atmosphäre wie an Bord einer Jacht. Litauische Küche, viele Fischgerichte.

Vila Ramybė, Vytauto gatvė 54, Palanga, Tel. (8)460/541 24, www.vilaramybe.lt. Leckere regionale Gerichte bietet das Restaurant des ruhig gelegenen Hotels.

50 Klaipėda

Die litauische Hafenstadt war sogar mal Preußens Hauptstadt.

Klaipėda (195 000 Einw.) ist die drittgrößte litauische Stadt, hat aber hinsichtlich der dynamischen wirtschaftlichen Entwicklung Kaunas längst überflügelt. Die Hafenstadt ist Litauens Tor zur Welt.

Als Gründungsdatum der Stadt gilt das Jahr 1252. Der Deutsche Orden errichtete eine **Burg** (Klaipėdos pilies muziejus, Pielis gatvė 4, www.mlimuziejus.lt, Di–Sa 10–18 Uhr) und nannte sie Memel – nach dem Fluss, der in einem weitverzweigten Delta ins *Kurische Haff* mündet. Bei Klaipėda fließt jedoch die Danė (Dange) ins Haff. Die Ritter betrachteten diese vermutlich als einen der vielen Seitenarme des Nemunas (Memel). Von der Ordensburg blieben nur Ruinen erhalten. In den restaurierten Kellern der Prinz-Friedrich-Bastei veranschaulicht ein kleines Museum die Stadt- und Burggeschichte vom 13.–17. Jh. In der Nähe befindet sich auch der im Mittelalter ausgehobene *alte Hafen*, der heute von Ausflugsschiffen genutzt wird. Mit der Reformation und Säkularisierung des Ordens 1525 wurde die Stadt preußisch und blieb es für 400 Jahre, abgesehen von einem schwedischen Intermezzo (1629–35) im Dreißigjährigen und einem russischen (1756–62) im Siebenjährigen Krieg. Klaipėda hatte große strategische Bedeutung auf dem Weg von Rīga nach Königsberg und war entsprechend umkämpft. Ins Rampenlicht der Geschichte rückte Klaipėda 1807/08 als provisorische **Hauptstadt Preußens**, weil Napoleon Berlin erobert hatte. Der Aufschwung auch als Hafen- und Handelsstadt wurde jäh durch eine verheerende Brandkatastrophe gebremst, die 1854 fast die ganze Stadt vernichtete. 1923 annektierte Litauen das *Memelgebiet*, das aufgrund des Versailler Vertrages seit 1919 unter französischer Verwaltung stand. Im März 1939 erzwang das Deutsche Reich seine Rückgabe. Der kurze Zeit später ausgebrochene Zweite Weltkrieg verwüstete die Stadt und trieb die meisten Menschen in die Flucht. Deutsche gibt es hier kaum noch. Zu Sowjetzeiten 1945–90 war Klaipėda wegen seines Hafens Sperrgebiet, in dieser Zeit siedelten sich hier viele Russen an.

In den letzten Jahren hat man die **Altstadt** südlich der Danė im wahrsten Sinne des Wortes herausgeputzt. Die Anlage der Straßen folgt einem rechtwinkligen Raster. Im Zentrum liegt der **Theaterplatz** (Teatro aikštė) mit dem 1857 erbauten klassizistischen **Theater**. Davor steht eine über Klaipėda hinaus berühmte Skulptur, das ›**Ännchen von Tharau**‹ (Taravos Anikė). In Ostpreußen war das Liebeslied ›Ännchen von Tharau‹ sehr populär. Der Königsberger Musiker Simon Dach (1605–59) hatte es für eine Pastorentochter geschrieben. Die Skulptur für den *Simon-Dach-Brunnen* war ein Werk des Berliner Bildhauers Alfred Kune (1912). Als Hitler 1939 eine Rede vom Balkon des Theaters hielt, ereiferten sich Nazigrößen, dass das ›Ännchen‹ Hitler den Rücken zuwandte. Kurze Zeit später verschwand die Figur auf Nimmerwiedersehen. Als man 1990 einen Nachguss fertigte, kehrte das zarte Mädchen mit der Blume wieder an seinen angestammten Platz zurück.

In den kleinen Straßen, die vom Theaterplatz wegführen, stehen noch so manche hübsche Fachwerkhäuser und große Speicher. Einen der **Speicher** (Parodų Rūmai, Aukštoji gatvė 1, www.kulturpolis.lt, Mi–So 11–19 Uhr) ist als Teil des neuen Kulturzentrums *KCCC* Ausstellungsort für zeitgenössische Malerei. Auch die **Alte Post** (Aukštoji gatvė 13) ist sehenswert. In der Didžioji vandens Nr. 6 finden Geschichtsinteressierte das **Museum der Geschichte Kleinlitauens** (Mažosios Lietvos istorijos muziejus, www.mlimuziejus.lt, Di–Sa 10–18 Uhr), das die Vergangenheit des Landstrichs mit seiner von Kuren, Deutschen und Litauern gleichermaßen geprägten Kultur dokumentiert. Das älteste Gebäude der Stadt ist die **Grüne Apotheke** (Žalioji vaistinė, Tiltų gatvė 8), 1677 von Jakob Jung gegründet. An der Brücke, die über die Danė von der Altstadt in die Neustadt führt, liegt der Dreimastschoner ›**Meridianas**‹ vor Anker. Das stattliche Segelschiff, das bis 1979 als Schulschiff der russischen Marine diente, beherbergt heute ein Restaurant.

Am nördlichen Ufer der Danė steht linker Hand das alte klassizistische **Rathaus** (Manto gatvė 84), in dem 1808/09 der preußische König residierte und zwischen den Weltkriegen der Landtag des Memelgebietes zusammenkam. Heute befindet sich hier das Hauptgebäude der 1991 gegründeten Universität. Rechts verläuft die **Liepų gatvė** (Lindenstraße), die dank ihres historischen Baubestandes noch ein gutes Bild vom Klaipėda der Zwischenkriegszeit vermittelt. Am Ende der Straße liegt der **Mažvydas-Skulpturenpark** (www.mlimuziejus.lt) an der Stelle des alten, 1979 eingeebneten Zentralfriedhofs. Klaipėda lädt jedes Jahr litauische Bildhauer zu einem Workshop ein. Die Arbeiten, die währenddessen entstehen, füllen den Park allmählich.

i Praktische Hinweise

Information

TIC, Turgaus gatvė 7, Klaipėda, Tel. (8)46/41 21 86, www.klaipedainfo.lt

Schiff

Klaipėdos valstybinis jūrų uostas, Neuer Hafen, www.portofklaipeda.lt

DFDS Seaways, Perkėlos gatvė 10, Klaipėda, Tel. (8)46/39 50 50, www.dfdslisco.com. Fähren von/nach Kiel, Sassnitz.

Smiltynės Perkėla AB, Nemuno 8, Klaipėda, Tel. (8)46/31 11 17, www.keltas.lt. Fähren von und nach Smiltynė (Sommer alle 20 Min., Winter alle 40 Min.).

Pirmoji Smiltynės Perkėla, Alter Hafen, Žvejų 8, Klaipėda. Ausflugsschiffe von und nach Smiltynė sowie für Touren über das Kurische Haff: Klaipėda–Juodkrante–Nida–Juodkrante–Klaipėda.

Bahnhof

Stotis, Priestoties gatvė 5a, Klaipėda, Tel. (8)46/31 36 77, www.litrail.lt

Busbahnhof

Autobusų stotis, Intern. Ticketbüro, Butkų Juzės 9, Klaipėda, Tel. (8)46/41 15 47, www.klap.it

Hotels

******Europa Royale Klaipėda**, Žvejų gatvė 21/Teatru a. 1, Klaipėda, Tel. (8)46/

Das erhabene Gefühl angekommen zu sein – auf der Parnidder Düne zwischen Haff und Ostsee

40 44 44, www.groupeuropa.com. Elegantes zentral gelegenes Hotel.

******Navalis**, Manto gatvė 23, Klaipėda, Tel. (8)46/40 42 00, www.navalis.lt. Überaus behagliches Hotel in einem Backsteingebäude. Das Restaurant zählt zu den besten der Stadt.

*****Lugne**, Galinio Pylimo gatvė 16, Klaipėda, Tel. (8)46/41 18 84, www.lugne.com. Kleines, angenehmes Hotel.

Litinterp, Puodžiu gatvė 17, Klaipėda, Tel. (8)46/41 06 44, www.litinterp.lt. Kostengünstiges B & B im Zentrum Klaipėdas. Guter Sevice.

Restaurants

TOP TIPP **Ararat**, Liepų gatvė 48 a, Klaipėda, Tel. (8)46/41 00 01, www.ararat.lt. Armenisches Restaurant, das zu den besten Litauens zählt. Grillteller sowie fein angerichtete Gemüsespezialitäten bestimmen die Speisekarte.

Memelis, Žvejų gatvė 4 ,Klaipėda, Tel. (8)46/40 30 40, www.memelis.lt. Zünftiges Lokal in Backstein-Speicherhaus in der Altstadt, mit Bierbrauerei.

Senoji Hansa, Kurpių gatvė 1, Klaipėda, Tel. (8)46/40 00 56, www.senojihansa.lt. Hervorragende Küche und romantische Atmosphäre bei Kerzenlicht.

51 Kurische Nehrung

TOP TIPP *Saharaträume zwischen Haff und Ostsee.*

Die Kurische Nehrung (Kuršių Nerija) ist eine 98 km lange, 400 m bis 3,8 km breite, von Südwesten sanft nach Norden gebogene Landzunge, die das Kurische Haff (Kuršių Marios) seit 10 000 Jahren von der Ostsee abriegelt. Seit der letzten Eiszeit wachsen hier Kiefern, Fichten und Eichen. »Und nun komme ich zu der Hauptsache«, schrieb Thomas Mann 1931 an seinen Bruder Heinrich, »zum Meer, diesem Meer, das man überall hört und zu dem alle Wege führen. (…) Weit breitet es sich vor einem aus. Jeden Tag hat es ein anderes Gesicht. Meer und Strand haben hier einen primitiven, elementaren Charakter.« Und spannend ist die Landschaft noch heute. Einerseits das meist stille Wasser des Haffs, andererseits die Wellen bewegte Ostsee und dazwischen vom Wind getriebene Sanddünen, dichte Wälder und freundliche Dörfer.

Der Name der Nehrung leitet sich von den **Kuren** ab, einem baltischen Stamm, der seit dem 13. Jh. hier siedelte und vom Fischfang lebte. Ihre *Kähne* waren breite flache Segelboote aus schwerem Eichenholz. An deren Masten wurden seit dem ausgehenden 19. Jh. die hölzernen *Kurenwimpel* angebracht. Die geschnitzten bunt bemalten Wimpel zeigten den Wind an und machten den Heimatort der Fischer weithin sichtbar. Sie waren mit

Elchen, Häusern, Kirchen, Bäumen oder Dünen verziert. Neben den Kuren lebten Deutsche auf der Nehrung. Die heutige Hauptstraße von Smiltynė nach Nida folgt noch dem Verlauf der Heerstraße, die der Deutsche Orden im 13. Jh. von Königsberg nach Rīga anlegte.

Die bereits im Mittelalter begonnene Abholzung der Wälder für Schiffbau und Brennholz ließen die Nehrung veröden. Es gab für den Sand kein Halten mehr, die Dünen wanderten und begruben zwischen dem 16. und 19. Jh. insgesamt 14 Dörfer unter sich. Der preußische Staat rief Anfang des 19. Jh. ein Notprogramm zur Rettung der Nehrung ins Leben, Kiefern wurden angepflanzt und Vordünen angelegt. Durch die Wiederaufforstung sind heute über 70 Prozent der Nehrung bewaldet und die Dörfer vor einer Versandung geschützt. Seit 1976 ist die Nehrung Landschaftsschutzgebiet. 1991 wurde sie zum Nationalpark erklärt und seit 2001 zählt sie zum UNESCO-Weltnaturerbe. Während der Sowjetzeit war die Nehrung nur der kommunistischen Parteispitze und ihren Angehörigen zugänglich. Heute gehört sie zur Hälfte Litauen und zur anderen Hälfte Russland, die Grenze verläuft kurz hinter Nida. Um dem gesamten Verlauf der historischen Heerstraße des Deutschen Ordens bis nach Kaliningrad (Königsberg) zu folgen, benötigt man also ein Visum. **Smiltynė** gehört als Ortsteil zu Klaipėda [Nr. 50], die anderen litauischen Dörfer auf der Nehrung haben sich zur Gemeinde **Neringa** zusammengeschlossen und viel in die Infrastruktur investiert. Einnahmen erbringen u.a. die Mautgebühren, die Autofahrer auf der Nehrung zahlen müssen. Von Smiltynė führt ein herrlicher Radweg bis nach Nida. Gepflegte Promenaden laden zum Spazierengehen ein. Alle Dörfer liegen am ruhigeren Haff. Mit Kiefern bewachsene Dünen schirmen sie zur stürmischeren Ostsee hin ab, die von breiten goldgelben Sandstränden gesäumt wird.

Die Fähre von Klaipėda legt in Smiltynė (Sandkrug) an. Hier bieten das **Besucherzentrum** und **Naturmuseum des Nationalparks Kurische Nehrung** (Kuršių Nerijos Nacionalinis Parkas, Smiltynės gatvė 11, www.nerija.lt, Sommer tgl. 9–12 und 13–17, Winter Mo–Fr 9–12 und 13–16 Uhr) mit Ausstellungen zu Fauna und Flora einen hervorragenden Einstieg in den Urlaub auf der Nehrung. Das **Meeresmuseum und Delfinarium** (Lietuvos Jūru Muziejus, Smiltynės gatvė 3, www.juru.muziejus.lt, Juni–Aug. Di–So 10.30–18.30, Mai/Sept. Mi–So 10.30–18, Okt.–April Sa/So 10.30–17 Uhr) bereitet mit seinen Delfin- und Seehundvorführungen besonders Kindern Spass. Es lohnt aber auch einen Besuch, weil es in der aus dem 19. Jh. stammenden preußischen Festung *Kopgalis* untergebracht ist.

Die Fahrt auf der Hauptstraße über die Nehrung führt durch dichte Wälder, die nur selten einen Blick auf das Haff gewähren, aber der stete Wind trägt den frischen Geruch des Meeres heran und die Luft ist von Möwengeschrei erfüllt. 18 km sind es von Smiltynė bis **Juodkrantė** (Schwarzort), dem ältesten Ort der Nehrung mit seinen schmucken Holzhäusern. Vom südlichen Ortsrand weist ein Schild den Spazierweg zum **Hexenberg** (Raganų kalnas, Rėzos 48), auf dem über 80 originelle Holzskulpturen Figuren aus der litauischen Märchen- und Sagenwelt darstellen. Da die Einwohner von Juodkrantė ihren Nehrungswald nicht abholzten, wurde ihr Ort als einziger nicht vom Sand geschluckt. Dagegen strecken sich kurz vor der Abbiegung nach **Pervalka** (Perwelk) die ›Toten Dünen‹ und ›Negelnschen Dünen‹, von denen man zwar einen großartigen Ausblick über das Haff genießt, unter deren Sand aber die Vorgängerdörfer von Pervalka und Preila begraben liegen. Die Einwohner von Pervalka bauten ihren Ort nach der Versandung im 19. Jh. etwa 1 km nördlich der Dünen wieder auf. Auch das nahe **Preila** (Preill) entstand 1843, weil Alt-Negeln versandete. Zwischen den heutigen Orten Pervalka und Preila liegt der Elchbruch. In diesem Waldstück sollen besonders viele Elche leben. Allerdings sind sie selten zu sehen. Wildschweine hingegen treiben sich sogar auf der Straße herum.

48 km von Smiltynė entfernt erreicht man **Nida** (Nidden), den charmanten Hauptort der Nehrung. Zwischen dem 16. und 19. Jh. versandete der Ort dreimal und wurde jeweils wieder neu aufgebaut. Im ausgehenden 19. Jh. fanden sich hier zahlreiche Maler ein, Lovis Corinth verewigte den Friedhof mit den *Kurenbrettern*, Max Pechstein hielt die rote Kirche in Öl fest, Karl Schmidt-Rottluff kam 1913 und malte expressionistische Landschaften. »Nidden entwickelte sich zu einer Brücke-Filiale«, bemerkte damals Ernst Mollenhauer, Besitzer eines Gasthofs am Haff, in dem Ernst Ludwig Kirchner, Erich Heckel, Gret Palucca und Carl Zuckmayer logierten. Am Anfang von Nida steht das

Das Fischermuseum in Nida ist auch innen sehenswert. Es dokumentiert das Leben der Kuren

Thomas-Mann-Haus (Thomo Manno Kultūros Centras, Skruzdynės gatvė 17, Tel. (8)469/52260, www.mann.lt, Juni–Mitte Sept. tgl. 10–18, Mitte Sept.–Mai Di–Sa 10–17 Uhr), das eine interessante *Ausstellung* über Leben und Werk des Schriftstellers päsentiert. 1929 ließ der Nobelpreisträger dieses Feriendomizil errichten, in dem er mit seiner Familie die folgenden drei Sommer verbrachte. Thomas Mann schrieb unter dem reetgedeckten Dach mit weitem Blick über das Haff an seiner Roman-Tetralogie ›Joseph und seine Brüder‹, die 1933–43 veröffentlicht wurde. Nachdem Kleinlitauen 1939 von Deutschland annektiert worden war, ging das Haus als *Jagdhaus Elchwald* in den Besitz Hermann Görings über.

Sehenswert ist in Nida ferner das **Ethnografische Fischermuseum** (Žvejo etnografinė sodyba, Naglių gatvė 4, Juni–Aug. tgl. 10–18, Sept.–Mai Di–Sa 10–17 Uhr), das in einem alten Fischergehöft am Haff über das Leben der Kuren informiert. Die *Kurenhäuser* sind traditionell rostbraun, Fensterrahmen weiß, Türen und Giebelbretter blau gestrichen und mit Reet gedeckt. Es gibt inzwischen auch viele Neubauten in diesem Stil, meist jedoch ohne Reetdächer, aber mit Blumengärten. Immer wieder kommt man an Ständen mit Räucherfisch vorbei. Und vom **Hafen** starten Ausflugsschiffe und Kurenkähne zu *Touren* ins Haff oder ins Nemunas-Delta.

Die größte Attraktion der Kurischen Nehrung ist die **Parniddener Düne** (Parnidžo kopa) 2 km südlich von Nida. Wenn man über steile Holzstufen endlich oben auf der 52 m hohen Düne angelangt ist, überwältigt einen die Aussicht: Sand über Sand, vom Wind modelliert, zwischen Meer und Haff, blendendweiß im gleißenden Sonnenlicht, golden in der Abendsonne. Ein einmaliges Naturschauspiel! Und in der Ferne kann man Grenzsoldaten dabei beobachten, wie sie sich darum bemühen, dass die EU-Außengrenze nicht im Sand verläuft. Deswegen sollte man sich streng an die ausgeschilderten Wege halten.

i Praktische Hinweise

Information

Kultur- und Tourismusinformationszentrum ›Agila‹, Taikos gatvė 4, Nida, Tel. (8)469/52345, www.visitneringa.com

Schiff

›Austėja‹ und **›Aistis‹**, Romas Šležas Betrieb, Purvynės gatvė 39, Nida, Mobil (8)69888815, www.mariulaivai.lt. Touren von Nida ins Nemunasdelta oder ins Haff.

Jovila, L. Rėzos gatvė 1–2, Juodkrantė Mobil (8)68478707, www.jovila.lt. Verschiedene Ausflüge rund ums Kurische Haff mit Segel- oder Motorbooten.

Sport

Irklakojis, Kopų gatvė 3–7, Nida, Mobil (8)61881957, www.irklakojis.lt. Ein- und Mehrtages-Touren: Wanderungen, Fahrradausflüge, Kanufahrten u.a.m.

Liucijos ratai, Promenade am Haff und am Hafen, Nida, Mobil (8)68214798, www.liucijosratai.com. *Fahrradverleihnetz* mit Stationen auf der ganzen Nehrung.

In den sumpfigen Weiten des Nemunas-Deltas

Hotels

****Jūratė**, Pamario gatvė 3, Nida, Tel. (8)469/523 00, www.hotel-jurate.lt. Preisgünstige Unterkunft aus Sowjetzeiten.

Nidos Seklyčia, Lotmiskio gatvė 1, Nida, Tel. (8)469/500 00, www.neringaonline.lt. Kleines, feines Gästehaus. Im eleganten Restaurant gibt's u.a. köstlichen Fisch und einen herrlichen Dünenblick dazu.

Villa Banga, Pamario gatvė 2, Nida, Tel. (8)469/511 39, www.nidosbanga.lt. B & B in wunderschönem Kurenhaus in der Ortsmitte von Nida.

Restaurants

Po Vyšniom, Naglių gatvė 10, Nida, Mobil (8)61 25 28 22. Hübsches Holzhaus. Gute litauische Küche, insbesondere auch leckere Fischgerichte.

Villa Flora, Kalno gatvė 7 a, Juodkrantė, Tel. (8)469/530 24, Restaurant-Mobil (8)68 28 29 58, www.vilaflora.lt. Einladendes Hotel-Restaurant mit Sonnenterrasse.

52 Nemunas-Delta

Eine Reise durch das Memel-Delta führt in die Vergangenheit.

Einen Ausflug ins Nemunas-Delta (Memel-Delta) kann man sowohl von Klaipėda [Nr. 50] über die Landstraße 141 als auch mit dem Schiff von Nida [s.o.] aus unternehmen. **Šilutė** (Heidekrug), 48 km südlich von Klaipėda, ist ein guter Anlaufpunkt im sonst kaum erschlossenen *Regionalpark* (Nemuno Deltos Regioninis Parkas). Die freundliche Kleinstadt vermittelt im liebenswürdigen *Regionalmuseum* (Šilutės muziejus, Lietuvininkų g. 36, Juni–Sept. Di–Fr 10–18, Sa 10–17, Okt.–Mai Di–Fr 9–17, Sa 9–16 Uhr) zudem alles Wissenswerte über das Leben in Westlitauen und im alten Memelgebiet. Der Ort entwickelte sich ab dem 16. Jh. zu einem bedeutenden Marktflecken. In der Moor- und Heidelandschaft liegen viele kleine Dörfer. Oft sieht man Männer und Frauen, die auf klapprigen Fahrrädern Milchkannen zu den Käsereien (Tilsiter-Käse) transportieren. *Tilsit* ist 40 km entfernt, heißt heute Sovetsk und liegt auf der südlichen Seite des Nemunas in der Oblast Kaliningrad.

Westlich von Šilutė verzweigt sich der Nemunas in sechs Nebenarme, die ins Kurische Haff (Kuršių Marios) münden. Bei **Rusnė** (Ruß) teilt sich der Hauptstrom in Atmata, Pakalnė und Skirvytė. In **Uostadvaris** (Kuwertshof) steht ein Pumpwerk aus dem 19. Jh. Im Delta drohen jederzeit Überflutungen. **Minija** (Minge) liegt am gleichnamigen Flussarm, der gewissermaßen die Hauptstraße des Ortes bildet. Und in **Ventė** (Windenburg), das als Halbinsel weit ins Haff ragt, gibt es eine kleine *Vogelwarte* (Ventės ragas, Tel. (8)441/445 16, mit Voranmeldung).

i Praktische Hinweise

Information

TIC, Lietuvininkų gatvė 4, Šilutė, Tel. (8)441/777 85, www.siluteinfo.lt

Restaurant

Magnolija, Lietuvininkų gatvė 29, Šilutė, Tel. (8)441/760 30. Edles Restaurant mit erlesenen litauischen Speisen.

Kaliningrad – Ein Ausflug in die russische Exklave

Fährt man auf der alten *Heerstraße* des Deutschen Ordens in südlicher Richtung über die Kurische Nehrung erreicht man etwa 3 km hinter Nida (Nidden) die Grenze zur Russischen Föderation. Für einen Besuch der 13 612 km² großen Oblast Kaliningrad mit 945 000 Einwohnern benötigt man ein bereits zu Hause ausgestelltes russisches Visum. 46 km Kurische Nehrung liegen auf der anderen Seite, die landschaftlich ebenso reizvoll sind wie die litauischen. Nach weiteren 30 km ist dann Kaliningrad erreicht. Das einstige ostpreußische Königsberg ist hinter den Plattenbauten und modern-nüchternen Straßenzügen der heutigen Stadt allerdings nur noch schwer auszumachen.

53 Kaliningrad

Immanuel Kants Heimatstadt Königsberg wurde nach dem Zweiten Weltkrieg von den Sowjets geprägt.

Kaliningrad (500 000 Einw.) ist heute eine russische Stadt, aber seit einigen Jahren bemüht man sich das, was der Zweite Weltkrieg vom preußischen Königsberg übrig ließ, zu rekonstruieren.

Geschichte Königsberg wurde 1246 vom Deutschen Orden auf einem alten pruzzischen Siedlungsplatz nahe der Pregel gegründet. Die mächtige Burg diente als Ausgangspunkt für die Kreuzzüge gegen die heidnischen Litauer. Königsberg, benannt nach dem böhmischen König Ottokar II., unterhielt rege Handelsbeziehungen zu Lübeck und anderen deutschen Hansestädten. 1525 machte Albrecht von Brandenburg Königsberg zur **Hauptstadt** des protestantischen Herzogtums Preußen, entsprechend prächtig fiel die neue Bebauung aus. 1544 wurde die berühmte Universität, die *Albertina*, gegründet. Als Preußen 1701 Königreich wurde, avancierte Königsberg zur Krönungsstadt. Sie geriet 1758–62 im Siebenjährigen Krieg unter russische und 1807–12 in den Napoleonischen Kriegen unter französische Herrschaft. Noch 1840 baute man einen neuen, massiven Festungsrings. In Königsberg wurde 1861 Wilhelm I., der spätere deutsche Kaiser, zum König von Preußen gekrönt. Die *Ostbahn* eröffnete in der zweiten Hälfte des 19. Jh. den Eisenbahnverkehr zwischen Königsberg und Berlin und brachte der Stadt zusammen mit der rasanten *Industrialisierung* neuen Aufschwung. Nach dem Ersten Weltkrieg und dem Versailler Vertrag war Ostpreußen mit Königsberg vom übrigen Deutschen Reich getrennt, da Westpreußen zu Polen kam. 1944 wurde die Königsberger Innenstadt durch britische Bombenangriffe zu 90 Prozent zerstört. Im April 1945 marschierte die Rote Armee ein. Nach dem zweiten Weltkrieg wurden Hunderttausende aus der ganzen Sowjetunion hierher beordert, die auf den Trümmern eine neue Stadt aufbauten. 1946 wurde Königsberg nach dem sowjetischen Politiker Michail I. Kalinin (1875–1946) in **Kaliningrad** umbenannt. Die Russen, die hier aufgewachsen sind, betrachten die einst ostpreußische Stadt längst als ihre Heimat und gehen gelassen mit der Geschichte um. Seit die Nachbarn Polen und Litauen 2004 der EU beitraten, liegt die Oblast Kaliningrad wie eine Insel in Europa. Die Bevölkerung kann das russische Kernland nur per Flugzeug oder Fähre ohne Visum erreichen. Für Russland ist Kaliningrads eisfreier Hafen am *Frischen Haff* wichtig, so als Stützpunkt der Baltischen Flotte. Heute profitiert die Stadt von der 1991 eingerichteten *Sonderwirtschaftszone Jantar*, die Firmen aus Asien und Westeuropa, z. B. BMW, hier zu Investitionen bewegte.

Besichtigung Im Zentrum der Altstadt von Kaliningrad liegt die von zwei Flussarmen des Pregel umschlossene **Kantinsel** (Ostrow Kanta), der frühere Kneiphof. In ihrer Mitte erhebt sich der gotische **Königsberger Dom** ❶ (Katedralnyj Sobor, www.sobor-kaliningrad.ru, tgl. 9–17 Uhr), ein monumentaler dreischiffiger Backsteinbau von 1325–82 mit seiner durch Blendbogen verzierten Doppelturmfassade. Die ganze Altstadt glich 1944 einer Mondlandschaft, nur *Kants Grab* (Kantina) am Dom blieb unversehrt. Im Inneren der Kirche dokumentiert das *Dom-Museum* die Geschichte des Baus. Und das *Kant-Museum* (tgl. 9–17 Uhr) präsentiert stolz Originalausgaben des großen Philosophen Immanuel Kant (1724–1804), der in Königsberg lebte. Auf der Kantinsel standen, wo sich heute der schöne Park ausbreitet, früher die Universität *Albertina* und das *Königsschloss*.

Die Hauptstraße von Kaliningrad, der **Leninskij-Prospekt** ❷, führt gesäumt von vielen Geschäften, Restaurants und Cafés zum **Platz des Sieges** ❸ (Ploschad Pobedy), dem früheren Hansa-Platz. Hier erhebt sich das *Rathaus* von 1923, in dem heute die Stadtverwaltung sitzt. Zur 750-Jahr-Feier der Stadt 2005 wurde die orthodoxe *Erlöserkirche* fertiggestellt, ein riesiger Fünf-Kuppel-Bau. Ins Pflaster des Platzes ist ein goldener Stern eingelassen, der ›750 Jahre Kaliningrad‹ verkündet. Folgt man der Cernjahovskogo gelangt man zum sehenswerten **Bernsteinmuseum** ❹ (Muzej Jantarja, Ploschadj Marschala Wassilewskowo 1, www.ambermuseum.ru, Sommer Di–So 10–19, Winter Di–So 10–18 Uhr), das vor allem modernen Bernsteinschmuck im *Dohnaturm* zeigt. Dieser und der **Wrangelturm** ❺ gehören zu den noch erhaltenen Teilen der Königsberger Befestigungsanlagen aus dem 19. Jh. Die Türme stehen am *Oberteich* einander gegenüber, der wie der weiter südlich liegende *Unterteich* bereits von den Kreuzrittern angelegt wurde. Dort befindet sich das **Museum für Geschichte und Kunst** ❻ (Istoriko-Chudoschestwennyj Musej, ulica Klinitscheskaja 21, Tel. 4012/453844, Di–So 10–18 Uhr). Aushängeschild ist die *Prussia-Sammlung* mit schönen Bernsteinperlen und Gewandschließen aus der Völkerwanderungszeit.

Westlich vom Unterteich, an der Universitetskaja uliza, ist heute die **Albertina Universität** ❼ in einem 1844 errichteten Gebäude untergebracht. Das Denkmal vor der Hochschule ist ein Nachguss (1992) des *Kant-Standbilds*, das Christian Daniel Rauch 1864 schuf. In der Universitetskaja liegt auch der **Bunker** ❽, von dem aus die deutsche Wehrmacht Königsbergs Verteidigung leitete, bis sie am 9. April 1944 kapitulierte. Das Bunkermuseum (tgl. 10–17 Uhr) dokumentiert die Schlacht um die Stadt.

Im Nordwesten Kaliningrads führen der Prospekt Mira und seine Fortsetzung, der Prospekt Pobedy, nach **Amalienau** ❾. Die Villengegend entstand im ausgehenden 19. Jh. und wurde im Zweiten Weltkrieg nicht zerstört. Sie vermittelt am ehesten einen Eindruck davon, wie die alte Hauptstadt Ostpreußens einmal aussah.

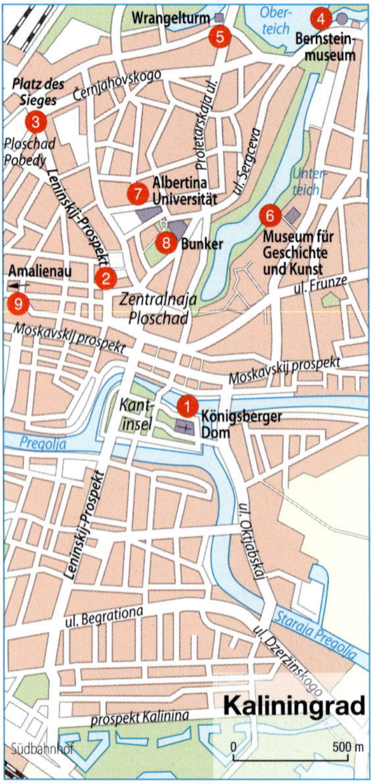

i Praktische Hinweise

Einreise

Visum: Für die Oblast Kaliningrad muss ein Visum bei der russischen Vertretung im Heimatland besorgt werden. Dafür benötigt man einen 6 Monate über die Reise hinaus gültigen Reisepass, unter 16 Jahren einen Kinderreisepass, einen Kinderausweis mit Lichtbild oder Eintrag im Pass der Eltern.

Glanz vor tristen Kaliningrader Plattenbauten: der rekonstruierte Königsberger Dom

Die Internationale Grüne Versicherungskarte gilt nicht. An der Grenze muss eine eigene Haftpflichtversicherung für das Auto abgeschlossen werden. Weitere Informationen erhält man bei den russischen Auslandsvertretungen oder den ADAC-Geschäftsstellen.

Botschaft der Russischen Föderation

Deutschland, Unter den Linden 63–65, 10177 Berlin, Tel. 030/229 11 10, www.russische-botschaft.de

Österreich, Reisnerstr. 45–47, 1030 Wien, Tel. 01/712 12 29, www.rusemb.at

Schweiz, Brunnadernrain 37, 3006 Bern, Tel. 031/352 05 66, www.switzerland.mid.ru

Geld

Bargeld (1 Rubel = 100 Kopeken) erhält man gegen Reiseschecks, mit EC- und Kreditkarten auch am Geldautomaten. Geld umtauschen sollte man nur in zugelassenen Banken oder Wechselstuben.

Information

Touristinformation, Leninskij prospekt 81, Kaliningrad, im Hotel Kaliningrad, 1. Stock, Tel. 007(8)40 12/35 07 82, www.tourismkaliningrad.ru

Flughafen

Chrabrowo, 25 km nördlich der Stadt, www.airport-kaliningrad.ru. Flüge z.B. nach Rīga (Air Baltic, www.airbaltic.com), von dort weiter nach Berlin.

Schiff

Fährverbindung Kaliningrad (Fährhafen Baltijsk)–St. Petersburg einmal wöchentlich (Tel. 007(8)40 12/66 04 04, www.dfdslisco.ru, Dauer: ca. 40 Std., Juni–Aug.).

Bahn und Bus

Yuzhny Vokzal, Südbahnhof, Kalinina Ploschad, Kaliningrad. Am selben Platz befinden sich auch der Busbahnhof und ein Schalter für Flugtickets.

Mehrmals wöchentliche Zugverbindung zwischen Berlin-Lichtenberg und Kaliningrad (16 Std.) sowie Busverbindungen zu mehreren deutschen Städten z.B. Berlin, Essen, Hannover, Stuttgart. Täglich Busse von Kaliningrad nach Tallinn (14 Std.), Rīga (11 Std.), Vilnius (9 Std.).

Öffentliche Verkehrsmittel

In Kaliningrad fahren Straßenbahnen, Busse und Trolleybusse (tgl. 6–23 Uhr).

Hotels

Chaika, uliza Pugatschewa 13, Kaliningrad, Tel. 007(8)40 12/35 22 62, www.hotelchaika.ru. Gut ausgestattetes Hotel mit 28 ansprechenden Zimmern im historischen Villenviertel Amalienau.

Kaliningrad, Leninskij prospekt 81, Kaliningrad, Tel. 007(4012)/35 05 31, www.hotel.kaliningrad.ru. Großer, modernisierter Hotelbau im Sowjetstil in zentraler Lage, mit Restaurant.

Restaurant

Razgulaj, Sowjetskij prospekt 13, Kaliningrad, Tel. 007(8)40 12/21 48 97. Gute, rustikale russische Küche.

V-6961

Baltikum aktuell A bis Z

Vor Reiseantritt

ADAC Info-Service:
Tel. 018 05/10 11 12 (0,14 €/Min.)

Unter dieser Telefonnummer können ADAC Mitglieder auch kostenloses **Informations- und Kartenmaterial** anfordern.

ADAC im Internet:
www.adac.de
www.adac.de/reisefuehrer

Baltikum Tourismus Zentrale, Katharinenstr. 19–20, 10711 Berlin, Tel. 030/89 00 90 91, www.baltikuminfo.de

Botschaft der Republik Estland

Deutschland
Hildebrandstr. 5, 10785 Berlin,
Tel. 030/25 46 06 02, www.estemb.de

Österreich/Schweiz
Wohllebengasse 9/13, 1040 Wien,
Tel. 01/503 77 61, www.estemb.at

Botschaft der Republik Lettland

Deutschland
Reinerzstr. 40–41, 14193 Berlin,
Tel. 030/82 60 02 22, www.mfa.gov.lv/de/berlin

Österreich/Schweiz
Stefan Esders Platz 4, 1190 Wien,
Tel. 01/403 31 12, embassy.austria@mfa.gov.lv

Botschaft der Republik Litauen

Deutschland
Charitéstr. 9, 10117 Berlin, Tel. 030/890 68 10, www.botschaft-litauen.de

Österreich
Löwengasse 47/4, 1030 Wien,
Tel. 01/718 54 67, http://at.mfa.lt

Schweiz
Kramgasse 12, 3011 Bern,
Tel. 03 13 52 52 91, http://ch.mfa.lt

Allgemeine Informationen

Reisedokumente

EU-Bürger und Schweizer benötigen einen Personalausweis oder Reisepass, die noch mindestens drei Monate gültig sein müssen. Kinder brauchen einen Kinderausweis mit Lichtbild oder einen Kinderreisepass, ab 16 Jahren ist ein eigener Ausweis erforderlich.

Kfz-Papiere

Führerschein und Zulassungsbescheinigung Teil 1 (vormals Fahrzeugschein) sind mitzuführen. Empfohlen wird die Mitnahme der Internationalen Grünen Versicherungskarte.

Krankenversicherung

Die **Europäische Krankenversicherungskarte** ist in die Versicherungskarte integriert. Sie wird in ganz EU-Europa anerkannt und garantiert die medizinische Versorgung. Es empfiehlt sich jedoch der Abschluss einer zusätzlichen Reisekranken- und Rückholversicherung.

Hund und Katze

Für Hunde und Katzen ist bei Reisen innerhalb der EU ein vom Tierarzt ausgestellter **EU-Heimtierausweis** vorgeschrieben, ebenso Kennzeichnung durch Mikrochip. Eine Tätowierung als Identifikationsmerkmal ist nur noch bis 3. Juli 2011 gültig.

Zollbestimmungen

Die drei baltischen Staaten gehören zur EU, daher können Waren für den privaten Verbrauch in unbeschränkter Menge ein- und ausgeführt werden. Als Richtwerte für **EU-Bürger** gelten: 800 Zigaretten (*bei der Einfuhr nach Deutschland oder Österreich*: 200 Zigaretten!), 400 Zigarillos, 200 Zigarren, 1 kg Tabak, 10 l Spirituosen, 20 l Zwischenerzeugnisse, 90 l Wein (davon max. 60 l Schaumwein), 110 l Bier.

Für **Nicht-EU-Länder** (z.B. Schweiz) gelten folgende Höchstmengen: 200 Zigaretten, 100 Zigarillos, 50 Zigarren, 250 g Tabak, 1 l Spirituosen, 2 l Wein.

Seit dem 15. Juni 2007 müssen alle, die in EU-Mitgliedstaaten einreisen oder aus ihnen ausreisen, mitgeführte Bargeldbestände angeben, sofern die Summe den Betrag von 10 000 € überschreitet.

Für die Ausfuhr von Antiquitäten, Kunstwerken, Pelzen oder bei der Jagd erlegten Tieren muss eine staatliche Genehmigung bei der jeweiligen Zollbehörde eingeholt werden (Estland: www.emta.ee, Lettland: www.mfa.gov.lv, Litauen: www.cust.lt).

Geld

Estland: Am 1. Januar 2011 führte Estland als erstes der drei baltischen Länder den Euro als Zahlungsmittel ein.

Lettland: 1 Lat (LVL/Ls) = 100 Santīms. Es gibt Banknoten im Wert von 5, 10, 20, 50, 100 und 500 Lats.

Litauen: 1 Litas (LTL/LT) = 100 Centas. Es gibt Banknoten im Wert von 10, 20, 50 100, 200 und 500 Litas.

Mit der EC-(Maestro-) oder Kreditkarte kann man an **Geldautomaten** Landeswährung abheben. Die gängigen **Kreditkarten** werden fast überall akzeptiert.

Netzspannung

Die Spannung beträgt 220 V und 50 Hz. Euro-Norm-Stecker passen, andere Stecker nicht immer.

Tourismusämter im Land

Die Tourismusbüros der jeweiligen Orte sind im Hauptteil unter den Praktischen Hinweisen aufgeführt.

Fremdenverkehrsamt Estland,
Lasnamäe 2, 11412 Tallinn, Tel. 627 97 70,
www.visitestonia.com

Fremdenverkehrsamt Lettland,
Brīvības iela 55, 1519 Rīga, Tel. 67 22 99 45,
www.latvia.travel/de

Staatliches Tourismusdepartment Litauen, Švitrigailos gatvė 11M, 03228 Vilnius, Tel. (8)5/210 87 96, www.travel.lt

Notruf

Einheitlicher Notruf: Tel. 112 (EU-weit, auch mobil: Polizei, Unfallrettung, Feuerwehr)

ADAC Notrufzentrale München:
Tel. 00 49/89/22 22 22 (rund um die Uhr)

ADAC Ambulanzdienst München:
Tel. 00 49/89/76 76 76 (rund um die Uhr)

ÖAMTC Schutzbrief-Nothilfe:
Tel. 00 43/1/251 20 00, www.oeamtc.at

TCS Zentrale Hilfsstelle:
Tel. 00 41/224 17 22 20, www.tcs.ch

Diplomatische Vertretungen

Estland

Deutsche Botschaft,
Toom-Kuninga 11, 15048 Tallinn,
Tel. 627 53 00, www.tallinn.diplo.de

Österreichische Botschaft,
Vambola 6 (5. Stock), 10114 Tallinn,
Tel. 627 87 40, tallinn-ob@bmeia.gv.at

Schweizer Botschaft Helsinki
(für Finnland und Estland zuständig),
Uudenmaankatu 16 A, 00120 Helsinki,
Tel. 00358/9/622 95 00, www.eda.admin.ch/helsinki

Lettland

Deutsche Botschaft,
Raina bulv. 13, 1050 Rīga, Tel. 67 08 51 00,
www.riga.diplo.de

Österreichische Botschaft,
Elizabetes iela 15, 1010 Rīga, Tel. 67 21 61 25,
riga-ob@bmeia.gv.at

Schweizer Botschaft,
Elizabetes iela 2, 1340 Rīga, Tel. 67 33 83 51,
www.eda.admin.ch/riga

Litauen

Deutsche Botschaft, Sierakausko gatvė 24/8, 03105 Vilnius, Tel. (8)5/210 64 00,
www.wilna.diplo.de

Österreichische Botschaft, Gaono 6,
01131 Vilnius, Tel. (8)5/266 05 80,
wilna-ob@bmeia.gv.at

Schweizer Botschaft, s. Lettland

Besondere Verkehrsbestimmungen

Tempolimits in km/h: In Estland, Lettland, Litauen innerhalb geschlossener Ortschaften (weiße Ortsschilder) 50, außerorts 90, auf Autobahnen (grünes Schild) 110. Achtung, es gibt viele Verkehrskontrollen! Die **Promillegrenze** beträgt in Estland 0,0, in Lettland 0,5, in Litauen 0,4. Bei einem **Verkehrsunfall** muss immer die Polizei verständigt werden. In Estland und Lettland muss das ganze Jahr, in Litauen Sept.(wegen des Schulanfangs) sowie Nov.–März auch tagsüber mit **Abblendlicht** gefahren werden. Eine **Winterreifenpflicht** besteht in Estland und Lettland Dez.–März.

Die Ampel schaltet: Grün/blinkendes Grün/Gelb/Rot, wobei das blinkende Grün unserem Gelb entspricht. Bei **Gelb** darf man nicht mehr fahren! **Halteverbotszo-**

nen sind auf der Fahrbahn mit durchgehenden, **Parkverbote** mit gestrichelten gelben Linien markiert. Da es strenge Kontrollen gibt, wird die Zuwiderhandlung schnell mit einer *Kralle* oder dem *Abschleppen* des Autos bestraft.

In größeren Orten empfiehlt es sich, das Auto auf einem bewachten Parkplatz (Estn.: valvega autoparkla, Lett.: apsargāta auto stāvvieta, Lit.: saugoma automobilių stovėjimo aikštelė) abzustellen.

Zeit

Der Unterschied zur MEZ und MESZ beträgt in Estland, Lettland und Litauen jeweils plus 1 Stunde. Auf Sommerzeit wird wie in Deutschland umgestellt.

Anreise

Auto

Von Deutschland, Österreich und der Schweiz fährt man im Allgemeinen über Polen nach Litauen, Lettland und Estland. Zwischen Polen und Litauen gibt es zwei **Grenzübergänge**: Budzisko-Kalvarija an der Via Baltica (E67) und *Ogrodniki-Lazdijai*, den Touristen wählen sollten, weil er für den Schwerlastverkehr gesperrt ist. Die Grenzen zwischen den drei baltischen Staaten kann man überall frei passieren. Die gut ausgebaute **Via Baltica (E67)** verläuft von Warschau über Kaunas und Rīga bis Tallinn. Wählt man eine Reiseroute durch das *Kaliningrader Gebiet*, sind viel Geduld, ein zu Hause beschafftes Transitvisum sowie eine an der Grenze abgeschlossene Kfz-Haftpflichtversicherung erforderlich [s. S. 122].

Vilnius ist über eine Autobahn mit Klaipėda und Panevėžys verbunden. Autobahnähnliche Straßenabschnitte gibt es um Rīga und von Tallinn Richtung Narva. Das **Straßennetz** der baltischen Staaten ist noch im Aufbau. Die überregionalen Straßen sind aber durchweg in gutem Zustand. Nebenstrecken sind dagegen teilweise unbefestigt und im Sommer recht staubig. Es ist zu beachten, dass auch Standstreifen befahren werden und auf den Fahrbahnen (auch den Autobahnen) *Pferdewagen*, *Radfahrer* oder *Fußgänger* unterwegs sind.

Das **Tankstellennetz** ist dicht und modern, Autogas ist flächendeckend erhältlich. Dennoch sollte man auf abgelegeneren Strecken frühzeitig tanken.

Bahn

Die Bahnfahrt ins Baltikum ist nur etwas für Abenteurer: Sehr lange Fahrzeiten, häufiges Umsteigen und Spurbreitenwechsel sind die lästigen Begleiterscheinungen! Von Berlin Hauptbahnhof dauert die Fahrt nach Vilnius etwa 20 Stunden, Anschluss gibt es von dort nach Rīga.

Fahrplanauskunft

Deutschland
Deutsche Bahn, Tel. 018 05/99 66 33 (persönliche Auskunft, gebührenpflichtig), Tel. 08 00/150 70 90 (sprachgesteuert, gebührenfrei), www.bahn.de

Österreich
Österreichische Bundesbahn, Tel. 05 17 17, www.oebb.at

Schweiz
Schweizerische Bundesbahnen, Tel. 09 00 30 03 00, www.sbb.ch

Bus

Von vielen deutschen und österreichischen Städten fahren Reisebusse ins Baltikum, u.a. nach Vilnius, Rīga, Tallinn. Infos:

Deutsche Touring GmbH, Am Römerhof 17, 60486 Frankfurt, Tel. 069/790 35 01, www.touring.de, www.eurolines.at

Flugzeug

Direktflüge gibt es tgl. von Frankfurt nach Tallinn, Rīga und Vilnius mit Lufthansa (www.lufthansa.com), mehrmals in der Woche von Berlin, Düsseldorf, Frankfurt Hamburg, München, Wien, Zürich nach Rīga, Vilnius, Tallinn (www.airbaltic.com, www.estonian-air.ee). Austrian Airlines (www.austrian.com) fliegt von Wien aus Rīga und Vilnius an, von München aus Tallinn. *Billigflieger* verbinden Berlin bzw. Frankfurt/Hahn, Düsseldorf und Bremen mit Tallinn, Rīga oder Kaunas (www.ryan air.com).

Schiff

Die entspannendste Anreise führt über das Meer. Nach **Litauen** verkehren Fähren von Kiel oder Sassnitz nach Klaipėda (Fahrzeit ca. 22 bzw. 21 Std.) mehrmals wöchentlich (*DFDS Seaways Baltic GmbH*, Tel. Kiel 04 31/20 97 64 80, Tel. Sassnitz/Mukran 038/392 64 68 25, www.dfdslisco.de). Nach **Lettland** gibt es Fährverbindungen von Lübeck-Travemünde nach Ventspils

(27 Std.) und Liepāja mehrmals wöchentlich (*Scandlines Deutschland GmbH*, Tel. 018 05/11 66 88, www.scandlines.de). Ob die Fährverbindung von Lübeck/Travemünde nach Rīga (www.aveline.lv) im Frühjahr 2011 wieder aufgenommen ist, ist zzt. noch ungewiss. Nach **Estland** gibt es keine direkte Fährverbindung. Es verkehren tgl. Schiffe zwischen Travemünde–Helsinki/Finnland (www.finnlines.com) und mehrmals tgl. zwischen Helsinki–Tallinn (z.B. www.tallink.ee).

Bank, Post, Telefon

Bank

Öffnungszeiten in **Estland**: Mo–Fr 9–18 Uhr, **Lettland**: Mo–Fr 8.30–12.30, Sa 8.30–11.30 Uhr, **Litauen**: Mo–Fr 9–17 Uhr

In den größeren Städten gibt es ausreichend Banken und Geldautomaten. In kleineren Orten findet man oft nur eine Bank im Zentrum.

Post

Öffnungszeiten in **Estland**: Mo–Fr 9–18, Sa 9–15 Uhr, **Lettland**: Mo–Fr 9–18, Sa 9–14 Uhr, **Litauen**: Mo–Fr 7–19, Sa 9–16 Uhr

In kleineren Städten und auf dem Land ist während der Mittagszeit geschlossen.

Telefon

Internationale Vorwahlen

Estland 00372
Lettland 00371
Litauen 00370
Deutschland 0049
Österreich 0043
Schweiz 0041

In **Litauen** gelten *Ortsvorwahlen*. Da das Telefonnetz bis 2015 schrittweise digitalisiert wird, kann es jederzeit zu Änderungen bei den Telefonnummern kommen. Bei Orts- und Ferngesprächen *innerhalb Litauens* wählt man die 8 und wartet, bis man einen ununterbrochenen Ton hört, dann wählt man die Ortsvorwahl und Nummer des Teilnehmers. Auch im *Mobilnetz* wählt man erst die 8, dann die achtstellige Rufnummer. Ruft man vom *Ausland* in Litauen an, fällt die 8 weg, man wählt direkt nach der Landesvorwahl 00370 die Ortsvorwahl und Teilnehmernummer.

In **Estland** und **Lettland** gibt es keine Ortsvorwahlen.

Mobiltelefone sind verbreitet, der Empfang ist in Estland bis auf die letzte Insel gewährleistet, in Lettland und Litauen fast flächendeckend. Man sollte sich vor Reiseantritt über das günstigste Netz informieren und sein Handy entsprechend programmieren oder vor Ort eine *Prepaid Card* für sein Handy kaufen.

In allen drei Staaten funktionieren öffentliche **Telefonzellen** mit Telefonkarten, die es an Kiosken oder Tankstellen gibt, teilweise auch mit Kreditkarten.

Internetcafés oder **-zugänge** in Restaurants, Bars, Hotels usw. sind weit verbreitet – besonders in Estland (WiFi-Schilder), in Litauen eher in den Städten.

Einkaufen

In den baltischen Staaten gibt es *kein* Ladenschlussgesetz. In der Regel öffnen die Geschäfte in den Städten Mo–Fr 10–21, Sa/So/Fei 10–20 Uhr. Viele Lebensmittelgeschäfte und Supermärkte haben rund um die Uhr geöffnet. Kleine Läden oder Geschäfte in ländlichen Gebieten hingegen schließen oft während der Mittagszeit und abends schon um 17 oder 18 Uhr.

Auf dem Land sind Läden mitunter selten. Bei Reisen in abgelegene Regionen empfiehlt es sich daher, für Proviant zu sorgen.

Souvenirs

In **Estland** kann man sich mit Wollpullovern, Handschuhen, Mützen und Schals bestens für den Winter rüsten. Neben schönen Strickwaren werden Schnitzarbeiten aus Wacholderholz sowie einheimischer Wodka angeboten. Kunstgewerbeläden, die in Tallinns Altstadt fast alle anderen Läden verdrängt haben, nennen sich *Käsitöö*.

Auch in **Lettland** gibt es zahlreiche kunstgewerbliche Mitbringsel: Selbstgestricktes, Leinen, Keramik und schön verarbeiteten Bernsteinschmuck. Aus Rīga bringt man gerne den ›Rīgas Balzams‹, den bitteren schwarzen Kräuterlikör, mit.

Litauen ist berühmt für seinen **Bernsteinschmuck**, den es fast überall gibt. Um nicht auf Fälschungen hereinzufallen, sollte man in Fachgeschäften einkaufen, allerdings ist echter Bernstein nicht billig. Ferner lieben die Litauer geschnitzte Löffel und Holzdosen, Tischwäsche, lederne Bucheinbände oder Spitzendeckchen.

In **Estland**, **Lettland** und **Litauen** sollte man natürlich die Musik, vor allem Klassik-, Jazz- und Folklore-CDs, nicht vergessen.

Essen und Trinken

In den Großstädten gibt es immer mehr **Restaurants**, auch mit internationalen Spezialitäten. Die Gasthöfe auf dem Land bieten nach wie vor einfache, bodenständige Gerichte. Esten, Letten und Litauer lieben warme Mahlzeiten morgens, mittags und abends, selbst wenn in den Städten der leichte Businesslunch auf dem Vormarsch ist.

Die Restaurants sind ab Mittags durchgehend geöffnet, man kann zu jeder Tageszeit bis 22 oder gar 23 Uhr essen. Auch kleine **Cafés** haben durchaus reichhaltige Speisekarten. **Trinkgeld** ist in den Rechnungen nicht enthalten. Es ist üblich 5-8 Prozent des Betrags zu zahlen.

Die **Küche** der Esten, Letten und Litauer ist bäuerlich geprägt, deftig und rustikal. Beeinflusst wurde sie durch verschiedene Herrscher, besonders Russen, Deutsche und Polen. Fleisch mit Kartoffeln und Gemüse, wie Rote Beete, Kohl, Erbsen, Möhren, Gurken oder Tomaten, werden bevorzugt. Am Meer oder an den Binnenseen gibt es natürlich viel Fisch. Auch Pilzgerichte sind weit verbreitet. Suppen sind sehr beliebt, schließlich wärmen sie in den kalten Wintern kräftig von innen. Zum Essen wird hauptsächlich Bier getrunken – es gibt eine Vielzahl guter Brauereien –, zum Anstoßen wird Wodka gereicht. Das **Leitungswasser** sollte man in allen drei Ländern möglichst nicht trinken. Probieren sollte man Mohnmilch und Moosbeeren, die im ganzen Baltikum wegen ihres hohen Vitamin-C-Gehalts sehr beliebt sind und zu Kompott oder Marmeladen verarbeitet werden.

Lettische Spezialität: Graue Erbsen mit Speck

Estland

Der Gesundheit zuliebe beginnen die Esten den Tag mit einem Glas Kefir. Im Norden fällt das Frühstück besonders üppig aus: Fisch, Würstchen, Brot, Käse, Marmelade, Wurst und Schinken. Beliebt ist auch die russische **Kascha**, ein warmer, mit Milch gekochter Getreidebrei (Hafer, Buchweizen). Zum Mittag- oder Abendessen gibt es oft Schweinefleisch. *Nationalgerichte* sind **Blutwurst mit Sauerkraut**, **Sült** (Sülze), **Rossolye** (eingelegter Hering mit Roter Beete) und **Sprotten**. Viel getrunken wird **Kali**, ein aus vergorenem Brot gewonnenes Gebräu, das mit dem russischen *Kwas* verwandt ist.

Lettland

Auch die Letten schlemmen opulent. Ihr ganzer Stolz ist das kräftige **Rupjmaize** (Roggenbrot), das dick mit Käse, Wurst oder Schinken belegt wird. Dazu trinken sie gerne Kefir. Lettische *Nationalgerichte* sind **Pelēkie Zirņi** (Graue Erbsen mit Speck) oder **Pīrāgi** (Piroggen). Ferner lieben die Letten *Eintöpfe*, die langsam im Backofen vor sich hin garen. Eine große Rolle spielt aber auch *Fisch*, gerne mit *Senf-* oder *Dillsauce*. Die Pause zwischen Mittag- und Abendessen versüßt man sich in Lettland gerne mit einem Stück *Kuchen*, immer frisch und köstlich – genauso wie das *Eis*. Eine unvermeidliche Spezialität der Letten ist der bittere schwarze Kräuterlikör **›Rīgas Balzams‹**, der pur oder mit anderen Getränken gemischt getrunken wird.

Litauen

Zum Frühstück gibt es hier zusätzlich hauchdünne **Blynai** (Pfannkuchen) mit saurer Sahne oder selbst gemachter Marmelade. Die kommen auch mittags wieder auf den Tisch, diesmal mit Fleisch, Kohl, Kartoffeln oder Pilzen gefüllt – als Appetitanreger für das Hauptgericht. Litauens *Nationalgericht* sind **Cepelinai** (Zeppeline), mächtige Kartoffelklöße mit Speck- oder Fleischfüllung, die mit saurer Sahne oder mit Speckwürfeln und Zwiebeln serviert werden. Sie können auch mit Pilzen oder in der süßen Variante mit Quark gefüllt sein, jeder hat sein eigenes Rezept. Die Form ihres Leib- und Magengerichts verdanken die Litauer kreativen Hausfrauen, die beeindruckt von den Luftschiffen zu Beginn des 20. Jh. diese aus Kartoffelteig nachformten. Die Vorliebe der Litauer für gefüllte Speisen ist bekannt – es gibt unzählige Fleischgerichte mit Gemüsefüllungen oder umgekehrt, gefüllten Fisch oder gefüllte Teigwaren. Am Meer kann man bei den Fischern *Räucherfisch* kaufen, im Süden des Landes gibt es *Ente*, die mit Haselnüssen gefüllt und mit einer Honigkruste überzogen wird. Besondere Getränke sind **Gira**, aus vergorenem Roggen und sehr erfrischend, sowie **Midus**, ein süßes Honiggetränk mit Kräutern.

Feiertage

Offizielle Feiertage in allen drei baltischen Staaten sind: Karfreitag, 1. Mai (Tag der Arbeit), 24. Juni (Johannistag), 25./26. Dez. (Weihnachten).

Außerdem haben die einzelnen Länder folgende zusätzliche Feiertage, wobei insbesondere die jeweiligen *Unabhängigkeitstage* feierlich begangen werden:

Estland: 1. Jan. (Neujahr), 24. Febr. (Nationalfeiertag), 23. Juni (Siegestag), 20. Aug. (Wiedererlangung der Unabhängigkeit)

Lettland: Ostern, 23. Juni (Mittsommerfest), 18. Nov. (Unabhängigkeitstag), 31.12. Silvester

Litauen: 1. Jan. (Neujahr), 16. Febr. (Unabhängigkeitstag), 11. März (Wiedererlangung der Unabhängigkeit), Ostern, 6. Juli (Krönung des Mindaugas, Staatsgründung 1250), 15. Aug. (Mariä Himmelfahrt), 1. Nov. (Allerheiligen)

Festivals und Events

In den Baltenrepubliken gibt es viele Stadtfeste mit mittelalterlichen Märkten. Das katholische Litauen feiert auch zahlreiche religöse Feste. Alle baltischen Staaten haben zudem eine sehr lebendige Musikszene. Auf vielen Schlössern, Herrensitzen und Burgen werden z. B. Sommerkonzerte veranstaltet. Aktuelle Programmhinweise sind bei den jeweiligen Tourismusbüros oder unter www.inyourpocket.com zu finden.

Februar

Litauen, ganzes Land: Beim Fasching (užgavėnės) vertreiben Maskierte in bunten Umzügen den Winter.

Tartu: Der estländische *Tartu Marathon* (www.tartumaraton.ee), ein Skilanglauf zwischen Otepää und Elva, wird von einem bunten Rahmenprogramm begleitet (Mitte Febr.).

März

Vilnius: Der *Kaziukas Markt* (St.-Kasimir-Mark) in Vilnius findet zu Ehren des litauischen Schutzheiligen statt (1. Wochenende).

Ganzes Baltikum: Am *Internationalen Frauentag* schenkt man Frauen Blumen, auch wenn es seit der Unabhängigkeit der baltischen Staaten kein offizieller Feiertag mehr ist (8. März).

Litauen: Der *Frühling* (lygiadienis) wird karnevalesk-fröhlich begrüßt (21. März).

Tallinn: Bei den *Estnischen Musiktagen* (www.helilooja.ee) werden die neuesten klassischen Kompositionen vorgestellt (Ende März).

April

TOP TIPP **Vilnius:** Die Künstlerrepublik Užupis feiert ihre ›Unabhängigkeit‹ mit dem **Tag der Streiche** (1. April).

Haapsalu: Bei *Uus tants 10* (www.uustants10.tantsuliit.ee) präsentiert sich die junge estnische Tanzszene (Anf. April).

Rīga: Das *Internationale Baltische Ballettfestival* (www.ballet-festival.lv) präsentiert die Größen des klassischen und modernen Tanzes an verschiedenen Aufführungsorten in der Stadt (2. Aprilhälfte).

Tallinn, Tartu und Pärnu: Das Festival *Jazzkaar* (www.jazzkaar.ee) holt die internationale Jazz-Szene nach Estland (Ende April).

Mai

Pärnu: Das *Internationale Chormusikfestival* (www.prkf.ee) wird alle zwei Jahre (2012, 2014 ...) in Estlands Sommerhauptstadt veranstaltet.

Vilnius: Das Folklorefestival *Skamba Skamba kankliai* (Kling' meine Zither, www.etno.lt) belebt die Altstadt (letztes Wochenende).

Juni

Tallinn: *Altstadtfest* (www.vanalinnapaevad.ee) mit mittelalterlichem Treiben rund um das Rathaus (Anfang Juni).

Rīga: Das international renommierte *Opernfestival* (www.opera.lv) versammelt viele Stars auf der Bühne (Mitte Juni).

Pärnu: Estlands Sommerhauptstadt feiert die alljährliche Wiederbelebung u.a mit einem Grillfest.

TOP TIPP **Ganzes Baltikum:** Die **Mittsommernacht** wird als Johannisfest in Litauen (Jonines), in Estland (Jaani päev) und in Lettland (Jani) ausgelassen gefeiert – mit Freudenfeuern, Blumenkränzen, Musik, Gesang, Tanz, Spiel und gutem Essen. Alle Freilichtmuseen sind geöffnet und bieten ein entsprechendes Programm (23. Juni).

Juli

Vilnius: *Mindaugas' Krönungstag* begeht man in Vilnius und anderen litauischen Städten mit Straßenfesten (6. Juli).

Tallinn, Rīga und Vilnius: Die Termine für die wichigsten baltischen Feste, die seit 2003 zum UNESCO-Weltkulturerbe zählenden großen **Sängerfeste**, variieren: Das estnische Sängerfest (www.laulupidu.ee) findet alle fünf Jahre (2014 ...) in Tallinn statt. Die Letten begehen ihr Sängerfest (www.songcelebration.lv) alle fünf Jahre (2013 ...) in Rīga. Das litauische Sängerfest wird alle vier Jahre (2013 ...) in Vilnius gefeiert (Anfang Juli). TOP TIPP

Kolka, Liepāja u.a.: Die lettischen Küstenorte zwischen Kolka und Liepāja feiern ihre traditionellen *Fischerfeste*, bei denen oft auch Regatten veranstaltet werden (2. Wochenende).

Vilnius, Rīga oder Tallinn: Das internationale Folklorefestival *Baltica* findet abwechselnd in Vilnius (2011), Rīga (2012), Tallinn (2013) statt (Mitte Juli).

Cēsis: *Mittelalterfest* vor der Burgkulisse mit Ritterspielen und viel Bier (Mitte Juli).

Kuldīga: Mittelalterliches *Stadtfest* mit einem Markt vor dem Rathaus der lettischen Stadt (3. Wochenende).

Klaipėda: *Hafenfest* (www.jurossvente.lt) mit Regatten, Konzerten (Ende Juli).

Juli/August

Estland: Das vielbeachtete *Internationale Orgelfestival* erfüllt Kirchen in Tallinn, Tartu, Viljandi usw. mit himmlischer Musik (Ende Juli/Anf. Aug.).

Vilnius: Das *Christopher-Sommerfestival* (www.kristupofestivaliai.lt) bietet ein umfangreiches Programm von Opern bis zu Symphoniekonzerten (Juli/Aug.).

August

Mazirbe: Hier treffen sich Liven von überallher beim *Fest der Liven* (1. So).

Haapsalu: Die ›Weiße Dame‹ wird im Burgpark mit Fest und gruseliger Theateraufführung empfangen (bei Vollmond).

Aglona: *Mariä-Himmelfahrt-Wallfahrt* von Katholiken aus ganz Osteuropa in den lettischen Pilgerort (14.–16. Aug.).

Liepāja: *Liepāja Dzintars* ist das lettische Open-Air-Festival mit der längsten Tradition (Mitte Aug.).

August/September

Rīga: Für das *Internationale Festival der geistlichen Musik* (www.sacredmusicfestival.lv) sind die Kirchen der Metropole gut geeignet (Ende Aug./Anf. Sept.).

September

Lettland und Litauen: Das *Erntefest* zur Herbstsonnenwende wird mit Feuern, Musik und Tanz gefeiert (21. Sept.).

Oktober

Rīga: *Arena* (www.arenafest.lv), das Festival für neue Musik, versucht Genregrenzen zu überwinden (2. Okt.hälfte).

November

Vilnius: Beim Internationalen Jazzfestival *Vilnius City Jazz* (www.vilniuscityjazz.lt) spielen sehr bekannte Musiker aus aller Welt (1. Nov.hälfte).

November/Dezember

Tallinn: Das *Pimedate Ööde Filmifestival* (dt. Schwarze-Nächte-Filmfestival, www.poff.ee) nutzt die dunkle Jahreszeit.

Tallinn, Rīga und Vilnius: *Weihnachtsmärkte* auf dem Rathausplatz in Tallinn, dem Domplatz in Rīga und dem Kathedralenplatz in Vilnius (Adventswochen).

Klima und Reisezeit

Das Klima ist überwiegend kontinental. In Estland ist der Einfluss polarer Luftmassen, in Litauen der des westeuropäischen ozeanischen Klimas stärker. Im allgemeinen sind die Sommer warm, die Temperaturen betragen 20°–30°C. Frühling und Herbst sind relativ mild, aber kurz. Die Winter (Okt.–April) sind lang und kalt mit Durchschnittstemperaturen zwischen –15° und 5°C. Die Ostsee friert im Bereich der Küste meistens zu, oft schneit es stark. Der Niederschlag ist ansonsten gleichmäßig über das Jahr verteilt. Die beste Reisezeit ist von Mai bis September. Die Ostsee erwärmt sich aber auch im Sommer selten über 18°C, Seen und Flüsse erreichen im Sommer Wassertemperaturen von 20–23°C. Auf der

Kurischen Nehrung muss im Hochsommer mit Gewittern und heftigen Regengüssen gerechnet werden.

Klimadaten Tallinn

Monat	Luft (°C) min./max.	Wasser (°C)	Sonnen-std./Tag	Regen-tage
Januar	-9/-3	1	1	11
Februar	-9/-3	1	2	8
März	-6/ 0	1	4	8
April	0/ 7	2	6	8
Mai	5/13	5	9	7
Juni	10/18	11	10	8
Juli	13/21	15	9	10
August	12/20	16	7	10
September	8/15	13	5	13
Oktober	4/ 9	9	3	11
November	-1/ 3	6	1	15
Dezember	-5/-1	3	1	14

Klimadaten Rīga

Monat	Luft (°C) min./max.	Wasser (°C)	Sonnen-std./Tag	Regen-tage
Januar	-9/-3	1	1	12
Februar	-8/-2	1	2	9
März	-6/ 2	1	4	8
April	1/10	2	6	10
Mai	5/16	8	9	8
Juni	9/20	13	10	9
Juli	12/22	17	9	10
August	11/21	18	7	11
September	8/17	15	5	13
Oktober	4/10	11	3	11
November	-1/ 4	8	1	13
Dezember	-5/-1	4	1	13

Klimadaten Vilnius

Monat	Luft (°C) min./max.	Wasser (°C)	Sonnen-std./Tag	Regen-tage
Januar	-9/-4		1	10
Februar	-8/-2		3	9
März	-4/ 3		4	9
April	2/11		6	10
Mai	8/18		8	9
Juni	11/21		8	10
Juli	12/22		7	11
August	12/22		7	10
September	8/16		5	11
Oktober	3/10		3	9
November	-1/ 4		1	12
Dezember	-5/-1		1	12

Nachtleben

Tallinn und Rīga gelten heutzutage als *Vergnügungshochburgen*. In Vilnius verläuft die Entwicklung verhaltener, das Nachtleben ist aber auch hier sehr lebendig. Es gibt eine Vielzahl von Diskotheken, Klubs, Bars und Casinos. Auf dem Land bleiben nachts die Lichter aus. Nur einige Provinzstädte wie Pärnu, Jūrmala oder Palanga verwandeln sich im Sommer in wahre Paradiese für Nachtschwärmer. Die Diskotheken und Klubs ziehen dann mit ihrem Publikum von der Stadt an den Strand. Da die Balten außerordentlich musikbegeistert sind, kommt man oft in den Genuss von Live-Konzerten. Ob Jazz, Blues, Rock, Pop, die Musikklubs bieten für jeden Geschmack etwas.

Sport

Wer seinen Urlaub aktiv gestalten will, hat mit dem Baltikum eine gute Wahl getroffen. Meer, Seen, Flüsse und Nationalparks bieten eine Fülle an Möglichkeiten zu sportlicher Betätigung: Vom Wandern, Reiten, Radfahren über Segeltörns und Kanutouren bis hin zu Kitesurfen und Eisangeln. Einige Adressen sind im Haupttext unter den Praktischen Hinweisen aufgeführt.

Angeln

Angeln ist sehr populär. Auskünfte über nötige Lizenzen erteilen Tourismusbüros, nationale Anglerverbände oder Forstämter.

Lettisches Forstamt (Latvijas valsts mezi), Kristapa 30, Rīga, Tel. 67 60 20 75, www.lvm.lv

Golf

Golfclubs und Golfplätze gibt es vor allem in Nähe der Hauptstädte.

Estland: Estonian Golf & Country Club, Manniva küla, Jõelähtme, Harjumaa, Tel. 602 52 91, www.egcc.ee. 18 Loch, 25 km östl. von Tallinn.

Lettland: Ozo Golf Club, Mīlgrāvja iela 16, Rīga, Tel. 67 39 43 99, www.ozogolf.lv. 18 Loch, 11 km vom Zentrum.

Litauen: European Center Golf Club, Girijos, Vilnius raj., Tel. (8)612/137 88, www.golfclub.lt. 18 Loch, nördl. von Vilnius.

Radfahren

Plattes Land, sanfte Hügel – wie geschaffen für Radtouren, allerdings muss man sich die Fahrbahn teilweise mit den Autos teilen oder sich mit unasphaltierten Wegen begnügen. Es ist inzwischen möglich, die drei Länder auf markierten Radwegen entlang der Ostseeküste abzuradeln. Ideale Bedingungen für Radfahrer bieten die Kurische Nehrung, die estnischen Inseln und das Gebiet um Druskininkai. Ausgewiesene Strecken für Mountainbiker gibt es etwa im Gauja-Nationalpark oder bei Tartu in der Gegend um Otepää. In den Städten ist Vorsicht geboten, denn die Autofahrer nehmen kaum Rücksicht auf Radfahrer.

Estland: Radclub Vänta Aga, Lunini 3, Tartu, www.bicycle.ee

Lettland: Lettisches Radtouristenzentrum, Jēkabpils 19 a, Rīga, www.bicycle.lv

Ganzes Baltikum: Netzwerk BaltiCCycle, www.balticcycle.eu

Reiten

Es gibt viele Reiterhöfe und Bauernhöfe, die Ausritte organisieren und Pferde verleihen. Gut ist das Angebot auch in den Nationalparks, die Besucherzentren halten Informationen bereit.

Wandern

Estland, Lettland und Litauen sind wahre Wanderparadiese, in den Nationalparks wurden vielerorts Lehrpfade zur Tier- und Vogelbeobachtung eingerichtet. Man kann aber auch lange Strandwanderungen unternehmen, z.B. im Lahemaa-Nationalpark, am Strand von Jūrmala sowie auf der Kurischen Nehrung.

Wassersport

Kanu und Kajak

Zahlreiche naturbelassene Flüsse und Seen vor allem in den Nationalparks bieten sich für Bootstouren an, die meisten Strecken sind auch für Anfänger geeignet. Auskünfte erteilen die Besucherzentren der Parks oder Touristeninformationen.

Segeln

Die Insel- und Schärenwelt vor der estnischen Küste gehört zu den schönsten Segelrevieren Europas – und in den meist modernen Marinas wartet nach dem Törn sogar eine Sauna. Die Ostsee ist auch Lettlands größtes Segelrevier. In Litauen sind neben dem Kurischen Haff die Seen um Trakai bei Seglern beliebt. An der Ostsee und den Seen haben sich **Jachtklubs** etabliert, die Segelboote verleihen und Gelegenheiten zum Mitsegeln anbieten (s.a. Praktische Hinweise).

Estland: Estnische Marinas, Kati Kukk, Leuchtturm, Orjaku, Hiiumaa, Tel. 469 72 25, www.marinas.nautilus.ee

Lettland: Pavilosta Marina, Ostmalas iela 1, Pāvilosta, Liepājas rajons, Tel. 63 49 85 81, www.west-coast.lv

Statistik

Estland

Regierungsform: Parlamentarische Demokratie
Fläche: 45 226 km²
Einwohner: 1,34 Mio.
Hauptstadt: Tallinn (398 000 Einwohner)
Bevölkerung: Esten (68%), Russen (26%), Ukrainer (2%), Weißrussen (1%), Finnen (1%)

Lettland

Regierungsform: Parlamentarische Demokratie
Fläche: 64 590 km²
Einwohner: 2,3 Mio.
Hauptstadt: Rīga (713 000 Einwohner)
Bevölkerung: Letten (58%), Russen (30%), Weißrussen (4%), Ukrainer (3%)

Eines der Paradiese für Wasserwanderer im Baltikum: die Gauja in Lettland

Litauen
Regierungsform: Parlamentarische Demokratie
Fläche: 65 300 km^2
Einwohner: 3,4 Mio.
Hauptstadt: Vilnius (550 000 Einwohner)
Bevölkerung: Litauer (84%), Polen (7%), Russen (6%), Weißrussen (1%), Ukrainer (1%)

Unterkunft

Ob großherrschaftlich oder klösterlich, ob modern oder asketisch – wie auch immer man sein Haupt betten möchte, das Baltikum bietet eine Vielzahl von Übernachtungsmöglichkeiten. Die Hotels in den Städten sind im höheren Preissegment äußerst komfortabel. In den Altstädten von Tallinn, Rīga und Vilnius gibt es sehr viele charmante Hotels in alten Bürgerhäusern oder Klöstern. Mittelklassehotels sind eine gute Alternative, sie sind oft im skandinavischen Stil eingerichtet und bieten behaglichen Wohnkomfort. In von Touristen frequentierten kleinen Städten und landschaftlich reizvollen Gegenden findet man ebenfalls eine große Auswahl an Unterkünften. Schwieriger wird es in den Naturparks oder auf dem Land, da hat man meist nur die Wahl zwischen schlichten Gasthäusern, Privatunterkünften oder Campingplätzen. Auskünfte erteilen die jeweiligen Tourismusbüros. Empfehlungen bieten die Praktischen Hinweise.

Bed & Breakfast

In den Hauptstädten gibt es eine Reihe von Bed & Breakfast-Unterkünften, die eine günstige Alternative zu den Hotels darstellen. Einige Adressen nennen die alle zwei Monate in den Städten erscheinenden Hefte *inyourpocket* (www.inyourpocket.com).

Rasastra, Mere pst. 4, Tallinn, Tel. 661 62 91, www.bedbreakfast.ee. Privatzimmer in Tallinn, Kuressaare und Pärnu sowie in Lettland (Rīga) und Litauen (Vilnius).

Camping

Die Campingplätze in Estland, Lettland und Litauen erreichen in den Touristenorten, am Meer oder auf den großen Inseln zunehmend westlichen Standard. Manche sind mit Hütten ausgestattet, die man mieten kann. Vielerorts erinnern die Campingplätze jedoch noch an den Sozialismus, die Infrastruktur ist veraltet und die sanitären Anlagen schlecht. Immer wieder findet man Naturplätze, die mit einfachen Wasserpumpen, Plumpsklos und Grillplatz ausgestattet sind. Wer mit dem Wohnmobil reist, hat indes keine Probleme. Elektroanschlüsse für Wohnwagen sind nicht immer vorhanden.

Eine Auswahl geprüfter Plätze bietet der jährlich aktualisierte **ADAC Camping-Caravaning-Führer**, der – auch als CD-ROM – in Buchhandlungen erhältlich ist.

Hotels

Bei Reisen nach Tallinn, Rīga und Vilnius ist in der Hauptsaison von Frühjahr bis Herbst eine *Reservierung* ratsam, da die Hotels oft ausgebucht sind. Das gleiche gilt im Sommer für die Kurische Nehrung, Jūrmala und Saaremaa. Abgesehen von den Luxushotels und internationalen Ketten liefert die *Kategorisierung* nach Sternen, die von vielen Hotels gar nicht beantragt wird, nur eine grobe Orientierung für den gebotenen Standard und Service.

Jugendherbergen

Estnischer JH-Verband, Narva 16–25, Tallinn, Tel. 646 14 55, www.balticbookings.com

Lettischer JH-Verband, Siguldas pr. 17-2, Rīga, Tel. 29 21 85 60, www.hostellinglatvia.com

Litauischer JH-Verband, Vilnius, Mobil (8)65 65 65 71, www.lha.lt

Urlaub auf dem Lande

In den drei baltischen Republiken erfreut sich Urlaub auf dem Lande zunehmender Beliebtheit. Besonders in Estland werden Öko- und Naturtourismus immer populärer. Standard und Art der Unterkünfte sind vielfältig: Bauernhöfe, Schlösser, Herrenhäuser, Bed & Breakfast, Ferienhäuser und -wohnungen. Die Kataloge für Estland, Lettland und Litauen erscheinen auch in Deutsch und sind über die Baltikum Tourismus Zentrale zu beziehen. Weitere Infos bei:

Estland: Eesti Maaturism, Vilmsi 53 g, Tallinn, Tel. 600 99 99, www.maaturism.ee

Lettland: Lauku ceļotājs, Kalnciema iela 40, Rīga, Tel. 67 61 76 00, www.celotajs.lv

Litauen: Kaimo Turizmas, K. Donelaičio 2-201, Kaunas, Tel. (8)37/40 03 54, www.countryside.lt

Verkehrsmittel im Land

Bahn

Die Bahn ist im Baltikum unbedeutend, von Rīga und Vilnius nach Tallinn verkehren keine Züge. Von den Hauptstädten lohnt es sich jedoch, Züge in die nahen Datschensiedlungen zu nehmen.

Estland: AS Eesti Raudtee, Toompuiestee 35, Tallinn, Tel. 615 86 10, www.evr.ee

Lettland: LDZ Latvijas Dzelzceļš, Gogola iela 3, Rīga, Tel. 1181 (im Land), Tel. 67 23 11 81 (vom Ausland), www.ldz.lv

Litauen: JSC Lietuvos geležinkeliai, Mindaugo gatvė 12/14, Vilnius, Info-Tel. Vilnius (8)5/233 00 88, Info-Tel. Kaunas (8)37/27 22 60, Info-Tel. Klaipėda (8)46/31 36 77, Info-Tel. Šiauliai (8)41/20 38 81, www.litrail.lt

Bus

Busse sind das beste Fortbewegungsmittel im Baltikum, sie fahren die meisten Orte an. Die Busbahnhöfe (s. Praktische Hinweise) befinden sich jeweils im Stadtzentrum. Zwischen den baltischen Hauptstädten gibt es mehrmals täglich Verbindungen. Die Busfahrer pflegen im Allgemeinen einen angemessenen, sicheren Fahrstil, sodass man sich ruhig zurücklehnen und das Land an sich vorbeiziehen lassen kann. Fahrpläne werden z.B. auch in den *inyourpocket*-Heften (www.inyour pocket.com) veröffentlicht. Folgende Firmen unterhalten einen Linienverkehr auf wichtigen Strecken:

Estland: Tallinna Bussijaam Ltd., Lastekodu 46, Tallinn, Info-Tel. 125 50, www.bussireisid.ee

Lettland: Nordeka, Dzirciema iela 121, Rīga, Tel. 90 00 11 11 (Ticketreservierung Rīga Busterminal), www.nordeka.lv

Litauen: UAB Tolimojo keleivinio transporto kompanija, Sodų gatvė 22, Vilnius, Tel. (8)5/233 52 77 (Internationales Ticketbüro), Tel. 16 61 (Fahrplanauskunft, Tickets für Inlandsverbingungen), www.toks.lt

Fähre

In Estland machen über 1500 Inseln den Wasserverkehr zu einer Selbstverständlichkeit. Einige werden bei den jeweiligen Orten unter den Praktischen Hinweisen aufgeführt. Die meisten Routen bedient die **AS Saaremaa Laevakompanii** (www.laevakompanii.ee). Die einzige regelmäßige Fährverbindung zwischen den baltischen Staaten, nämlich Ventspils/Lettland–Saaremaa/Estland, wurde 2009 eingestellt, eine eventuelle Wiederaufnahme des Fährbetriebs ist derzeit ungewiss.

Flugzeug

Innerhalb der einzelnen baltischen Länder spielen Flugverbindungen wegen der kurzen Distanzen kaum eine Rolle. Zwischen den baltischen Kapitalen bestehen jedoch mehrmals am Tag Flugzeugverbindungen, empfehlenswert ist vor allem die lettische **airBaltic** (www.airbaltic.com). Die estnischen Inseln Hiiumaa (Kärdla) und Saaremaa (Kuressaare) werden von Tallinn aus im Sommer tgl. oder mehrmals wöchentl. von **Avies Air** (www.avies.ee) angeflogen.

Mietwagen

Die internationalen Autovermieter sind in den Großstädten und an den Flughäfen vertreten. Es ist also kein Problem dort ein Auto zu mieten und durch alle drei baltische Staaten zu fahren. Es wird allerdings teurer, wenn man das Auto nicht im selben Land wieder abgeben will. Vorsicht: In kleineren Städten kommt es häufig zu Engpässen, sodass man sich besser bei den Büros der Mietwagenfirmen in den Hauptstädten über die Verfügbarkeit eines PKW am gewünschten Ort erkundigt.

Für ADAC Mitglieder bietet die **ADAC Autovermietung GmbH** günstige Bedingungen. Buchungen über die Geschäftsstellen oder unter Tel. 018 05/31 81 81 (0,14 €/Min.).

Taxi

Taxis gibt es im Innenstadtbereich der Hauptstädte und größeren Orte problemlos (vor Flughäfen, Busbahnhöfen, Bahnhöfen, Hotels und Sehenswürdigkeiten). Man kann sich aber auch telefonisch ein Taxi bestellen (s. Praktische Hinweise). Die Tarife liegen deutlich unter den westeuropäischen Preisen. In Tallinn ist jedoch zu beachten, dass es keine festen Taxipreise gibt. Daher ist es ratsam, zu Beginn der Fahrt den ungefähren Fahrpreis zum Ziel abzuklären. Es ist üblich, ein *Trinkgeld* von 5–8 Prozent des Rechnungsbetrags zu zahlen.

Sprachführer

Estnisch für die Reise

Das Wichtigste in Kürze

Ja/Nein	Jah/Ei
Bitte/Danke	Palun/Tänan
Entschuldigung!	Vabandust!
Wie bitte?	Kuidas palun?
Ich verstehe Sie nicht.	Ma ei saa Teist aru.
Bitte wiederholen Sie.	Palun korrake.
Guten Morgen!	Tere hommikust!
Guten Tag!	Tere päevast!
Guten Abend!	Tere õhtust!
Gute Nacht!	Head ööd!
Hallo!	Tere!
Auf Wiedersehen!	Nägemiseni!
Tschüss!/Bis bald!	Hüvasti!/Peatse nägemiseni!
Sprechen Sie ...	Kas te räägite ...
Deutsch?	saksa keelt?
Englisch?	inglise keelt?
Russisch?	vene keelt?
Achtung!/Vorsicht!	Tähelepanu!/Ettevaatust!
Hilfe!	Appi!
Rufen Sie bitte ...	Palun kutsuge...
einen Arzt/Krankenwagen.	arst/kiirabi.
die Polizei.	politsei.
Mein Name ist ...	Minu nimi on...
Ich komme aus...	Ma olen pärit...
Deutschland.	Saksamaalt.
Österreich.	Austriast.
Schweiz.	Šveitsist.
Können Sie mir bitte helfen?	Palun, kas te saate mind aidata?
Das gefällt mir (nicht).	See meeldib (ei meeldi) mulle.
Ich möchte/Ich nehme…	Ma tahan/Ma võtan...
Gibt es …?	Kas on ...?
Wie viel kostet das?	Kui palju see maksab?
Wo sind die Toiletten?	Kus on tualetid?
Damen/Herren	Naiste/meeste
Die Rechnung, bitte.	Arve, palun.
Ist dieser Platz frei?	Kas see koht on vaba?
Wie viel Uhr ist es?	Mis kell on?
Wann ist ...	Millal on ...
geöffnet/geschlossen?	lahti/kinni?
gestern/heute/morgen	eile/täna/homme
täglich/	iga päev/
vormittags/	ennelõunal/
nachmittags/	pärastlõunal/
abends/nachts	õhtuti/öösiti
um 1 Uhr/um 2 Uhr …	kell üks/kell kaks ...
um halb 8 ...	pool kaheksa ...
um Viertel vor 8 / um Viertel nach 8	kolmveerand kaheksa/ veerand üheksa
Minute(n)/Stunde(n)	minut(id)/tund(tunnid)
Tag(e)/Woche(n)	päev(ad)/nädal(ad)
Monat(e)/Jahr(e)	kuu(d)/aasta(d)

Zahlen

0	null	7	seitse
1	üks	8	kaheksa
2	kaks	9	üheksa
3	kolm	10	kümme
4	neli	100	sada
5	viis	1000	tuhat
6	kuus	½	pool

Hinweise zur Aussprache

Das Estnische wird wie geschrieben ausgesprochen. Das õ ähnelt einem sehr offenen ö.

Wochentage

Montag	esmaspäev
Dienstag	teisipäev
Mittwoch	kolmapäev
Donnerstag	neljapäev
Freitag	reede
Samstag	laupäev
Sonntag	pühapäev

Monate

Januar	jaanuar
Februar	veebruar
März	märts
April	aprill
Mai	mai
Juni	juuni
Juli	juuli
August	august
September	september
Oktober	oktoober
November	november
Dezember	detsember

Unterwegs

Bitte, wo ist …	Palun, kus on ...
Ist das der Weg/ die Straße nach …?	Kas see tee/ tänav viib ...?
Wie weit ist …?	Kui kaugel on ...?
oben/unten	üleval/all
geradeaus/links/ rechts/zurück	otse/vasakul/ paremal/tagasi
nah/weit	lähedal/kaugel

Sprachführer

Lettisch für die Reise

Das Wichtigste in Kürze

Ja/Nein	jā/nē
Bitte/Danke	lūdzu/paldies
Entschuldigung!	Atvainojiet!
Wie bitte?	Kā lūdzu?
Ich verstehe Sie nicht.	Es Jūs nesaprotu.
Bitte wiederholen Sie.	Lūdzu, atkārtojiet.
Guten Morgen!	Labrīt!
Guten Tag!	Labdien!
Guten Abend!	Labvakar!
Gute Nacht!	Ar labu nakti!
Hallo!	Sveiki!
Auf Wiedersehen!	Uz redzēšanos!
Tschüss!/Bis bald!	Atā!/Uz drīzu tikšanos!
Sprechen Sie ...	Vai Jūs runājat ...
Deutsch?	vāciski?
Englisch?	angliski?
Russisch?	krieviski?
Achtung!/Vorsicht!	Uzmanību!/Esiet piesardzīgi!
Hilfe!	Palīgā!
Rufen Sie bitte ...	Izsauciet, lūdzu, ...
einen Arzt/Krankenwagen.	ārstu/ātro palīdzību.
die Polizei.	policiju.
Mein Name ist ...	Mani sauc ...
Ich komme aus...	Es nāku no...
Deutschland.	Vācijas.
Österreich.	Austrijas.
Schweiz.	Šveices.
Können Sie mir bitte helfen?	Vai Jūs, lūdzu, varētu man palīdzēt?
Das gefällt mir (nicht).	Tas man patīk (nepatīk).
Ich möchte/Ich nehme…	Es gribētu /Es paņemtu...
Gibt es …?	Vai Jums ir ...?
Wie viel kostet das?	Cik tas maksā?
Wo sind die Toiletten?	Kur ir tualetes?
Damen/Herren	sieviešu/vīriešu
Die Rechnung, bitte.	Rēķinu, lūdzu.
Ist dieser Platz frei?	Vai šī vieta ir brīva?
Wie viel Uhr ist es?	Cik ir pulkstenis?
Wann ist ...	Kad ir ...
geöffnet/geschlossen?	atvērts/slēgts?
gestern/heute/morgen	vakar/šodien/rīt
täglich/	katru dienu/
vormittags/	priekšpusdienā /
nachmittags/	pēcpusdienā/
abends/nachts	vakarā/naktī
um 1 Uhr/um 2 Uhr …	pulksten vienos/divos ...
um halb 8 ...	pusastoņos ...
um Viertel vor 8 / um Viertel nach 8	bez piecpadsmit astoņos / piecpadsmit pāri astoņiem
Minute(n)/Stunde(n)	minūte(s)/stunda(s)
Tag(e)/Woche(n)	diena(s)/nedēļa(s)
Monat(e)/Jahr(e)	mēnesis(-ši)/gads(-i)

Zahlen

0	nulle	6	seši
1	viens	7	septiņi
2	divi	8	astoņi
3	trīs	9	deviņi
4	četri	10	desmit
5	pieci	100	simts

Hinweise zur Aussprache

Ā, ā = langes ›a‹	Ņ, ņ = ›nj‹
C, c = wie ›z‹ in ›Ziffer‹	R, r = gerolltes ›r‹
Č, č = tsch	Š, š = ›sch‹
Ē, ē = langes ›e‹	Ū, ū = langes ›u‹
Ģ, ģ = ›gj‹	V, v = w
Ī, ī = langes ›i‹	Z, z = weiches ›s‹ wie in ›sieben‹
Ķ, ķ = ›kj‹	Ž, ž = wie französisches ›g‹ in ›Garage‹
Ļ, ļ = ›lj‹	

Wochentage

Montag	pirmdiena
Dienstag	otrdiena
Mittwoch	trešdiena
Donnerstag	ceturtdiena
Freitag	piektdiena
Samstag	sestdiena
Sonntag	svētdiena

Monate

Januar	janvāris
Februar	februāris
März	marts
April	aprīlis
Mai	maijs
Juni	jūnijs
Juli	jūlijs
August	augusts
September	septembris
Oktober	oktobris
November	novembris
Dezember	decembris

Unterwegs

Bitte, wo ist …	Sakiet, lūdzu, kur atrodas ...
Ist das der Weg/ die Straße nach …?	Vai šis ceļš / šī iela ved uz ...?
Wie weit ist …?	Cik tālu ir ...?
oben/unten	augšā/apakšā
geradeaus/links/ rechts/zurück	taisni/pa kresi/ pa labi/atpakaļ
nah/weit	tuvu/tālu

Sprachführer

Litauisch für die Reise

Das Wichtigste in Kürze

Ja/Nein	taip/ne
Bitte/Danke	prašau/ačiū
Entschuldigung!	Atsiprašau!
Wie bitte?	Atleiskite, ką Jūs pasakėte?
Ich verstehe Sie nicht.	Aš Jūsų nesuprantu.
Bitte wiederholen Sie.	Prašau pakartoti.
Guten Morgen!	Labas rytas!
Guten Tag!	Laba diena!
Guten Abend!	Labas vakaras!
Gute Nacht!	Labanakt!
Hallo!	Labas!
Auf Wiedersehen!	Iki pasimatymo!
Tschüss!/Bis bald!	Iki!/Iki greito!
Sprechen Sie ...	Ar Jūs kalbate ...
Deutsch?	vokiškai?
Englisch?	angliškai?
Russisch?	rusiškai?
Achtung!/Vorsicht!	Dėmesio!/Atsargiai!
Hilfe!	Pagalbos!
Rufen Sie bitte ...	Prašau pakviesti ...
einen Arzt/Krankenwagen.	gydytoją/greitąją pagalbą.
die Polizei.	policiją.
Mein (Vor-)Name ist ...	Mano vardas ...
Mein (Nach-)Name ist ...	Mano pavardė ...
Ich komme aus...	Aš iš ...
Deutschland.	Vokietijos.
Österreich.	Austrijos.
Schweiz.	Šveicarijos.
Können Sie mir bitte helfen?	Gal galite man padėti?
Das gefällt mir (nicht).	Tai man patinka (nepatinka).
Ich möchte/Ich nehme…	Aš norėčiau... /Aš renkuosi...
Gibt es …?	Ar yra...?
Wie viel kostet das?	Kiek tai kainuoja?
Wo sind die Toiletten?	Kur yra tualetai?
Damen/Herren	moterų/vyrų
Die Rechnung, bitte.	Prašau atnešti sąskaitą.
Ist dieser Platz frei?	Ar čia laisva?
Wie viel Uhr ist es?	Kiek dabar valandų?
Wann ist ...	Kada ...
geöffnet/geschlossen?	atidaryta/uždaryta?
gestern/heute/morgen	vakar/šiandien/rytoj
täglich/ vormittags/nachmittags/ abends/nachts	kasdien/ prieš pietus/po pietų/ vakare/naktį
um 1 Uhr/um 2 Uhr …/ um halb 8 ...	pirmą valandą/antrą valandą .../pusė aštuonių ...
um Viertel vor 8 / um Viertel nach 8	be penkiolikos aštuonios / penkiolika po aštuonių
Minute(n)/Stunde(n)	minutė (minutės)/valanda (valandos)
Tag(e)/Woche(n)	diena (dienos)/savaitė (savaitės)
Monat(e)/Jahr(e)	mėnuo (mėnesiai)/ metai(metai)

Zahlen

0	nulis	7	septyni
1	vienas	8	aštuoni
2	du	9	devyni
3	trys	10	dešimt
4	keturi	100	šimtas
5	penki	1000	tūkstantis
6	šeši	½	pusė

Hinweise zur Aussprache

ą	= langes ›a‹	ū, ų	= langes ›u‹
č	= ›tsch‹	u	= kurzes ›u‹
e	= kurzes ›e‹ wie in Messer	š	= ›sch‹
ę	= ›ä‹ wie in ›Bär‹	ž	= weiches ›g‹ wie in ›Gelee‹
ė	= langes ›e‹ wie in ›Mehl‹	ie	= wie in ›Diego‹
į, y	= langes ›i‹	ei	= ›ei‹, nicht ›ai‹

Wochentage

Montag	pirmadienis
Dienstag	antradienis
Mittwoch	trečiadienis
Donnerstag	ketvirtadienis
Freitag	penktadienis
Samstag	šeštadienis
Sonntag	sekmadienis

Monate

Januar	sausis
Februar	vasaris
März	kovas
April	balandis
Mai	gegužė
Juni	birželis
Juli	liepa
August	rugpjūtis
September	rugsėjis
Oktober	spalis
November	lapkritis
Dezember	gruodis

Unterwegs

Bitte, wo ist …	Atsiprašau, kur yra ...
Ist das der Weg/ die Straße nach …?	Ar tai kelias/ gatvė į...?
Wie weit ist …?	Ar toli iki ...?
oben/unten	viršuje/apačioje
geradeaus/links/ rechts/zurück	tiesiai/kairė/ dešinė/atgal
nah/weit	arti/toli

Mehr erleben, besser reisen!

Ägypten	■	■	
Algarve	■	■	
Allgäu	■	■	
Alpen – Freizeitparadies	■		
Amsterdam	■	■	■
Andalusien	■	■	
Australien	■	■	
Bali & Lombok	■		
Baltikum	■	■	
Barcelona	■	■	■
Bayerischer Wald	■	■	
Berlin	■	■	■
Bodensee	■	■	
Brandenburg	■	■	
Brasilien	■		
Bretagne	■	■	
Budapest	■	■	■
Bulg. Schwarzmeerküste	■		
Burgund	■		
City Guide Germany	■		
Costa Brava und Costa Dorada	■		
Côte d'Azur	■	■	
Dänemark	■	■	
Deutschland – Die schönsten Autotouren		■	
Deutschland – Die schönsten Orte und Regionen	■		
Deutschland – Die schönsten Städtetouren	■		
Dominikanische Republik	■		
Dresden	■	■	■
Dubai, Vereinigte Arab. Emirate, Oman	■	■	
Elsass	■	■	
Emilia Romagna	■		
Florenz	■	■	■
Florida	■	■	
Franz. Atlantikküste	■	■	
Fuerteventura	■	■	
Gardasee	■	■	
Golf von Neapel	■	■	
Gran Canaria	■	■	
Hamburg	■	■	■
Harz	■	■	
Hongkong & Macau	■		
Ibiza & Formentera	■		
Irland	■	■	
Israel	■		
Istanbul	■	■	
Italien – Die schönsten Orte und Regionen	■		
Italienische Adria	■	■	
Italienische Riviera	■	■	
Jamaika	■		
Kalifornien	■	■	
Kanada – Der Osten	■	■	
Kanada – Der Westen	■	■	
Karibik	■	■	
Kenia	■	■	
Korfu & Ionische Inseln	■	■	
Kreta	■	■	
Kroatische Küste – Dalmatien	■	■	
Kroatische Küste – Istrien	■	■	
Kuba	■	■	
Kykladen	■		
Lanzarote	■	■	
Leipzig	■	■	■
Lissabon	■	■	■
London	■	■	■
Madeira	■	■	
Mallorca	■	■	
Malta	■	■	
Marokko	■	■	
Mauritius & Rodrigues	■		
Mecklenburg-Vorpommern	■	■	
Mexiko	■		
München	■	■	■
Neuengland	■	■	
Neuseeland	■	■	
New York	■	■	■
Niederlande	■	■	
Norwegen	■	■	
Oberbayern	■	■	
Österreich	■	■	
Paris	■	■	■
Peloponnes	■		
Piemont, Lombardei, Valle d'Aosta	■	■	
Polen	■	■	
Portugal	■	■	
Prag	■	■	■
Provence	■	■	
Rhodos	■	■	
Rom	■	■	■
Rügen, Hiddensee, Stralsund	■	■	
Salzburg	■	■	■
St. Petersburg	■	■	
Sardinien	■	■	
Schleswig-Holstein	■	■	
Schottland	■	■	
Schwarzwald	■	■	
Schweden	■	■	
Schweiz	■	■	
Sizilien	■	■	
Spanien	■	■	
Südafrika	■	■	
Südengland	■	■	
Südtirol	■	■	
Sylt	■	■	
Teneriffa	■	■	
Tessin	■	■	
Thailand	■	■	
Thüringen	■	■	
Toskana	■	■	
Trentino		■	
Türkei – Südküste	■	■	
Türkei – Westküste	■	■	
Tunesien	■	■	
Umbrien	■		
Ungarn	■	■	
USA – Südstaaten	■		
USA – Südwest	■	■	
Usedom	■	■	
Venedig	■	■	■
Venetien & Friaul	■	■	
Wien	■	■	■
Zypern	■	■	

■ **ADAC Reiseführer**
je Band 144 bzw. 192 Seiten

■ **ADAC Reiseführer plus**
(mit Extraplan)
je Band 144 bzw. 192 Seiten

■ **ADAC Reiseführer Audio**
(mit Extraplan und Audio-CD)
je Band 144 oder 192 Seiten

Mehr erleben, besser reisen ... mit ADAC Reiseführern!

Register

Impressum

Redaktionsleitung: Dr. Dagmar Walden
Lektorat: Renate Nöldeke, München
Aktualisierung: Irene Unterriker
Bildredaktion: Astrid Rohmfeld
Karten: Computerkartographie Carrle, München
Layout: Martina Baur
Herstellung: Ralph Melzer
Druck, Bindung: Rasch Druckerei und Verlag, Bramsche
Printed in Germany

Ansprechpartner für den Anzeigenverkauf:
Kommunalverlag GmbH & Co KG,
MediaCenterMünchen, Tel. 089/92 80 96-44

ISBN 978-3-89905-528-3

Neu bearbeitete Auflage 2011

Bildnachweis

Umschlag-Vorderseite: Rigaer Altstadt an der Daugava

Titelseite
Oben: Altstadt von Tallinn (Wh. von S. 20)
Mitte: Ostseeküste im Slītere-Nationalpark (Wh. von S. 58)
Unten: Schloss Katharinental in Kadriorg (Wh. von S. 30)

AKG, Berlin: 107 – Anzenberger, Wien: 6 Mitte, 8 unten, 11 Mitte, 20, 30 34, 41 oben, 46, 52 oben, 57 unten (Oliver Bolch), 69 (Janis Pipars), 82, 102 oben, 104 unten, 126 (2) – AP, Frankfurt/Main: 15 unten – Thomas Cernak, Mosbach: 135 – Franz Marc Frei, Köln: 27 unten, 28, 62, 63, 74, 97, 109, 110 (2), 111, 120 – Ralf Freyer, Freiburg: 6 unten, 7 oben, 25 oben, 87, 102 unten – Rainer Hackenberg, Köln: 7 Mitte, 8 Mitte, 24, 32 oben, 38, 45, 53, 57 oben, 58, 75, 76 (2), 78, 86, 104 oben, 106, 126 unten – Bildagentur Huber, Garmisch-Partenkrichen: 11 oben, 16/17, 90 (Mehlig), 8 oben, 9 Mitte, 18, 49, 50, 60, 91, 119 (R.Schmid)– IFA-Bilderteam, Ottobrunn bei München: 9 unten (Aberham) – Volkmar E. Janicke, München: 26, 47 unten – János Kalmár, Wien: 115 – laif, Köln: 23, 100 – LOOK, München: 32 unten, 41 unten, 55 – Mauritius, Mittenwald: 33 oben (Rene Mattes), 52 unten, 72 – Christian Nowak, Berlin: 27 oben, 29, 31, 37, 43, 47 oben, 70, 113, 117, 129, 131 – Pädaste Manor, Muhu: 51 – Süddeutscher Verlag/Bilderdienst, München: 15 oben – Transit, Leipzig: 9 oben, 10 unten, 25 unten, 33 unten, 36, 39, 42, 54, 59, 65, 66, 67, 68, 73, 77, 79, 80, 81, 83, 84, 89, 93, 95, 98, 99, 112, 126 (2) (Peter Hirth), 11 unten, 123 (Schulze)– Ullstein Bild, Berlin: 13, 14